KB271087

본과 보기 문화이론

최봉영 지음

지식산업사

본과 보기 문화이론

초판 1쇄 인쇄   2002. 12. 2
초판 1쇄 발행   2002. 12. 5

지은이   최봉영
펴낸이   김경희
펴낸곳   (주)지식산업사
         서울시 종로구 통의동 35-18
         전화 (02)734-1978(대) 팩스 (02)720-7900
         홈페이지 www.jisik.co.kr
         e-mail   jsp@jisik.co.kr
                     jisikco@chollian.net
         등록번호 1-363
         등록날짜 1969. 5. 8

책값   13,000원

ISBN   89-423-6015-7   03150

이 책을 읽고 필자에게 문의하고자 하는 이는
지식산업사 e-mail로 연락 바랍니다.

머리글

한 나라의 학문수준은 문화의 기본 토양으로서, 국민 역량을 좌우한다. 학문이 발전해야 정치와 경제도 수준 높게 발전할 수 있는 까닭에 일찍부터 우리의 학문수준이 뒤떨어져 있음을 우려하는 목소리가 높았다. 구한말에 서구의 근대적 학문체계를 받아들이기 시작하면서, 우국충정에서 쏟아졌던 우려의 목소리들이 아직도 변함없이 이어지고 있다. 그러나 총론의 차원에서는 무성한 논의가 펼쳐지지만, 각론에 들어가면 허술하기 짝이 없다. 학문을 직업으로 삼는 학자들조차 따지고 헤아리는 일을 건성으로 하기 때문에 온통 거친 주장들만 난무하고 있다.

우리나라의 학문수준은 대학에서 사용하는 교과서를 펼쳐보면 금방 알 수 있다. 학부 과정에서 사용하는 교과서조차 서구에서 만들어진 것을 들여오거나 베낀 것이 대부분이고, 대학원 과정에서는 거의 모두가 그러하다. 한국어로 쓴 교과서일지라도 학문의 방법과 내용은 온통 서구에서 개발하거나 연구한 것이다. 서구가 근대적 학문체계를 세우고 이끌어 왔기 때문에 어쩔 수 없는 일로 받아들일 수도 있다. 그러나 우리가 근대학문을 시작한 지 이미 100년이 넘었다는 사실을 생각한다면 크게 반성하지 않을 수 없다.

우리의 학문수준이 빈약한 상태에 놓인 것은 이론 개발을 소홀히 해왔기 때문이다. 우리는 이론 개발의 중요성을 자각하지 못한 까닭에 서구의 학자들이 골머리를 앓아가며 만들어놓은 이론들을 손쉽게 가져다 쓰면서도, 학문적 은혜에 대해 그다지 감사하지 않는다. 스승의 날을 맞으면 으레 별스럽지도 않은 눈앞의 스승에게 아첨을 부리고 법석을 떨지만, 정작 교과서를 채우고 있는 위대한 스승들의 고마움에는 눈을 감는다. 이러니 위대한 스승들을 본받아 개념을 다듬고 이론을 만드는 일을 필생의 과업으로 삼는 이들이 나오기 어렵다.

오늘날 우리가 사용하는 교과서는 지금까지 인류가 공동으로 쌓아온 지적 자산을 바탕으로 만들어졌다. 서구가 아직도 강한 영향력을 행사하고 있지만, 학문세계가 오로지 서구에 종속되어 있는 것만은 아니다. 지구촌을 무대로 펼쳐지는 지식정보시대를 맞아, 우리가 비집고 들어갈 틈새 또한 곳곳에 널려 있다. 만약 한국의 학자들이 이제까지 서구로부터 진 빚을 갚으려 한다면, '나'와 '우리'와 '세계'를 더욱 정밀하게 설명할 수 있는 새로운 논리들을 개발하여, 인류 공동의 교과서를 풍요롭게 만드는 일에 보탬이 되어야 한다.

오늘날 한국의 학자들 가운데는 근대화 과정에서 구겨진 학문적 자존심과 문화적 자신감을 되찾기 위해 지나치게 한국문화나 동아시아문화의 특수성에 매달리는 옹졸함을 보이는 경우가 많다. 그들은 서양과 동양을 거칠게 비교하여 한국적인 것과 동양적인 것을 고유한 특성으로 강조하는 일에 열을 올린다. 그들은 '동양'이 서아시아에서 중동아시아, 남아시아, 북아시아, 동아시아에 이르는 광대한 지역과 다양한 문화를 포괄하는 지극히 애매한 개념이라는 것을 따져보지 않기 때문에 동양과 서양을 거칠게 비교하는 일이 얼마나 허망한지 깨닫지 못한다. 그들이 서구문화의 일방적인 독주에 반발하여 '동양'을 강조하는 것은 수긍이 가지만, 학문의 발전을 위해서는 서양과 동양의 이분법에 매달리는 데서 하루빨리 벗어나야 한다. 우리가 계속 엉성한 방식으로 동양의 특수성만을 강조한다면, 그것은 자동차의 편리함에 젖어 살면서도 가마의 장점만을 들먹이는 일과 다름없다.

나는 학자의 신분으로 사물의 이치를 따지고 헤아려, 개념을 다듬고 이론을 만드는 일에 재미를 붙여 왔다. 어떻게 하면 사물의 이치를 효과적으로 따지고 헤아릴 수 있을지 노심초사하는 과정에, 침식(寢食)을 잊은 적이 한두 번이 아니다. 내 삶이 뿌리하고 있는 한국문화를 바탕으로 개념을 다듬고 이론을 만들어 동지들과 나누어 쓰는 일을 큰 보람으로 여겨왔다. 그런데 학자들 가운데는 나의 이러한 학문태도를 좋아하는 이들도 있지만, 싫어하는 이들도 있다. 무엇보다 나를 싫어하는 이들은 학자의 본업이 개념을 다듬어 이론을 만드는 일에 있다는 것을 잘 이해하지 못한다. 그들은 개념을 다듬고 이론을 만드는 것을 분수를 벗어난 외람된 일로 생각하여 창의적 학문연구하고는 담을 쌓으려 한다. 결국 그들은 학문의 재미를 맛보기 어려워지면, 무리를 지어 세력을 만들고, 힘을 과시하는 데서 재미를 찾으려 한다.

나는 한국문화와 동아시아문화에서 볼 수 있는 특수성을 실마리로 삼아서 인간과 문화를 설명할 수 있는 보편 구조를 밝히려고 애써 왔다. 나는 다양한 문화에서 볼 수 있는 특수성들을 보편적 요소들의 특수한 결합으로 생각하고, 보편적 요소와 특수한 결합 사이에 놓인 논리적 연관을 밝히는 일에 관심을 모아 왔다. 이 과정에서 몇 권의 책, 즉《한국인의 사회적 성격 (1) (2)》(1994),《조선시대 유교문화》(1997),《한국문화의 성격》(1997),《주체와 욕망》(2000)을 출간한 바 있다. 그런 책에서 논의한 것을 바탕으로, 본질로서 '본', 현상으로서 '보기', 본질과 현상의 이상적 만남으로서 '본보기'가 어떠한 구조를 갖고 있는지 분석하여, 사물 인식과 문화 이해를 한데 모아 설명할 수 있는 새로운 문화이론을 구성해 보았다.

2002년 10월 10일
逸軒書室에서
최 봉 영

차 례

제1장
문화를 어떻게 볼 것인가

1. 대상 이해의 두 형식 – 실체와 정체

인간이 생각하는 존재로서 대상에게 묻는 물음은 크게 두 가지로 나눌 수 있다. 하나는 사물이라는 객체에 대해 '이것은 무엇인가'라는 형식으로 묻는 물음이고, 다른 하나는 '나'라는 주체에 대해 '나는 누구인가'라는 형식으로 묻는 물음이다. 두 가지 물음은 근본적인 차이가 있지만, 인간은 이를 깨닫지 못하거나 무시하는 일이 많았고, 이로써 대상을 이해하는 일 또한 쉽지 않았다.

먼저 인간이 사물이라는 객체에 대해 '이것은 무엇인가'라는 형식으로 묻는 물음은 실체(實體:substance)에 대한 물음이 중심을 이룬다('이것은 무엇인가'에서 '이것'은 '저것'과 '그것'을 포괄하는 '이것'을 말한다). 인간은 '이것'이라는 생각의 대상을 '무엇'을 갖고 있는 실체로 설정하여 사물의 성격을 부여한다. 인간은 사물의 차원에서 '이것이 무엇인가'를 밝혀 나가면서 사물과 사물의 관계를 논리적으로 이해하며, 이로써 의도하는 바를 좇아서 사물을 조작하고 이용할 수 있는 능력을 갖게 된다. 그런데 사물의 차원에서 이루어지는 실체에 대한 이해는 '이것'이라는 객체를 대상으로 삼기 때문에 기계적 논리에 의존한다. 인간은 기계적 논리에 다가가는 정도에 비례하여 이해의 확실성 또한 커진다고 생각하여 실체에 관한 논의를 최대한 기계적 논리로 환원하려 한다. 이로써 주관적 판단이 배제됨에 따라 주체의 자유와 선택이 끼여들 수 있는 여지가 그만큼 줄어든다.

인간이 추구하는 실체에 대한 이해는 주로 사물에 대한 지식과 기술의 형태로 존재한다. 인간은 사물과 사물의 관계를 분석하고 종합하는 방식으로 실체에 대한 지식과 기술을 얻는다. 인간은 실체에 대한 지식과 기술을 논리적 이해의 방식으로 쉽게 일반화할 수 있기 때문에 전파와 확산 또한 그만큼 쉽다. 인간은 사물에 대한 지식과 기술을 습득하고 전달하는 과정을 통해서 실체에 대한 이해를 집단적으로 축적하고 확대해 왔다. 특히 문자가 발명된 이후에 실체에 대한 이해가 크게 진보하면서, 인간은 사물을 기술적으로 이용하는 능력을 매우 빠르게 발전시킬 수 있었다. 인간은 실체에 대한 이해를 바탕으로 삶에 필요한 다양한 도구들을 개발하고 이용해 왔다.

다음으로 인간이 '나'라는 주체에 대해 '나는 누구인가'라는 형식으로 묻는 물음은 정체(正體:identity)에 대한 물음이 중심을 이룬다('나는 누구인가'에서 '나'는 '너'와 '그'를 포괄하는 '나'를 말한다). 인간은 '나'라는 생각의 대상을 '누구'에 해당하는 정체로 설정하여 주체의 성격을 부여한다. 인간은 주체의 차원에서 '나는 누구인가'를 밝혀 나가면서 '나'와 '우리', 그리고 '나'와 '사물'의 관계를 이해할 수 있게 되고, 이로써 '내'가 의도하는 바에 따라서 삶을 설계하고 실현할 수 있는 능력을 갖는다. 그런데 주체의 차원에서 이루어지는 정체에 대한 이해는 '나'라는 주체에서 비롯하기 때문에 주관적 판단에 의존한다. 이때 형식논리에 바탕한 기계적 논리는 주관적 판단을 확실하게 만드는 수단으로 이용될 뿐이다. 주관적 판단에 따라 자유와 선택의 가능성이 열리기 때문에 권리와 책임이 따르는 삶이 가능하다.

인간이 추구하는 정체에 대한 이해는 '나'라는 주체에 대한 자각의 형태로 존재한다. 인간은 대상과 마주하고 있는 '나'의 정체를 자각하게 되면서 '나'와 '세계'의 관계를 주체적으로 설정해 나간다. 정체에 대한 이해는 자각을 바탕으로 하는 까닭에 다양한 개별적 차이를 낳게 되어 소통이 어렵다. 같은 시대에 같은 지식과 기술을 갖고 살아가는 사람들 사이에도 자각의 성격과 내용에 따라 정체에 대한 이해가 크게 달라질 수 있다. 이 때문에 지식과 기술의 진보가 곧바로 정체에 대한 이해나 소통의 확대를 가져오는 것은 아니다.

인간은 생활 속에서 실체에 대한 이해와 정체에 대한 이해를 통합하여 '욕망하는 존재'로서 살아간다. 예를 들면 인간이 '이 꽃은 저 꽃보다 봉오리가 크기 때문에 아름답다'는 문장으로 욕망을 드러낼 때, '이 꽃이 저 꽃보다 봉오리가 큰 것'을 아는 것은 대상에 대한 실체적 이해에 해당한다. 만약 이러한 실체적 이해가 객관적 사실이라면 '이 꽃이 저 꽃보다 봉오리가 크다'는 것은 진실에 속한다. 이로써 '이 꽃과 저 꽃은 봉오리의 크기가 같다'고 말하거나 '이 꽃의 봉오리는 저 꽃보다 작다'라고 말하는 것은 모두 거짓으로서 실체적 이해에는 용납되지 않는다. 나를 비롯한 모든 사람은 실체적 이해를 객관적 사실로서 받아들임으로써 진실에 부합할 수 있다.

그런데 인간이 '이 꽃은 저 꽃보다 봉오리가 크기 때문에 아름답다'는 문장으로 욕망을 드러낼 때, '～하기 때문에 아름답다'고 판단하는 것은 나의 처지에서 꽃을 바라본 정체적 이해에 해당한다. 인간이 꽃을 바라보는 처지에 따라 느낌과 평가가 달라질 수 있는 까닭에 '～하기 때문에' 아름답다고 판단할 수도 있고, 추하다고 판단할 수도 있다. 주관에 따라 판단의 내용이 달라짐으로써 정체적 이해는 '나'라는 주체가 대상에 대해 강한 독자성을 지닌다. 이로 말미암아 비록 주체가 변덕과 모순을 부리더라도 모든 정체적 이해는 나름대로 정당성을 갖는다. 왜냐하면 우리가 특정한 정체적 이해를 부당한 것으로 몰아가기 위해서는 판단의 근거인 주체를 부정해야 하는데, 주체는 단순히 부정한다고 부정되는 것이 아니기 때문이다.

　인간이 욕망하는 존재로서 살아가는 삶은 실체적 이해와 정체적 이해가 상호 의존관계로 통합되어 있기에, 오로지 실체적이거나 정체적인 것은 존재하지 않는다. 실체가 존재하지 않으면 정체가 존재하지 못하고, 정체가 존재하지 않으면 실체가 존재하지 못하는 관계에 놓여 있다. 따라서 모든 이해는 욕망에 기초하여 실체적이면서 정체적인 성격을 지니는 실체/정체의 형태로 존재한다. 이런 이유로 수학과 같이 오로지 형식논리에 바탕한 지식도 인간이라는 정체가 욕망을 바탕으로 구성한 실체적 이해라는 점에서 벗어나지 못한다.[1] 단지 욕망이 형식논리의 전개에 직접 개입할 수 있는 여지가 적을 뿐이다. 이런 점에서 불변의 진리라고 말하는 것들도 인간이라는 정체가 구성한 특정한 논리에 지나지 않는다고 말할 수 있다. 그러나 인간의 생각 능력이 동일한 기초를 갖는 까닭에 그러한 논리가 모든 인간에게 보편성을 지닌 진리로 수용될 만한 가능성을 지니게 된다.

　인간은 통상 '인간'이라는 대상에 제기하는 실체와 정체에 대한 물음을 몸과 마음을 구분하여 대답해 왔다.

　인간은 사물인 몸을, 주로 '이것은 무엇인가'라는 실체적 물음의 대상으로 삼아왔다. 인간은 몸을 시·공간을 차지하고 있는 구체적 물체로서 만져보고 바라보는 대상으로 생각한다. 인간은 구체적 경험의 대상인 몸이 존재하기 때문에 사물로서 실체적 확실성을 갖는다. 몸은 구체적 물체로서 사물의 법칙에 지배받기 때문에 과학 탐구의 대상이 된다. 인간은 몸을 과학적 방법으로 분석하고 종합하여 인간의 실체를 규명한다. 그래서 인간에 속한 것 가운데 어떤 것을 몸으로 여기게 되면, 곧 과학적 방법으로 분석하고 종합할 수 있는 실체적 대상으로 삼는다. 인간이 마음을 과학적 방법으로 연구하는 것은 마음을 몸의 차원으로 환원하여 실

---

1) 형식 논리로 구성되어 있는 수학적 논리도 존재의 근거는 인간이 정체로서 갖고 있는 지식에 대한 열망에 있다. 즉 인간이 수학의 형식을 빌려 올바른 이해와 판단을 추구하고자 열망하기 때문에 수학적 논리가 존재할 수 있다.

체적 이해의 대상으로 삼는 것을 뜻한다.

반면에 인간은 주체인 마음을, 주로 '나는 누구인가'라는 정체적 물음의 대상으로 삼아왔다. 인간은 마음을 시·공간을 뛰어넘는 비물질적 존재로 보기 때문에, 마음은 만져보거나 바라볼 수 있는 구체적 경험의 대상이 될 수 없다. 마음은 오로지 마음을 통해서만 포착되고 이해될 수 있다. 이러한 마음은 사물의 법칙을 벗어나 자유로운 구성과 전환이 가능한 까닭에 상황에 따라 계속 내용을 달리한다. 그러나 인간은 '나'라는 마음의 형식을 유지할 수 있기 때문에 다른 것과 구분되는 '나'의 정체성을 확보할 수 있다. 인간은 '나'의 마음에 대한 탐구를 '너'의 마음과 '그'의 마음으로 확대하여 '우리'를 포괄하는 인간의 정체를 규명한다. 그리고 인간은 마음을 갖고 있다고 생각하는 모든 것들에 대해 '그는 누구인가'라는 질문을 던짐으로써 생물, 우주, 그리고 절대자의 정체까지 파악하려고 시도한다.

한편 인간은 생명체 가운데 몸과 마음을 아울러 갖고 있는 존재를 우수하다고 생각한다. 즉 인간은 몸만 갖고 있는 소나무보다 몸과 마음을 아울러 갖고 있는 개나 돼지를 우수하게 여긴다. 또한 인간은 마음을 지각과 생각으로 구분하여, 지각하는 마음만 갖고 있는 개나 돼지보다 지각하는 마음과 생각하는 마음을 아울러 갖고 있는 인간을 더욱 우수하게 생각한다. 인간은 생각을 통해서 사물의 이치를 이해하고 실천할 수 있는 문화 능력을 습득할 수 있는 까닭에 만물의 영장으로 부른다. 이 때문에 인간은 생명체라도 오로지 몸만 갖고 있다고 생각하는 경우에는 사물처럼 다루는 일이 많다. 인간은 대개의 경우 식물을 몸만 갖고 있다고 생각하여 흔히 사물처럼 다룬다. 그러나 인간은 '신성한 나무'의 경우와 같이 식물이라도 정신이나 영혼을 갖고 있는 존재로 생각하면 사물과 구분하여 인간처럼 다룬다.

인간이 문화를 형성하고 실현하는 것에는 실체의 세계와 정체의 세계가 통합되어 이루어진다. 즉 '나는 누구인가'를 이해하기 때문에 '이것이'

무엇인가를 이해하고 실현할 수 있는 단서를 마련하게 되고, ‘이것은 무엇인가’를 이해하기 때문에 ‘나는 누구인가’를 이해하고 실현할 수 있는 단서를 마련한다. 어느 한쪽의 단서를 배제시키면, 사물의 법칙만 존재하는 기계적 세계로 빠져들거나, 아니면 선택의 자유만 존재하는 유아적(唯我的) 세계로 빠져들어 전체를 바로 바라볼 수 없게 된다. 결국 문화에 대한 이해는 ‘나는 누구인가’라는 정체적 물음과 ‘이것은 무엇인가’라는 실체적 물음을 동시에 제기하는 것으로 가능하다. 그렇지만 인간은 놓인 상황과 필요에 따라 어떤 때는 실체적 물음에 관심을 집중하고, 어떤 때는 정체적 물음에 관심을 집중하여 전체를 바로 바라보지 못하는 일이 많았다.

근대 이전에 인간의 문화 이해와 실현은 정체에 대한 이해를 중심으로 이루어졌다. 인간은 모든 것의 기초가 되는 하나의 정체를 중심으로 실체의 세계와 정체의 세계에 통일된 질서를 잡아 나가려고 하였다. 특히 종교는 ‘나는 누구인가’라는 물음을 중심으로 인간과 우주의 정체에 대한 해답을 제시함으로써 문화 건설의 기초인 세계관을 마련해 왔다. 인간은 종교가 제시하는 모범답안을 따라가기만 하면, 궁극의 진리에 이를 수 있기 때문에 ‘나는 누구인가’라는 물음을 새롭게 제기할 필요는 없었다. 이에 따라 ‘이것은 무엇인가’라는 실체적 물음 또한 강력히 제한되어 왔다.

인간이 종교에서 제시하는 인간과 우주의 정체에 대한 모범답안을 따르는 것은 마음에 일어나는 무한한 욕망의 세계를 주체하기 위해서이다. 인간은 무한으로 뻗어나는 욕망에 비해서 실체적 이해에 기초하여 발휘할 수 있는 실질적 능력은 지극히 미약한 까닭에 ‘나’라는 정체의 힘만으로는 욕망을 질서 있게 다스리는 것은 불가능하다. 인간은 욕망의 세계를 질서 있게 다스리기 위해서 ‘나’의 정체를 보강할 수 있는 힘을 종교로부터 얻는다. 인간은 종교를 통해 절대적 본보기를 갖게 됨으로써 삶의 목표와 방향을 명확하게 만들어 욕망의 세계를 효과적으로 헤쳐나갈 수 있다.

서양의 기독교문화는 모든 것의 근거인 하나님(God)의 정체에 기초하여 실체와 정체의 세계를 통합적으로 설명하였다. 하나님은 생각의 주체인 인간이 갖고 있는 세계를 이해하고 실현하는 능력을 무한으로 확대해 놓은 절대적 존재로서 전지전능(全知全能)하다. 하나님은 사물로 드러나 있는 실체의 세계를 창조한 주인이며, 원리 자체로서 실체의 세계를 초월하여 존재한다. 사물은 하나님이 만든 피조물로서 하나님에 종속되어 있다. 실체의 세계는 하나님이라는 절대적 정체에 의존하여 존재하는 까닭에 독자적 가치를 지니지 못한다. 모든 실체들은 하나님에 의해서 만들어진 기계와 같은 존재들이며, 실체의 세계를 지배하는 것은 기계의 법칙이다. 그런데 모든 피조물 가운데 유독 인간은 하나님에게 탁월한 정체적 능력인 영혼을 부여받아 만들어진 까닭에 정체와 실체를 동시에 아우르는 특별한 존재로 살아간다. 즉, 인간은 흙으로 만들어진 실체인 육신과 하나님의 속성으로 부여받은 정체인 영혼이 결합되어 존재한다. 실체로서 육신은 죽음과 더불어 썩어 없어지는 유한한 사물인 반면에, 정체를 대표하는 영혼은 죽음 이후에도 남아 있는 영원한 존재이다. 죽음은 유한한 육신과 영원한 영혼의 분리를 뜻한다. 영원한 영혼이 유한한 육신보다 더욱 중요한 가치를 지니기 때문에 인간은 영혼을 온전히 보전해야 한다. 그런데 인간은 육신의 유혹으로 사악한 욕망들이 생겨나 죄를 짓게 됨으로써 영혼을 더럽힌다. 인간이 죄를 짓지 않기 위해 노력하더라도 사악한 욕망들을 다스릴 수 있는 강력한 자아를 지니지 못한 까닭에 어쩔 수 없이 죄에 빠진다. 인간은 하나님의 아들인 예수의 도움을 받아 죄를 씻음으로써 온전한 영혼을 회복하여 절대적 존재인 하나님의 세계로 나아가 영생을 누릴 수 있다.

동아시아의 유교문화는 모든 것의 근거인 도(道)라는 실체에 기초하여 실체와 정체의 세계를 통합적으로 설명하였다. 도는 이치(-理)와 구조(-氣)와 작용(-性)으로서 실체의 세계에 하나로 통합되어 드러난다. 즉 리(理)는 기(氣)의 조리이고, 기는 리의 구조이며, 성(性)은 리와 기의 구체적 표현이다. 기는 리와 성을 연결하는 기질(氣質)과 기운(氣運)으로서 모든 실체의 기초를 이룬다. 모든 실체가 기질과 기운에 바탕하여 스스로 모습을 드러내기 때문에 생체(生體)와 같은 모습을 갖는다. 모든 실체가 천지(天地)라는 하나의 자궁(子宮) 속에서 스스로 생겨나기 때문에 동포(同胞)라고 부른다. 모든 실체가 생체처럼 생겨나기 때문에 실체의 세계를 지배하는 것은 '생기(生起)의 법칙'이며, 모든 사물은 생기의 법칙에 따른 관계 맺음을 통해서 모습을 드러낸다. 그런데 모든 사물 가운데 인간은 가장 탁월한 기를 부여받아 생겨나는 까닭으로 마음이라는 정체를 갖고 있다. 인간은 만물로 드러나 있는 실체의 세계를 대표하여 우주의 중심에 자리하고 있다. 인간이 모든 것의 근거인 하늘과 일치[天人合一]할 수 있다고 보았기 때문에 통치자의 역할을 하는 세속적 인간을 '하늘의 아들[天子]'로 받아들이게 되었다. 실체의 세계와 정체의 세계는 몸과 마음의 관계처럼 하나이면서 둘이고, 둘이면서 하나인 통합적 관계에 놓여 있다. 그러나 정체는 실체를 통해서 표현되기 때문에, 실체인 육신이 죽으면 정체인 정신 또한 소멸해 버린다. 그래서 정신에 대한 관심은 육신에 대한 관심으로 나타나게 된다. 인간의 완성이 실체의 세계에서 이루어지기 때문에 육신이 살아있는 현세를 매우 소중하게 생각한다. 인간은 욕망의 무대를 현세로 축소해서 자아를 강력하게 만들 수 있는 기틀을 마련한다. 인간이 현세의 세속적 활동을 통해서 자아를 강력히 확대해 나가면 하늘과 합치될 수 있는 인간, 즉 성인(聖人)에 이를 수 있다. 인간이 자아를 확대하는 핵심 활동이 곧 학문과 교육이다. 인간은 학문과 교육을 통해서 실체의 세계에서 발생하는 세속적 문제를 해결할 수 있는 능력을 익히고 실천함으로써, 몸은 죽어도 이름은 영원히 기억되는 삶을 살아간다.

16세기를 전후하여 서구에서 근대문화가 전개되기 시작하면서 사물의 실체를 과학적으로 규명하려는 움직임이 강하게 나타났다. 인간이 '이것은 무엇인가'라는 실체에 대한 물음에 관심을 집중하자 자연과학이 빠른 속도로 발전하기 시작하였다. 이로써 학문 연구의 중심이 점차 인문학에서 자연과학으로 옮겨가게 되었다. 실체의 세계가 기계처럼 작동한다고 생각하여 자연이라는 거대한 기계를 작동하게 만드는 근본원리를 과학적으로 규명하려고 노력하였다. 실체의 세계를 탐구할 수 있는 능력을 이성으로 보았고, 실체의 세계에 부합하도록 사물을 처리하는 것을 합리라고 보았다. 이성과 합리에 근거한 실체적 방식으로 물질세계는 물론이고 정신세계까지 연구하기 시작하여, 실체의 세계에 정체의 세계를 통합하고자 노력하였다. 기계의 법칙을 좇아서 실체의 세계를 집중적으로 탐구하게 되면서, 자연과학은 물론이고 사회과학도 크게 발전하게 되었다.

서구의 근대문화는 무한한 욕망의 세계를 실체적 이해에 기초한 과학기술을 이용하여 주체하려고 하였다. 인간은 과학기술의 무한한 가능성을 믿게 되자, 기술개발을 통해서 모든 욕망을 효과적으로 충족시켜 나갈 수 있다고 생각하게 되었다. 이로써 인간이 욕망을 다스리는 것은 욕망 충족에 필요한 능력이 부족해서 나타나는 마지못한 상황으로 이해되었다. 그 결과 '나'의 정체는 오로지 욕망을 충족하는 주체로 변모하여, 욕망 충족을 확대하면 할수록 '나'의 정체 또한 그만큼 확실해지는 것으로 생각하였다. '나'의 정체를 욕망 충족에 필요한 기술력으로 보강하려고 노력하면서 실체적 이해를 대표하는 과학기술이 종교의 자리를 차지하게 되었다.

그런데 서구의 근대문화는 몸과 마음 가운데 어느 것을 중심으로 인간의 실체를 이해하느냐에 따라 두 가지 흐름으로 구분될 수 있다.

서구에서 근대문화가 발전하는 초기에는 데카르트의 예에서 볼 수 있듯이 몸과 마음을 이분법적으로 구분하고, 마음과 이성에 기초하여 몸과 자연에 대한 실체적 이해를 추구해 나가려고 하였다. 신으로부터 부여받은 마음의 능력인 이성을 특별히 강조하였으며, 이성의 능력을 계발하면 실체에 대한 이해와 실천의 수준을 절대적 경지까지 끌어올릴 수 있다고 보았다. 인간을 이성의 주체로 이해하였기 때문에 몸에 기초한 감성을 부차적인 것으로 보았고, 감성이 이성의 활동을 방해하므로 이성이 감성을 지배해야 이해와 실천의 수준을 높여갈 수 있다고 보았다. 따라서 그들은 문화를 이성적 활동의 산물로 간주하여, 문화를 합리적으로 디자인할 것을 강조하였다. 문화는 이성의 능력에 기초하여 인간을 야만에서 해방시키는 도구였고, 발전과 계몽은 인간이 이성의 주체를 확대해 나가는 과정이었다. 모든 인간이 동일한 이성의 능력에 바탕하여 문화를 디자인하기 때문에 문명의 진보가 궁극에 이르면 모든 문명들이 하나로 귀결될 것으로 보았다. 그들은 과학기술에 기초한 근대문화를 궁극의 문명으로 생각하여 '근대화(modernization)'를 모든 문제의 해답처럼 받아들이게 되었다. 특히 마르크스와 같은 사상가는 인류 문명의 직선적 진보를 굳게 확신하여, 문명의 최종단계인 사회주의에 이르기 위해 프롤레타리아혁명을 주장하였다.

한편 근대문화가 전개되면서 일부에서는 이성과 합리를 중심으로 문화를 바라보는 것에 반발하여 몸의 실체성에도 관심을 기울이기 시작하였다. 이성적이면서 감성적인 인간이 오로지 이성으로 모든 문제를 해결할 수 있다고 생각하는 것은 잘못이라고 보았다. 하나님(God)이라는 절대적 정체가 사라진 뒤 자연세계에 남아 있는 것은 물질에 기초한 본능과 욕망뿐이기 때문에 이성과 합리는 더 이상 절대적 목표가 되지 못한다고 주장하였다. 이성과 합리를 신성한 것으로 가장하여 이기적 욕망충족에 이용하는 것을 폭로하였다. 하나님의 죽음을 선언한 니체는 이성을 대표하는 아폴로적 지혜와 감성을 대표하는 디오니소스적 충동을 문화를 이끄는 두 요소로 보고, 충동의 근거인 몸의 역할에 관심을 기울여야 한다고 주장하였다. 삶의 무대는 마음의 이성과 몸의 본능이 욕망 속에서 충돌하고 투쟁하는 장소이다. 문화는 이러한 근원적 갈등으로 말미암아 욕망을 좇아서 발전과 퇴보 사이를 요동친다. 이로써 인간이 이성과 합리에 기초하여 문화를 획일적으로 디자인하는 것이 불가능하다고 판단하자, 이성과 합리에 대비되는 본능과 욕망을 강조하였다. 프로이트와 같은 학자는 문화가 욕망을 왜곡하고 억압하기 때문에 인간이 불행으로 빠져든다고 생각하여 본능의 해방을 주장하였다.

인간은 근대화의 물결이 지구를 휩쓸었던 20세기를 거쳐오면서, 실체를 규명하고 활용하는 과학기술의 발달에 거의 모두를 의존하게 되었다. 인간은 과학기술의 가속적인 발전과 더불어 이룩한 물질적 풍요에 도취되어 '나는 누구인가'라는 정체에 대한 물음을 소홀히했다. 인간은 정체에서 발생하는 문제들까지 과학기술로 손쉽게 해결할 수 있다고 기대하여 극단적인 물신주의에 빠져들었다. 인간은 더욱 많은 물질적 풍요를 추구하기 위해 자연을 무제한 이용하는 바람에 끝없는 욕망과 유한한 자연 사이에 균열이 발생하여 자원고갈, 환경오염, 생태파괴와 같은 심각한 문제에 부딪히게 되었다. 욕망과 자연의 불협화음으로 인간의 생존 자체가 위협받는 지경에 이르자 편리와 불편, 발전과 퇴보 등을 구분하는 기준이 모호해져 갔다. 인간은 미래의 생존에 대한 희망을 갖기 위해 '나와 우리는 누구인가'를 묻는 동시에, '나와 우리의 삶은 무엇인가'라고 묻지 않을 수 없다.

오늘날 세계화의 흐름을 타고 지상의 모든 문화가 지구촌으로 거리를 좁혀 가는 것과 함께 자본주의적 욕망 부풀리기가 더욱 기세를 떨치고 있다. 인간은 상품의 늪에 빠져 욕망을 가누기 어려운 빈약한 주체를 갖도록 내몰리고 있다. 물신주의로 정체에 대한 이해가 빈약함을 드러내자 문화의 실체에 대한 이해 또한 심하게 흔들리고 있다. 욕망으로 요동치는 문명의 거친 파도를 헤쳐 나가기 위해서는 건강한 정체를 요구한다. 그렇지 않으면 인간은 끝없이 생산과 소비에 매달리는 상품의 노예에 지나지 않는다. 이런 상황에 빠져 '나는 누구인가'라는 정체에 대한 물음이 새롭게 제기되면서, 인간이 실체적 존재이자 정체적 존재로서 문화를 디자인한다는 사실에 새삼 주목하게 되었다.

인간이 생각의 주체로서 형성하고 실현하는 욕망의 세계는 끝없는 축소와 확대가 가능하기 때문에 단순히 실체적 이해로는 감당할 수 없는 한계를 지니고 있다. 그래서 과학기술에 의존하여 정체의 세계를 실체의 세계에 포괄하려는 시도에 대해 심각한 반성이 제기되고 있다. 기존의 문명을 대체할 수 있는 새로운 문명적 대안을 찾아 나서게 되면서 근대 이후에 대한 논의가 활발해지고 있다. 또한 환경과 생명에 대한 관심이 증대되면서, 그 동안 자연학문에 밀려나 관심 밖에 머물던 인문학문에 대한 관심이 높아지게 되었고, 실체 중심의 삶에서 추방했던 신과 영혼을 다시 불러들이는 시도들도 나타나게 되었다.

몸과 마음의 예에서 볼 수 있듯이 실체에 대한 이해와 정체에 대한 이해가 성격을 달리하기 때문에 어느 하나를 기준으로 인간의 역사를 이해하고 평가하는 것은 불가능하다. 실체적 이해와 정체적 이해가 어떻게 연관을 맺는가에 따라 역사는 발전, 퇴보, 소멸, 순환할 수 있다. 실체에 대한 이해와 정체에 대한 이해가 조화를 이루며 확대되어 갈 때, 인간은 지식과 기술을 지혜롭게 활용하여 문명의 진보를 이룩할 수 있을 것이다. 이런 까닭에 단순히 실체적 이해에 바탕한 지식과 기술의 확대가 곧바로 문명의 진보를 뜻하지는 않는다는 점을 명심할 필요가 있다. 실체에 대한 지식과 기술을 크게 확대하는 경우에도 정체에 대한 이해가 빈약하면 윤리적 파탄으로 문명이 파멸에 이를 수도 있다.

2. 문화에 대한 새로운 접근

문화에 대한 이해는 주체인 인간의 정체에 대한 이해를 요구하는 동시에 객체인 문물(文物)의 실체에 대한 이해를 요구한다. 이런 까닭에 인간은 오랜 과거부터 '인간이 무엇을 실현하는가'처럼 정체와 실체가 통합된 물음에 기초하여 문화를 설명하려고 노력해 왔다. 동아시아는 문화를 '주체인 인간이 자연에 문식(文飾)을 가하는 것[文化, 紋化]'으로 설명해 왔고, 서구는 '주체인 인간이 자연을 경작하는 것[culture]'으로 설명해 왔다. 이때 '문식(文飾)'에 내포된 무늬와 글자나 'culture'에 내포된 도구와 경작은 모두 인간이 생각의 주체로서 자연 상태와 구분되는 문화적 삶을 살아감을 드러내는 중요한 측면들이다.

서구에서 근대적 학문체계가 발전해 오면서 문화에 대해서도 체계적인 연구가 전개되었다. 특히 서구인은 근대화 과정에서 침략, 정복, 방문, 교류 등의 방법을 통해 다양한 문화의 존재에 눈을 뜨게 되자 문화의 전체성에 대한 물음을 제기하기 시작하였다. 학자들은 다양한 문화를 연구하여 문화의 본질을 규정하려고 노력해 왔다. 그러나 문화가 매우 포괄적이기 때문에 그들이 제시한 문화에 대한 정의가 수백 가지에 이른다. 이는 바라보는 관점에 따라 문화에 대한 접근과 이해가 다양할 수 있기 때문이다. 그래서 학자들이 문화를 연구하는 방법론 또한 수십 가지에 이르며, 널리 알려진 것만 해도 진화론, 전파론, 양식론, 구조론, 상징론, 인지이론, 기호론 등을 들 수 있다.

문화에 대한 기존의 이해는 정체에 대한 물음을 중시하는 인문학문적 접근과 실체에 대한 물음을 중시하는 자연학문적 접근이 있었다. 전근대에는 정체에 대한 물음을 중시하는 인문학적 전통이 주류를 이루어왔다. 철학, 경학, 역사, 문학 등이 학문의 중심을 차지해온 것은 이 때문이다. 이들 학문은 '나'와 '세계'를 존재하게 하는 사물의 본질을 규명하기 위해 직관적이고 해석적인 방법을 중시한다. 반면 근대로 넘어오면서 실체에 대한 물음을 중시하는 사회학문이나 자연학문적 접근이 힘을 얻게 되었다. 정치학, 경제학, 물리학, 생물학, 화학 등이 학문의 중심에 자리하고 있는 것은 이 때문이다. 이들 학문은 밖으로 드러나 있는 현상을 규명하기 위해 경험적이고 분석적인 방법론을 중시한다. 이렇게 볼 때, 문화에 대한 깊이 있는 이해는 인문학문적 접근과 사회학문-자연학문적 접근을 병행해야 한다.

문화에 대한 이해가 정체와 실체의 통합적 관계 속에서 이루어지는 것은 인간이 상징적 기호로 구성하고 실현하는 욕망의 세계를 살아가기 때문이다. 즉, 인간은 지각의 주체로서 갖고 있는 욕구에 기초하여 생각의 주체로서 상징적 기호를 사용하여 실체적 이해와 정체적 이해를 통합한 욕망의 세계를 구성하고 실현한다. 이러한 욕망의 세계에서 몸은 물질과 감각에 근거하여 실체적 성격을 강하게 갖는 반면에, 마음은 욕구와 상징에 근거하여 정체적 성격을 강하게 갖는다. 이 때문에 욕망의 세계는 몸이라는 구체적 실체에 기반을 두면서도 마음먹기에 따라 끝없이 확대되거나 축소될 수 있는 초월적 성격을 갖는다. 인간은 '나'라는 자아를 중심으로 끝없는 욕망의 세계에 일정한 질서를 부여함으로써 효과적으로 세상을 살아갈 수 있게 된다.

나는 문화를 실체와 정체의 통합적 관계로 설명하기 위해 생명, 관계, 주체, 자아, 욕망, 본, 보기, 본보기 등에 대한 전체적 맥락을 구성해 왔다.[2] 이를 위해 먼저 인간이 생명적 주체로서 대상과 관계 맺는 방식을 네 가지, 대사(metabolism), 감각(sensation), 지각(perception), 생각(thinking)으로 구분하여 설명하였다. 즉 인간은 대사하는 몸에 기반하여 감각하는 몸이 분화되고, 감각하는 몸에 기반하여 지각하는 마음이 분화하고, 지각하는 마음에 기반하여 생각하는 마음이 분화하면서 '인간'이라는 전체 속에서 중층적 구조를 형성하고 있다. 인간이 대사하는 몸으로 물질과 관계를 맺는 것은 '각(覺 : awakening)'이 끼여들기 이전의 관계 맺음이다. 인간이 감각하는 몸으로 자극을 감각하고 반응하는 것에는 '각'이 끼여들지만 이해를 수반하지 않는 수동적인 관계 맺음이다. 이런 까닭에 대사하는 몸과 감각하는 몸은 실체적 성격을 지닌다. 그러나 인간이 지각과 생각의 주체로서 마음을 좇아서 관계를 맺는 것은 '각'에 기초한 이해를 바탕으로 이루어지는 능동적 관계 맺음이다. 인간이 지각하는 마음에 기초하여 사태를 이해하고 대응하는 것을 욕구라고 할 수 있고, 생각하는 마음을 통해서 욕구를 문화의 형태로 변형한 것을 욕망이라고 할 수 있다. 이런 까닭에 지각하는 마음과 생각하는 마음은 정체적 성격을 지니

---

2) 여기에 요약된 부분은 필자가 《주체와 욕망》(사계절, 2000) 제5장에서 논의한 내용들이다.

며, 특히 생각하는 마음은 '나'라는 주체를 자각하는 정체의 핵심에 자리하고 있다.

이처럼 인간이 대상과 관계를 맺는 것은 실체적 성격을 갖는 대사에서 감각과 지각의 단계를 거쳐 정체적 성격을 갖는 생각의 단계로 나아간다. 인간이 문화를 형성하고 실현하는 것은 실체와 구분되는 '나'라는 정체가 독자적으로 욕망을 형성하고 실현하는 생각의 단계에서 이루어진다. 그러나 인간의 삶 속에는 대사, 감각, 지각, 생각이 하나로 통합되어 있기 때문에 문화는 대사, 감각, 지각 단계에서 볼 수 있는 실체적 기초를 바탕으로 삼는다.

인간이 정자와 난자의 수정과 함께 개체로서 생존을 시작하는 단계에서는 실체적 존재가 삶의 중심을 이루지만, 태아와 영아의 단계를 거쳐 문화 속에서 생각하는 존재로 성장하면서 정체적 존재가 중심을 이룬다.

인간이 출생과 더불어 개체로서 삶을 시작하는 단계에서 문화는 개인을 둘러싸고 있는 '집단적 삶의 양식(collective style of life)'으로 존재한다. 영아는 내면에 구비된 자연스런 능력, 즉 양능(良能 : innate doing ability)과 양지(良知 : innate thinking ability)를 바탕으로 집단적 삶의 양식을 습득하는 과정을 통해서 인간을 형성해 나간다.[3] 이러한 인간 형성의 과정이 곧 문화를 몸과 마음으로 만들어 나가는 '체화(體化 : embodiment)'이다. 인간은 체험(體驗)과 체득(體得)을 통해서 문화를 몸과 마음으로 만들어 나가는 까닭에 영아나 유아의 단계에서 어떠한 방식으로 문화와 만나느냐에 따라 인간 형성의 내용과 방법에 큰 차이가 난다. 사람들은 이 점을 강조하여 '세 살 적 버릇이 여든까지 간다'고 말한다. 인간은 이미 세 살

---

3) 良能과 良知는 《孟子》 盡心章句(上)에 나오는 개념으로 몸과 마음의 능력을 설명하는 데 매우 유용한 개념이다. 맹자는 양능과 양지에 대해 "사람이 배우지 않아도 하는 것을 양능이라고 하고(人之所不學而能者其良能也), 생각하지 않아도 아는 것을 양지라고 한다(其所不慮而知者其良知也)"고 설명하고 있다. 양능은 몸의 능력이라고 말할 수 있고, 양지는 마음의 능력이라고 말할 수 있다.

정도에 일생의 바탕을 이루는 욕망체계(desire system)의 근간을 형성한다.

인간의 욕망체계는 개인이 시비, 선악, 미추, 진위와 같은 문화적 가치 기준을 좇아 집단적 삶의 양식을 배우고 익히는 과정에 형성한 '개별적 취향(individual inclination)'의 형태로 존재한다. 개별적 취향은 욕망이 구체적으로 모습을 드러내는 통로이자 단위라고 말할 수 있으며, 집단적 삶의 양식을 반영하는 동시에 개인적 특성을 반영하고 있다. 즉, 개인은 문화의 세계에 태어나 일정한 가치기준을 좇아 집단적 삶의 양식을 배우고 익히는 과정 속에서 개별적 취향을 욕망체계로 형성한다. 이에 따라 동일한 문화집단에 속해 있다 하더라도 개인들의 취향에는 차이가 발생한다.

개별적 취향은 지속되는 기간에 따라 장기적인 것도 있고, 단기적인 것도 있다. 개인이 갖고 있는 장기적인 취향을 태도(attitude)라고 할 수 있는데, 이것은 삶을 구성하는 국면들에 따라 달리 형성될 수 있는 까닭에 다양한 모습을 갖는다. 즉, 특정한 학생의 경우에도 '책을 보는 태도', '인사하는 태도', '숙제하는 태도'와 같이 온갖 태도를 구분할 수 있다. 이 때문에 사람들은 개인이 문화에 기초하여 다양한 태도들을 형성해 나가는 과정에서 발전시킨 전체적 구조를 성격(personality)이라고 말한다. 성격은 몸과 마음을 통합한 전체로서 안정성과 연속성을 갖는다. 사람들은 성격에 기초하여 '나'와 '너' 또는 '우리'와 '남'의 취향이나 태도를 전체적으로 이해하고 판단할 수 있다. 성격은 개인이나 집단을 전체적으로 드러내는 간판과 같은 역할을 수행하고 있다.

인간이 문화 속에서 개별적 취향을 형성하고 실현하는 것은 세 가지 속성, 즉 성향(tendency), 지식(knowledge), 기술(technique)이 상호 영향을 미치는 통합적 방식으로 이루어진다.

성향은 개인이 갖고 있는 체질(physical constitution)이나 성질(temperament)에 바탕하여 형성된 기질적 경향을 말한다. 기질적 경향은 유전과 같은 선천적인 요인에 환경과 같은 후천적 요인이 작용하여 형성된다.

기질적 경향은 선천적 요인에 따르는 한계 때문에 후천적 변화의 가능성이 제한되어 있어, 체질이나 성질에 결함이 있는 경우에는 후천적 변화가 전혀 불가능할 수도 있다. 공자가 '성질은 비슷하지만 습관이 차이를 낳는다'고 말하면서, '아주 어리석은 사람은 변화가 불가능하다'고 말한 것은 이러한 이유이다. 개인이 형성한 기질적 경향은 지식과 기술의 습득과 활용을 촉진하거나 저해하는 방식으로 영향을 미칠 수 있기 때문에 취향의 형성에 중요한 역할을 수행한다.

지식은 관계 맺음에 따르는 논리적 상관에 대한 이해를 뜻한다. 논리적 상관에 대한 이해는 학습과정을 통해서 확대되고 심화될 수 있기 때문에 의도적 노력을 통해 큰 차이를 낳는다. 인간은 지식을 통해서 사물이 물건이나 사건으로 존재하는 이유, 목적, 방법 등을 이해하고 이용할 수 있기 때문에 자연상태에서 문화생활로 나아갈 수 있다. 인간은 생각의 세계에서 이루어지는 관계 맺음을 지식의 형태로 구성하여 물건처럼 다룰 수 있다. 지식의 습득과 활용은 성향과 기술에 영향을 미치는데, 특히 지식은 기술의 향상과 개발에 결정적인 요인으로 작용한다. 지식이 문화의 근간을 이루고 있기 때문에 교육활동의 중심은 지식을 전달하고 확충하는 교수와 학습의 과정에 놓인다.

기술은 관계 맺음을 구체적으로 조작할 수 있는 능력이다. 인간은 몸에 기초하여 발휘되는 기술적 능력으로 구체적인 관계 맺음을 실현한다. 갓 태어난 영아는 음식을 먹는 데 대한 아무런 지식도 갖고 있지 않지만, 입으로 빨 수 있는 타고난 기술을 가졌기 때문에 젖이나 우유를 먹을 수 있다. 그러나 지식과 관련을 맺지 않은 타고난 기술은 매우 단순한 수준에 머문다. 인간은 지식을 활용하여 기술을 개발하거나 향상시켜 자연상태에서는 볼 수 없는 높은 수준의 문화생활을 하게 되었다. 인간이 자신의 몸을 대신하여 다른 동물이나 기계를 이용하는 기술을 개발하자, 자연을 이용할 수 있는 능력이 크게 늘어났다. 특히 근대로 접어들어 과학기술이 고도로 발달하면서 인간은 몸과 마음을 지구에서 달, 그리고 우주까지 연장하여 관계 맺는 일도 가능해졌다.

인간의 취향을 형성하는 속성인 성향, 지식, 기술은 문화집단 전체의 성격을 반영하는 동시에 개인이 갖고 있는 특수한 성격도 반영하는 이중성을 지니고 있다. 이런 까닭에 두 사람이 동일한 성향을 가지고 있어도 지식이나 기술에서 차이가 나면 욕망의 형성과 실현에도 차이가 나고, 또한 동일한 성향과 지식을 가지고 있어도 기술에서 차이가 나면 욕망의 형성과 실현에도 차이가 난다. 욕망의 형성과 실현이 동일하기 위해서는 계속 동일한 성향, 지식, 기술을 가지고 있어야 하는데 이러한 일은 불가능하다. 때문에 동일한 집단 속에서도 욕망을 형성하고 실현하는 것에는 개인에 따라 많은 차이가 난다.[4] 비슷한 사람들이 모여서 여러 가지 모습으로 살아가게 되는 것은 이 때문이다.

인간이 형성하고 실현하는 욕망은 개인적 차이에도 불구하고 문화 속에서 전체적으로 강한 동질성을 지니고 있다. 이는 인간의 욕망 형성과 실현은 문화에 기초하여 이루어지기 때문이다. 즉, 문화는 인간이 생활과정에 축적해온 집단적 삶의 양식으로서, 개인의 욕망 형성과 실현에 지침이 되는 '본보기(model-exemplar)'를 제공한다. 본보기는 집단이 공동으로 추구하는 이상적 형태의 삶의 양식(style)을 '본과 보기 구조'로 담아낸 것이라고 말할 수 있다. '본과 보기 구조'에서 본(本)은 본질이나 근본에 해당하는 원리(principle), 원형(archetype)을 말하고, 보기는 드러나 보이는 것에 해당하는 현상(phenomenon)이나 사례(instance)를 말한다. 사람들은 현상이나 사례가 원리나 원형에 완전히 맞아떨어지는 경우에 그것을 '본보기'라고 부른다. 개인이 본보기에 맞는 생각과 행동을 하게 되면 칭찬과 보상이 따르고, 벗어나는 생각과 행동을 하게 되면 비난과 처벌이

---

4) 인간의 내면에 존재하는 욕망체계는 상상의 세계로 존재하기 때문에 변형, 과장, 착각 등도 자유롭게 수용할 수 있다. 이로 말미암아 욕망체계는 강한 개별성을 지니게 되어 낱낱의 욕망들 가운데는 사회체제가 허용하는 범위를 벗어나는 것들도 존재한다. 이 때문에 인간은 사회체제의 저항으로 인해 욕망체계를 실현하지 못하고 좌절을 경험하는 경우가 많다.

따른다. 개인들이 본보기에 맞는 형태로 욕망체계를 형성하여 실현하려고 노력하는 까닭에 집단적 삶의 양식이 존재할 수 있다.

문화의 본보기는 인간과 세계에 대해 설정해 놓은 기본 전제들, 즉 시간과 공간, 전체와 개체, 있는 것과 없는 것, 본질적인 것과 현상적인 것 등에 대한 전제에 기초하여 형성된다. 사람들은 이러한 전제들의 체계를 일반적으로 세계관이라고 부르는데, 인간은 세계관에 기초하여 집단의 문화적 소망을 담아낼 수 있는 본보기를 설정하고, 공동선으로서 추구한다. 그런데 본보기는 시대와 상황에 따라 개인과 집단의 상호작용을 통해서 계속적으로 변화한다. 특히 문화변동의 과정에서 세계관이 달라지면 본보기의 성격도 근본적으로 변화한다.

인간이 형성하는 문화의 본보기는 바람직한 몸과 마음에서 시작한다. 각각의 문화 속에는 바람직한 몸과 마음에 대한 이상적인 본보기가 존재하며, 문화 속에서 살아가는 개인들은 바람직한 몸과 마음을 통해서 바람직한 인간이 되고자 한다. 역사에서 성인이나 현인으로 부르는 인물들은 바로 바람직한 몸과 마음에 대한 이해와 실천의 본보기를 제공한 사람을 일컫는다. 그러나 시대나 상황에 따라 바람직한 몸과 마음에 대한 본보기가 달라지기 때문에 관점의 차이로 문제가 발생한다. 그래서 바람직한 몸과 마음이 어떠한 것인가에 대해 끊임없이 논의와 논쟁이 일어나게 되었다. 바람직한 몸과 마음에 대한 관점이 근본적으로 달라지면서 문화가 혁명적인 변화의 과정에 놓이는 일을 볼 수 있다.

인간의 욕망체계는 시비, 선악, 미추, 진위와 같은 가치기준에 근거하여 집단적 삶의 양식인 사회체제(social structure)로 제도화된다. 사회체제는 집단이 문화를 실현하는 객관적 실체로서 제도, 관습, 규범 등으로 존재한다. 사회체제를 통해서 문화의 본보기를 체계적으로 관리하고 유지하는 까닭에 사회체제는 개인의 욕망체계가 갖는 개별적 특수성을 인정하지 않으려는 경향을 갖는다. 따라서 개인이나 집단이 성공적인 삶을 살기 위해서는 사회체제가 지향하는 본보기를 이해하고 실현할 수 있는 욕망체계를 형성해야 한다. 그런데 욕망체계의 형성은 능력과 환경에 따른 다양한 변수들, 즉 재능, 기질, 자원, 기회, 여건 등으로 말미암아 많은 차이를 낳는다. 곧 어떤 사람은 성공적인 삶을 살 수 있는 욕망체계를 형성하는 반면에 어떤 사람은 그렇지 못하다. 만약 욕망체계의 개별성이 현실의 사회체제 속에서 문화의 본보기와 충돌하여 갈등을 빚으면, 선택과 실천의 과정에 문제가 발생한다. 선택과 실천의 결과가 일탈로 인식되어 비난과 처벌의 대상이 되면, 기존의 욕망체계를 유지하는 일이 심각한 위기에 빠질 수 있다.

인간은 내면에 존재하는 개별적 욕망체계와 외부에 존재하는 사회체제의 관계를 어떻게 이해하느냐에 따라 문화 이해의 방식에 큰 차이가 난다.

먼저 개별적 욕망체계와 외부의 사회체제가 본질적으로 정합(整合)의 관계에 있다고 전제하는 경우, 인간은 사회체제를 통한 욕망 실현을 삶의 목적으로 삼는 동시에 개별적 욕망의 근거를 사회체제가 지향하는 공동선에서 찾는다. 이로써 인간은 사회적으로 용인된 방식으로 욕망을 형성하고 실현하는 것을 삶의 본질로 이해한다. 그래서 사회체제가 삶의 모든 영역으로 확대되어 사사로운 영역은 극도로 축소된다. 이때 인간은 사회체제에 부응할 수 있도록 욕망을 갈고 닦는 일이 무엇보다 중요하다.[5] 사회체제에 부응할 수 없는 욕망은 사악한 것으로 부정된다.

반면에 인간이 개별적 욕망체계와 외부의 사회체제가 본질적으로 불합(不合)의 관계에 있다고 전제하는 경우에는 사회체제를 욕망 실현을 위한 제한된 수단으로 삼는다. 이때 인간은 개별적 욕망의 근거를 개인이 추구하는 사사로운 의도에서 찾으며, 그 자체로서 본래의 목적을 갖

---

5) 이러한 예는 성리학적 유교문화에서 바라보는 욕망체계와 사회체제의 관계를 들 수 있다. 여기서는 인간의 본성을 선한 것으로 보기 때문에 개별적 욕망체계의 본질을 선으로 보고, 이것의 구체적 표현을 사회체제로 보았다. 성리학적 유교문화에서는 인간이 욕망체계와 사회체제의 일치를 목표로 자신을 닦아 나가는 과정을 매우 중시한다.

는 공동선은 존재하지 않는다. 인간은 욕망을 효과적으로 실현하기 위해 사회체제를 수단으로 활용하고, 사회체제는 욕망에 뒤따르는 이해관계를 조정하고 관철하는 수단의 구실을 한다. 사회체제가 욕망의 실현에 방해로 작용할 수도 있기 때문에 인간은 사회체제를 필요악으로 이해하여, 개별적 욕망체계에 직접 끼여드는 영역을 최대한으로 축소하려고 한다.[6]

집단적 삶의 양식 가운데서 대다수가 따라가는 주도적인 양상을 유행(fashion)이라고 한다. 유행은 '시세에 따른 양식의 흐름[時流]'으로서 문화가 변화함에 따라 계속 모습을 달리한다. 인간이 유행을 구분하는 '양식(樣式)'은 과거와 현재에 기준을 두고 있다. 즉, 오래된 삶의 양식을 구식이라고 하고, 새로운 삶의 양식을 신식이라고 말한다. 구식과 신식은 문화의 주도권을 경쟁하면서 새로운 유행을 낳는다. 유행의 흐름과 더불어 구식이 쌓여 형성된 과거가 전통이고, 신식이 모습을 드러내는 지금이 현대이다. 그런데 신식에 구식이 밀려나는 경우에도, 시간이 지남에 따라 구식이 새로운 모습으로 되살아나 유행을 교체하는 일이 많기 때문에 유행은 반복하는 것처럼 보인다.

인간은 시대나 상황에 따라 집단적 삶의 양식이 달라지는 것을 문화변동이라고 말한다. 문화변동은 삶의 양식에 영향을 미치는 성향, 지식, 기술에 일어난 변화로 발생한다. 먼저 성향은 인간이 장기간에 걸쳐 형성한 태도로서 지속적인 성질을 갖는다. 인간이 성향을 바꾸는 것은 쉽지 않기 때문에 성향으로 말미암아 갑자기 문화변동이 일어나는 일은 적다. 반면에 지식과 기술은 인간이 사물을 이해하고 이용하는 논리와 방법으로서 순간적인 전환도 가능하다. 따라서 새로운 지식과 기술의 개발이나 도입으로 대대적인 문화변동이 일어날 수도 있다. 지식과 기술의 혁신은

6) 이러한 예로 근대적 개인주의 문화에서 바라보는 욕망체계와 사회체제의 관계를 들 수 있다. 인간의 본성을 이기적인 것으로 보기 때문에 이기적인 욕망체계와 공동선을 지향하는 사회체제는 목표를 달리하는 것으로 보았다. 따라서 사회체제가 금지하지 않는 것이라면 무엇이든지 욕망으로 형성하고 실현하는 것이 인정된다. 따라서 욕망을 다스리는 것이 목적이 될 수 없다.

급속한 문화변동을 일으켜 혼란과 무질서를 낳는 원인이 되기도 한다.

　이와 같이 실체, 정체, 본, 보기, 본보기, 취향, 이상, 성향, 지식, 기술 등의 개념을 사용하면 몸이라는 실체적 물음의 대상과 마음이라는 정체적 물음의 대상을 통합하여 이해할 수 있는 동시에, 실체적 세계로 드러나 있는 현상세계와 내면에 존재하는 것으로 전제된 본질세계를 통합하여 이해할 수 있다. 이로써 몸과 마음, 그리고 현상과 본질의 이분법에서 발생하는 문제들을 쉽게 극복할 수 있는 길이 열린다. 즉, 실체적 존재이자 정체적 존재인 인간이 엮어내는 문화를 물질로 환원하거나 정신으로 환원하는 오류에서 벗어날 수 있다. 물질에 기초하여 정신의 세계로 나아가고, 정신에 기초하여 물질의 세계로 나아가는 인간의 삶을 전체적으로 통합하는 일이 가능해진다.

제2장
본과 보기 구조와 문화 이해

1. 왜 본과 보기 구조를 주목하는가

한국인은 전통적으로 '본과 보기 구조'에 기초하여 문화를 이해해 왔다고 말할 수 있다.[1] 한국인은 사물의 고유한 성질을 본질(本質), 사물에 구비된 고유한 격식을 본격(本格), 사물이 드러나 있는 구체적 모습을 보기, 사물이 완벽한 형태로 실현된 상태를 본보기라고 말한다. 이로써 문화를 배우고 익힌 사람은 '본데 있는 사람', 문화를 배우는 것은 '본을 받는 것', 문화를 실천하는 것은 '본을 보이는 것'을 뜻한다. 이렇게 볼 때 본과 보기 구조는 인간이 생각의 주체로서 사물을 인식하는 기본 구조일 뿐만 아니라, 문화를 이해하고 실현하는 기본 구조를 이루고 있음을 알 수 있다. 즉 인간은 현상으로 드러나 있는 보기들에 기초하여 귀납적 추론과정을 통해 낱낱의 개념을 구성하고, 이렇게 구성된 낱낱의 개념에 본질을 전제하여 연역적 추론과정을 통해 보기들을 전체적으로 규정해 나간

[1] 필자는 1998년부터 '본과 보기 구조'에 기초하여 문화를 설명해 왔다. 중요한 것을 소개하면 최봉영, 《주체와 욕망》(사계절, 2000) ; 〈욕망과 문장놀이〉, 《시학과 언어학》 2집(시학과 언어학회, 2001) ; 〈문화적 정체성의 준거로서 순종, 별종, 잡종 의식〉, 《사회과학연구》 8집(서강대학교 사회과학연구소, 1999) ; 〈한국근대화와 문화변동의 성격〉, 《전통과 현대》 4호(전통과 현대사, 1998) ; 〈유교문화와 한국사회의 근대화〉, 《역사와 사회》 53집(문학과지성사, 1998) 참조.

다. 이때 인간은 본과 보기가 완벽하게 일치하는 '본보기'를 문화적 이상으로 설정하여 문화를 이해하고 실현하는 기초로 삼는다. 이로써 인간은 사물과 경험으로 닫혀진 유한한 세계에 뿌리하고 있음에도 초월과 절대로 열려진 무한한 세계를 바라보며 살아가게 된다.

한국인이 문화를 본과 보기 구조로 이해하는 것은 원형이론(prototype theory), 보기이론(exemplar theory), 모형이론(model theory) 등에서 알 수 있듯이, 어느 문화에서나 볼 수 있는 일반 현상이라고 말할 수 있다.[2] 그럼에도 한국인이 가꾸어온 본과 보기 구조는 개념화의 과정을 중심으로 본질인 '본'과 현상인 '보기'와 문화적 이상인 '본보기'를 하나의 논리로 정교하게 꿰고 있다는 점에서 특별한 가치를 지닌다. 본과 보기 구조는 귀납적 추론과 연역적 추론이 개입하는 양상을 좇아서 사물 인식과 문화의 이해의 전체적 과정을 논리적으로 설명할 수 있는 장점을 가진다. 필자는 본과 보기 구조에 내포되어 있는 논리적 틀을 분석하여 사물 인식과 문화 이해를 통합적으로 설명할 수 있는 새로운 문화이론을 전개할 수 있다고 보았다.

2. 사물 인식과 본과 보기 구조

1) 지각과 생각

인간은 대사(metabolism), 감각(sensation), 지각(perception), 생각(thinking)하는 능력을 아울러 갖추고 있는 생명적 통합체로 살아간다.[3] 인간은 신

---

2) 필자는 본과 보기 구조로서 문화를 설명해 오는 과정에서, 최근 인지이론 분야에서 인간의 개념 형성을 설명하는 이론적 근거로서 원형이론(prototype theory)과 본보기이론(exemplar theory)이 중요한 역할을 하고 있다는 것을 알게 되었다.[이정모 외, 《인지 심리학》(학지사, 1999), 334~341 참조] 본과 보기 구조에 기초하면 원형이론과 본보기이론을 하나로 통합할 수 있을 뿐만 아니라, 개념 형성을 설명하는 단계를 넘어 문화의 형성과 실현을 정밀하게 설명할 수 있다.

경체계의 발달에 기초하여 대사하는 몸에서 감각하는 몸이 분화되어 나오고, 감각하는 몸에서 지각하는 마음이 분화되어 나오고, 지각하는 마음에서 생각하는 마음이 분화되어 나온다. 이로써 인간은 대사작용으로 물질을 흡수하고 배출할 수 있게 되고, 감각작용으로 자극을 수용하고 반응할 수 있게 되며, 지각작용으로 사태를 이해하고 대응할 수 있게 되고, 생각작용으로 관념을 형성하고 소통하고 실현할 수 있게 된다. 이때 대사와 감각은 몸의 차원에서 발휘되는 능력인 반면, 지각과 생각은 마음의 차원에서 발휘되는 능력이다.

인간은 감각하는 몸에서 지각하는 마음이 분화되어 나오면 사태에 관한 경험적 자료를 기억하고 구성하여 능동적으로 대응한다. 때문에 인간은 말을 습득하기 이전 단계부터 지각하는 마음에 기초하여 사태에 능동적으로 대응하기 시작한다. 그런데 지각하는 마음을 갖고 있는 다른 동물들도 인간과 마찬가지로 사태에 관한 경험적 자료를 기억하고 구성하여 능동적으로 대응한다. 단지 동물에 따라서 지각하는 방법과 정도에 많은 차이가 있기 때문에 사태에 대한 이해와 대응방식이 크게 달라지는 것을 볼 수 있다. 개미나 나방처럼 지각능력이 낮은 것부터 개나 돼지처럼 지각능력이 높은 것이 존재한다.

동물이 지각하는 마음에 기초하여 사태를 이해하고 대응하는 것은 도식(scheme-schema)에 기초하여 이루어진다. 도식은 감각기관이 수용한 자극을 형태, 색깔, 소리, 감촉, 맛, 냄새 등에 따라 일정한 지각 단위로 구분하여 경험자료로서 기억하여 사태를 이해하고 대응하는 데 활용하는 기본단위를 말한다. 개나 돼지와 같은 고등동물은 다양한 종류의 단순한 도식들을 결합하여 한층 복잡한 도식을 구성하는 방식으로 사태를 이해하고 대응하는 수준을 향상시켜 나간다.[4]

3) 필자는 《주체와 욕망》에서 생명적 관계 맺음이라는 차원에서 인간의 몸과 마음을 대사하는 몸, 감각하는 몸, 지각하는 마음, 생각하는 마음으로 구분하여 상세히 논한 바 있다.
4) 지각하는 마음이 낱낱의 도식들을 결합해서 복잡한 도식들을 구성하여 사태를 깊이 있게 이해

동물이 지각의 주체로서 대상과 관계를 맺는 것을 욕구(need)라고 말할 수 있다. 감각하는 몸에서 발생하는 요구(demand)가 지각하는 마음을 통해서 사태를 이해하고 대응하는 욕구로 변형되어 나타난다. 이러한 욕구는 관계 맺음에 대한 감정적 지향과 인지적 능력이 통합되어 있다. 동물은 욕구에 기초하여 대상과 관계를 맺어 나가는 과정에서는 마음에 사태의 세계를 형성하고 접근, 회피, 기쁨, 분노 등과 같은 행동을 한다. 동물은 욕구의 주체로서 환경에 능동적으로 대응하는 것이 가능하기 때문에 '스스로 움직이는 물체[動物]'로 불린다. 그런데 욕구는 지각작용을 일으키는 감각 도식들의 결합에 의존하는 까닭에 사태의 세계에서만 발생하고 소멸한다. 이 때문에 지각이 불가능한 상황이 발생하면 사태의 세계가 사라지는 까닭에 욕구가 작동할 수 없게 되어, 감각하는 몸에서 발생하는 요구로 돌아가 버린다.

지각하는 마음에 존재하는 사태의 세계는 욕구의 주체가 개입하는 까닭에 대사의 차원에서 일어나는 물질적 관계 맺음으로 환원할 수 없는 부분이 생겨난다. 욕구의 주체가 생명체 밖에 존재하는 환경을 끌어들여 사태의 세계를 구성하여 대사하는 몸에 영향을 미치기 때문에 환경이라는 전체 상황을 고려하지 않고, 단순히 대사하는 몸에서 발생하는 물질적 관계 맺음만으로 사태의 세계를 이해하는 것은 불가능하다. 즉 집안에 있는 개가 주인이 몰고 오는 자동차의 소리와 냄새를 이해하고, 주인을 맞기 위해 꼬리를 흔들며 대문으로 달려가는 것은 욕구의 주체가 사태의 세계에 조직적으로 대응하는 것이기 때문에 단순히 대사의 차원에서 개의 몸에서 일어나는 물질적 관계 맺음으로 개의 행동을 설명할 수는 없다.

한편 인간은 지각하는 마음에서 분화한 생각하는 마음에 기초하여 대

하는 것은 인간이 낱낱의 단어들을 결합하여 복잡한 문장들을 구성하여 사건을 깊이 있게 이해하는 것과 비슷하다.

상에 대한 다양한 관념들을 구성하고 소통한다. 이로써 인간은 땅 위를 걸어가는 코끼리는 물론이고, 하늘을 날아가는 코끼리나 땅 밑을 기어가는 코끼리에 대해서도 관념을 구성하고 소통할 수 있다. 그 결과 인간은 구체적 사태와 무관한 초월적 관념까지 포괄하는 사건의 세계를 형성하여 살아간다. 인간은 구체적인 것과 초월적인 것을 아우르는 사건의 세계를 통해서 사태의 세계에서는 경험할 수 없는 것들에 대해서도 자유롭게 관념을 구성하고 소통할 수 있기 때문에 복잡한 지식과 기술을 개발하고 축적해 나간다.

인간은 생각하는 마음에 기초하여 욕구를 욕망(desire)으로 전환하여 대상과 관계를 맺으려 한다. 욕망이 생각을 통해서 구성되고 표출되는 까닭에 생각과 욕망은 언제나 동전의 앞뒤처럼 함께 한다. 즉 인간은 욕망하기 때문에 생각하고, 생각하기 때문에 욕망한다. 따라서 인간을 '생각하는 존재'로 말하는 것은 '욕망하는 존재'라고 말하는 것과 같다. 이것은 '마음에 욕망이 가득하다'고 말하는 것과 '마음에 생각이 가득하다'고 말하는 것이 같은 뜻을 지니고 있는 데서도 잘 드러난다. 이런 까닭에 인간은 욕망을 가라앉히기 위해서 마음에서 생각을 비워야 한다고 말한다. 만약 생각을 완전히 비우게 되면 욕망이 아닌 욕구만이 존재할 것이다. 그러나 인간이 아무리 생각하지 않으려고 노력해도, 생각은 저절로 솟아나기 때문에 욕망에서 완전히 벗어나는 것은 불가능하다.

인간은 생각이 달라지는 것에 따라 욕망 또한 달라진다. 생각이 순간에 무한소에서 무한대로 옮아가는 것이 가능하듯이, 욕망 또한 그러하다. 인간은 욕망을 드러내는 문장들에 '무한히 작은' 또는 '무한히 큰'이라는 수식어를 붙여서 간단히 무한의 이쪽과 저쪽을 넘나들 수 있다. 또한 생각이 물질세계와 가공세계를 아우르는 관계이듯 욕망 또한 그 두 세계를 아우른다. 이 때문에 인간은 사건의 세계에서 구체적 사태와 무관하게 욕망을 무한히 확대하거나 축소하는 방식으로 현란한 변신을 꾀한다. 즉 인간이 죽음이라는 구체적 사태와 무관하게, 내세에서 펼쳐질 영원한 삶을 욕망하는 것은 '내세'와 '영원'이라는 관념을 갖고 있기 때문이다.

인간이 사건의 세계 속에서 관계를 맺는 것은 '나'의 욕망과 '너'의 욕망이 만나서 사건을 일으키는 것으로 나타난다. 무수한 욕망들을 좇아서 무수한 사건들이 끊임없이 벌어진다. 그런데 사건의 세계는 초월적인 것을 포함하기 때문에 구체적 사태로 환원될 수 없는 부분들이 있다. 예를 들면 인간이 육신의 죽음을 놓고 영생이나 윤회와 관련하여 벌이는 상징적 사건들은 욕망의 차원에서 이루어지기 때문에 죽음이라는 물리적 사태로 환원될 수 없는 부분들을 포함한다. 이처럼 욕망은 죽음이라는 물리적 사태를 초월하여 끝없이 뻗어나갈 수 있기 때문에 신화, 전설, 종교 등이 중요한 역할을 한다.

인간이 욕망을 형성하고 실현하는 것은 생각을 공유하는 문화공동체에 기초하여 이루어진다. 인간은 언어를 통해 생각을 소통하고 실천하는 과정에서 집단이 형성한 문화를 학습하고 창조한다. 이때 인간이 문화를 학습하는 것은 이상적 기준으로 설정된 기존의 본보기를 배우는 과정을 말하고, 문화를 창조하는 것은 기존의 본보기를 대체할 수 있는 새로운 본보기를 만드는 과정을 말한다. 인간은 더욱 나은 본보기를 찾아가는 과정에서 문화를 계승하고 창조해 나간다.

2) 본과 보기 구조와 사물[5] 인식

인간이 언어를 바탕으로 관념을 구성하고 소통하면서 문화적 존재로 살아가는 것은 '본(principle-prototype)과 보기(phenomenon-instance) 구조'로 설명할 수 있다. 본과 보기 구조는 인간이 생각의 주체로서 욕망에 기초하여 대상과 관계를 맺을 때 뒤따르는 네 개의 기본 요소들, 즉 귀납적 추론의 대상으로서 현상으로 드러나 있는 '보기', 대상에 특정한 의미를 부

---

5) 여기서 말하는 사물은 단순히 물질로 이루어진 구체적 사물만을 뜻하는 것이 아니라 물건과 사건으로 펼쳐지는 사태와 사건의 세계를 모두 포괄한다.

여하여 조작과 소통이 가능하도록 만드는 '개념', 연역적 추론의 본질로서 대상에 전제되어 있는 '본', 본과 보기가 이상적 만남을 통해 완벽한 모습으로 드러나는 '본보기'가 중심을 이루고 있다. 보기, 개념, 본, 본보기가 어떠한 방식으로 사물 인식과 문화 이해의 근간을 이루고 있는지 살펴보면 다음과 같다.

'보기'는 마음의 주인인 인간에게 대상으로 드러나 있는 현상(現狀 : 現象 : 現相)세계를 말한다. 현상세계는 표현(表現)된 것, 즉 '관계 맺음을 통해서 밖으로 드러나 있음'을 말한다. 현상세계가 존재하기 위해서는 보이는 대상과 보는 주체가 '보임과 봄'으로 관계를 맺어야 한다. 이때 '보임과 봄'으로 드러나는 현상세계는 '보이는 대상'과 '보는 주체'가 동전의 앞·뒤처럼 짝을 이루고 있다. 즉, 보이는 대상이 존재하더라도 주체가 대상을 보지 못하면 현상이 되지 못하고, 보는 주체가 존재하더라도 대상이 보이지 않으면 현상이 되지 않는다. 이렇듯 현상세계는 주체와 대상의 만남을 전제하여 존재하는 까닭에 한자어에서 '견(見)'과 '시(示)'는 보이는 대상과 보는 주체를 포괄하는 독특한 구조를 갖고 있다. 즉 '견(見)'과 '시(示)'는 '보일 현(見)'과 '볼 견(見)', '보일 시(示)'와 '볼 시(示)'로서 주체와 대상을 '보임과 봄'의 구조로 포괄하고 있다.

현상세계에 대상이 드러나 보이는 것은 주체가 관계를 맺는 방식에 따라 다양하게 이루어진다. 즉 대상은 형체, 색깔, 동작, 감촉, 맛, 냄새 등으로 드러나 있고, 주체는 시각, 촉각, 청각, 미각, 후각 등을 이용하여 대상을 보고 이해한다. 그런데 인간이 대상을 감각하여 지각하는 것은 단연 시각이 중심을 이루고 있다. 속담에 '백 번 듣는 것보다 한 번 보는 것이 낫다'는 말이 있는 것이나, '보는 것이 믿는 것이다(Seeing is believing)'라는 것에서 알 수 있듯이, 보는 것은 다른 어떤 것보다 강력한 우위를 차지하고 있다. 즉 인간이 보는 것에서 얻는 구체성과 확실성은 다른 어떤 것보다 더욱 직접적이고 강력하다. 이런 까닭에 한자어에서는 '이해한다'는 것을 '견해(見解)'나 '견득(見得)'이라고 말하고, 영어에서 '나는 이해한다'는 뜻으로 'I see'라고 말한다. 인간은 보는 것을 통해서 자연스럽게 아는 것으로 나아가게 된다.

그렇지만 갓 태어난 영아가 현상세계를 이해하는 주된 도구는 시각이 아니라 촉각과 미각이다. 영아는 손에 잡히는 것을 눈으로 가져가는 것이 아니라 입으로 가져가 촉감과 맛으로 대상을 파악한다. 영아는 눈에 보이는 대상들을 이것과 저것으로 관계지어 파악할 수 있는 능력을 충분히 갖고 있지 않다. 그러나 유아 단계에 이르면 대상을 파악하는 1차적 도구로서 시각을 이용한다. 왜냐하면 시각은 현상세계에서 얻어진 순간순간의 영상자료를 전체성과 연속성이 보존되어 있는 아날로그의 형태로 전환시켜 시공 속에 발생하는 사태나 사건을 전체적 관련 속에서 한꺼번에 바라볼 수 있게 해주기 때문이다.[6] 인간이 감았던 눈을 뜨는 순간에 모든 세계가 갑자기 활짝 열리는 것을 경험하는 것은 이런 이유이다. 인간은 시각을 통해서 사태나 사건의 세계를 실감나게 포착할 수 있게 되고, 그 결과 시각적으로 이해된 사태나 사건의 세계를 현상세계와 동일시하는 일이 많다.

반면에 청각, 촉각, 미각, 후각은 대상을 부분적이고 단속적(斷續的)으로 이해하도록 만든다. 이것을 감각하고 저것을 감각하는 사이에 시간과 공간의 간격이 존재하기 때문에 대상을 포착하는 것은 디지털의 형태로 이루어진다. 예를 들면 인간이 청각으로 대상을 이해하는 것은 서로 다른 시간에 들은 내용들을 전체적으로 구성해야 하기 때문에 특정한 부분만을 가지고서는 전체를 이해할 수 없다. 마찬가지로 인간이 촉각으로 대상을 이해하는 것도 서로 다른 시간에 접촉한 내용들을 전체적으로 구성해야 하기 때문에 장님이 코끼리 더듬는 방식을 벗어나지 못한다. 이 때문에 인간은 촉각과 청각으로 수용한 내용들을 전체에 기초한 시각적

---

6) 실제로 인간이 시각을 통해서 감각자료를 수용하여 대상을 포착하는 것은 디지털 형태로 이루어지지만 아주 짧은 시간에 지속적으로 이루어지기 때문에 연속적인 것으로 받아들인다. 인간이 영화를 볼 때, 낱낱의 토막들로 이루어진 영상을 연속적인 것으로 받아들이는 것과 같다.

이미지로 변형해서 현상의 세계처럼 이해하려고 한다. 즉 인간은 '들어'(청각)＋'보고'(시각), 만져(촉각)＋'보는'(시각) 방식으로 대상을 이해하려고 한다. 그래서 태어날 때부터 시각을 상실한 경우에는 사태나 사건을 촉각이나 청각에 따라 접할 수밖에 없기 때문에, 사태나 사건의 세계를 현상의 세계로 구성하는 것이 아주 어렵다.

보는 것에는 강한 확실성이 뒤따르기 때문에 인간이 대상을 이해할 때 시각을 모든 것의 전제처럼 바탕에 깐다. 즉 우리말에서 사람들이 먹는 것, 듣는 것, 만지는 것, 바라는 것 등을 말할 때 '먹어 보고', '들어 보고', '만져 보고', '바라 보고'라고 하여 모두 '보고'라는 꼬리표를 붙이는 것은 이 때문이다. 이때 '보고'라는 것은 촉각, 시각, 청각, 미각, 후각 등으로 얻어진 대상에 대한 자료를 시각적 영상으로 펼쳐 놓고 생각을 통해서 구체적으로 따지고 확인하는 과정을 말한다. 이처럼 인간은 생각의 과정을 시각적 방식으로 이해하기 때문에 '생각한다'고 말하기보다는 '생각해 본다'고 말한다. 인간은 보는 것을 통해서 생각을 확실하게 마무리짓고자 하는 것이다. 이런 까닭에 인간이 절대자를 전지(全知)한 것으로 말할 때, 전지(全知)를 '내려다 보는 것'으로 비유하는 일이 많다. 인간은 절대자를 '모든 것을 내려다 보는 눈'을 갖고 있는 존재로 이해하여, '소리도 들을 수 없고, 냄새도 맡을 수 없지만 하느님은 만물을 한치의 빈틈도 없이 모두다 내려다 보고 계신다'고 말한다. 인간은 하느님을 바라 '보고' 좇아감으로써 하느님이 내려다 '보는' 세계로 들어가 '바라봄'과 '내려봄'의 만남을 이룩할 수 있다.

인간이 대상을 보아서 이해하는 것은 단순히 눈으로 대상의 외양을 바라보는 것에서 끝나는 것이 아니라 내면을 꿰뚫어 보는 것을 포함한다. 인간이 대상을 꿰뚫어 만지는 것은 불가능하지만 꿰뚫어 보는 것은 가능하다고 생각한다. 그래서 인간은 지각에 바탕하여 대상과 시각적인 관계를 맺는 육안(肉眼)과 생각에 기초하여 대상과 상징적인 관계를 맺는 심안(心眼)으로 구분한다. 인간이 마음의 주체로서 대상과 관계를 맺는 것은 사물을 바라보는 두 개의 눈, 즉 육안(肉眼)과 심안(心眼)이 개입하는 양상에 따라 다양하게 나타난다.

인간이 대상을 바라보고, 쳐다보고, 훑어보는 것은 육안을 중심으로 대상을 보는 것이다. 바라보고, 쳐다보고, 훑어보는 것에서 '바라', '쳐다', '훑어'는 육안으로 바라보는 방식을 말한다. 이때 육안은 청각, 촉각, 미각, 후각과 같은 지각작용의 하나다. 인간이 대상을 육안으로 보는 것은 감각이 일으킨 지각작용에 생각작용이 따라가는 형식을 갖는다. 반면에 인간이 뚫어보고, 내다보고, 돌아보는 것은 심안을 중심으로 대상에 대한 의미를 파악해 나가는 것을 말한다. 뚫어보고, 내다보고, 돌아보는 것에서 '뚫어', '내다', '돌아'는 인간이 심안으로 대상의 내면을 바라보는 방식이다. 이때 심안은 지각작용에서 얻어진 다양한 자료들을 관념에 기초하여 풀이하는 해석의 과정이 중심을 이루고 있기 때문에, 인간이 대상을 심안으로 보는 것은 생각작용에 지각작용이 따라가는 형식을 갖는다.

인간은 사태의 세계와 사건의 세계를 넘나들며 욕망을 형성하고 실현하기 때문에 육안으로 보이지 않는 것까지 심안으로 보면서 욕망 속으로 끌어들인다. 그래서 인간은 육안으로 보이지 않는 관계의 내용을 보는 것으로 표현한다. 사람들이 남의 이해를 요청할 경우에는 '사정을 좀 봐 달라', '형편을 좀 봐 달라'고 말한다. 사정과 형편은 상징적 관념이기 때문에 시각적인 것과는 무관하다. 또한 사람들이 남의 도움을 받는 경우에는 '덕(德)을 본다'고 말하고, 피해를 입는 경우에는 '해(害)를 본다'고 말한다. 덕(德)과 해(害)는 상징적 관념이기 때문에 시각적인 것과는 무관하다. 마찬가지로 사람들은 즐거움을 느끼는 것을 '재미를 본다'고 말하고, 수고하는 것을 '욕을 본다'고 말한다. 마찬가지로 재미와 욕도 상징적인 관념이기 때문에 시각적인 것과는 무관하다. 이런 까닭에 인간이 대상을 본다는 것은 무엇보다도 중요성을 갖는다.

인간이 대상을 보는 것에는 관찰(觀察), 시찰(視察), 통찰(洞察), 직관(直觀) 등과 같은 다양한 부류가 있다. '관찰(觀察)'은 인간이 대상의 외면을 바라보고 살피는 것을 말한다. 인간은 관찰에서 얻어진 결과를 분석하고 종합하여 대상에 대한 이해를 확대한다. '시찰(視察)'은 대상이 놓여 있는 전체 상황을 둘러보아 살피는 것을 말한다. 인간은 시찰을 통해서 대상에 대해 적절히 조처할 수 있는 판단의 근거를 확보한다. '직관(直觀)'은 인간이 대상을 순간적으로 꿰뚫어 보고 이해하는 것을 말하며, 여기에는 주체가 갖고 있는 기존의 정보가 결정적 구실을 한다. '통찰(洞察)'은 인간이 대상의 내면을 꿰뚫어 살펴서 이해하는 것을 말한다. 인간은 통찰을 통해서 다양한 변수들을 전체적 관점에서 종합적으로 생각하고 판단한다.

'개념'은 인간이 귀납적 추론과정을 통해서 '보기'로 존재하는 대상들에서 공통의 성격을 끌어내어 하나의 단위로 설정해 놓은 것이다. 즉 사람, 돼지, 죽음, 차별 등과 같은 개념들은 각각 보기들에서 볼 수 있는 공통의 성격을 묶어 놓은 낱낱의 단위들이다. 개념은 글자 그대로 다양한 보기들을 하나로 묶어주는 개략적인 범주이기 때문에 누가 어떠한 방식으로 묶느냐에 따라 달라질 수 있다. 이에 따라 동일하게 인간을 대상으로 한 경우에도 '사람', '인간', 'Homo', 'man'은 의미에서 상당한 차이가 있다.

개념은 밖으로 드러난 상징적 매개인 기표(記票 : signifer)와 안에 담겨 있는 의미의 맥락인 기의(記意 : signified)로 구성되어 있다. 인간은 기표와 기의에 기초하여 낱낱의 보기들을 통합할 수 있는 개략적인 범주체계를 설정하여 의미의 맥락을 구성하여 소통한다. 즉 인간이 대상에서 얻은 경험의 내용을 기표를 매개로 관념을 조작하여 의미의 맥락을 구성하여 소통한다. 인간은 개념에 기초하여 세계를 효과적으로 이해하고 실천할 수 있으므로 보기로서 존재하는 모든 대상들을 각각의 개념으로 포괄하려고 한다.

다산(茶山) 정약용(丁若鏞)에 따르면 인간이 보기로서 존재하는 대상들에 대해 개념을 설정하는 것은 세 가지 차원에서 이루어진다.[7]

먼저 인간은 물건의 차원에서 보기를 대상으로 설정하여 개념화를 시도한다. 예를 들면 해, 달, 바다와 같은 개념은 인간이 특정한 대상을 물건의 차원에서 규정한 것이다. 인간은 이러한 개념을 사용하여 낱낱의 단위로 존재하는 물건을 구분하여 지칭하는 것이 가능하다. 다음으로 인간은 물건에서 볼 수 있는 속성을 대상으로 설정하여 개념화를 시도한다. 예를 들면 뜨겁다, 차갑다, 단단하다, 물렁하다와 같은 개념은 해, 달, 바다와 같은 물건에서 볼 수 있는 성질을 속성의 차원에서 규정한 것이며, 이러한 개념을 사용하여 대상이 관계를 맺는 성질을 나타내는 것이 가능하다. 끝으로 인간은 물건의 성질로 빚어지는 사태를 대상으로 설정하여 개념화를 시도한다. 예를 들면 정지한다, 흐른다, 부딪힌다, 충돌한다와 같은 개념은 대상들의 속성으로 말미암아 관계가 발생하면서 빚어지는 사태를 규정한 것으로, 이러한 개념을 사용하여 사태의 양상을 표현하는 것이 가능하다. 이처럼 인간은 세 부류의 개념을 설정하여 의미를 구성하고 소통한다.

인간이 개념을 구성하는 것은 한자에서 글자가 만들어지는 원리에 해당하는 육서(六書), 즉 상형(象形), 상사(象事 : 指事), 상의(象意 : 會意), 상성(象聲 : 形聲), 전주(轉注), 가차(假借)에 잘 드러나 있다. 육서에서 개념의 구성은 형체, 소리, 사태, 관계에 기초하여 대상을 본뜨는 것에 기본을 두고 있다. 상형, 상성, 상의, 상사에서 '상(象)'은 '대상을 본뜨는 것'을 뜻한다. 사람들은 상형과 상성에 따라 모양과 소리를 본뜨는 방식으로 기표와 기의를 직접 연관시킨 기본 글자들을 만든다. 이러한 기본 글자들에 기초하여 사태를 본뜨는 상사와 관념을 본뜨는 상의에 따라 다수의 파생된 글자들이 만들어진다. 이와 함께 대상을 본뜨는 것과 관계없이 순수하게 상징적 관계만을 나타내는 전주와 가차를 통해서도 글자들이 만들어진다. 학자들이 흔히 한자 어휘를 분류할 때, 실자(實字), 허자(虛字), 반허반실자(半虛半實字), 조자(助字) 등과 같은 분류방법을 사용하는

---

7) 《與猶堂全書補遺》 권 2(경인문화사, 1989), 275 ~ 278쪽, 不可讀說, 千字 참조.

것은 이러한 사실과 관련이 있다.

인간이 말로 대상에 대한 개념화를 시도할 때, 가장 먼저 관심을 갖는 것은 지각을 통해서 드러난 대상의 특징을 기표에 담아내는 것이다. 그러나 말은 기표가 소리로 구성되어 있기 때문에 대상에서 발생하는 소리만을 기표에 담을 수 있다. 그래서 인간은 의성어의 차원에서만 기표와 기의를 직접 연결할 수 있을 뿐이다. 즉 개가 짓는 소리를 멍멍, 고양이가 우는 소리를 야옹야옹, 참새가 지저귀는 소리를 짹짹 등으로 흉내내거나, 물이 흐르는 소리를 졸졸, 코를 고는 소리를 쿨쿨 등으로 흉내내는 정도이다. 인간은 대상에서 얻어진 시각적 특징이 아무리 강해도 소리로 담아내지 못한다.

그러나 인간이 문자를 발명하게 되면서, 대상에서 얻어진 시각적 특성을 기표에 담아내는 것이 어느 정도 가능하게 되었다. 문자가 생겨나는 초기 단계에 보기가 갖는 시각적 형태를 본뜬 상형문자가 등장하는 것은 이러한 이유이다. 인간은 한자처럼 상형에서 출발한 표의문자를 사용하게 되면 대상이 갖고 있는 시각적 성질을 바탕으로 기표와 기의를 직접 연결시킬 수도 있다. 즉 인간은 상형(象形), 상사(象事) 등의 방법으로 눈에 보이는 대상을 흉내낼 수 있게 된다. 이 때문에 표의문자의 경우에는 기의(記意)를 매개로 상징인 기표와 현상인 보기가 밀접한 연관을 갖는다. 그 결과 기표에 담겨 있는 보기의 성격이 기의를 강력히 규정하게 되어 의미를 구성할 때, 기표의 바탕인 보기가 1차적 중요성을 갖는다.

한편 표음문자의 경우에는 기표가 단순히 소리를 나타내는 것이기 때문에 기표와 기의가 직접적인 연관을 갖지 못한다. 이렇게 되면 기의는 기표와 무관하게 오로지 개념이 사용되는 용례들 속에 존재한다. 그래서 인간은 구체적 보기에서 얻어진 시각적 자료에서 기의를 확인하려는 시도를 포기하고, 구체적 용례들를 검토하여 기의를 확인하려고 한다. 기의가 명확하게 규정되지 않으면 개념이 불안정하기 때문에 인간은 개념의 본을 설정하여 기의를 명확하게 규정하려고 한다. 표음문자를 사용하는 사람들이 형식논리를 이용하여 개념의 본을 엄밀하게 규정하려는 시도를 선호하는 것은 이 때문이다.

인간은 전체 속의 특정 대상을 이것과 저것의 관계로 묶어 '~에서 ~이다'라는 방식으로 개념을 구성한다. 이때 '~에서'는 전체에 대한 부분의 경계를 말하고, '~이다'는 부분에 담겨 있는 구체적 내용을 말한다. 예를 들면 '머리'라는 개념은 '동물의 신체에서 목 위에 해당하는 부분이다'로 정의될 수 있다. 인간은 구체적 보기인 다양한 동물의 신체를 경험하면서 몸의 각 부위가 갖는 관계를 귀납적으로 추론하는 과정을 통해 목 위에 해당하는 부분을 '머리'라는 개념으로 묶어, 이해와 소통의 수단으로 삼는다. 그런데 이러한 개념은 공통의 요소에 근거한 개략적 범주에 지나지 않기 때문에 다양한 보기들은 하나의 개념으로 묶여 있어도 공통의 요소 바깥에 존재하는 서로 다른 요소들로 말미암아 차별성과 독자성을 갖는다.

개념은 다양한 보기들을 포괄하므로 '~에 해당하는 것'과 '~에 해당하지 않는 것'의 경계가 분명하지 않은 경우가 많다. 하나의 예로 '머리'라는 개념에는 '사람의 머리', '원숭이의 머리', '개의 머리', '매미의 머리', '붕어의 머리'와 같은 다양한 종류의 머리가 존재한다. '사람의 머리'나 '개의 머리'와는 달리 '매미의 머리'와 '붕어의 머리' 같은 경우에는 목으로 불릴 수 있는 부분이 분명하지 않은 까닭에 머리에 해당하는 부분과 그렇지 않은 부분 사이의 경계가 모호하다. 또한 '사람의 머리'인 경우에도 다시 성별, 인종, 연령 등에 따라 남자의 머리와 여자의 머리, 백인의 머리와 흑인의 머리, 아이의 머리와 어른의 머리 등으로 구분되기 때문에 어느 하나만을 '머리'로 가리키기 어려운 상황이 발생한다. 이런 까닭에 '머리'라는 개념은 속성을 완벽하게 규정하기 어렵고, 그 결과 문맥에 따라 개념의 경계가 조금씩 달라지면서 뜻에 차이가 생긴다.

인간이 일상적으로 개념을 다루는 것은 전체에 대한 부분의 경계인 '~에서'보다, 부분이 담고 있는 내용인 '~이다'를 중심으로 이루어진다.

즉 머리라는 개념에서 '동물의 신체에서 목 위에 해당하는 것'은 쉽게 잊혀지고, 머리에 존재하는 구체적 내용인 '눈, 코, 귀, 입 등으로 이루어진 부분들'이 뚜렷이 두드러진다. 왜냐하면 인간이 머리에 관심을 갖는 것은 주로 머리의 내용으로 규정된 부분들에서 발생하는 특정한 관계에 원인을 두기 때문이다. 인간이 '머리가 아프다', '머리가 나쁘다', '머리가 좋다', '머리가 시원하다' 등을 말할 때 관심의 초점은 머리라는 부분 속에서 발생하는 어떤 사건에 집중된다. 이런 까닭에 인간이 '머리를 다쳤다'고 말하는 경우에도 팔, 몸통 등과 구분되는 머리라는 전체보다는 머리에 발생한 특정한 부위의 상처에 관심이 집중된다. 이로 말미암아 인간은 머리라는 보기가 전체와 무관하게 독자적으로 존재할 수 있는 것처럼 생각하는 경향을 갖는다.

인간이 생각작용을 통해 관념을 구성하고 소통하는 기본단위는 개념이다. 인간은 개념들을 조합하여 다양하고 복잡한 관념들을 문장으로 만들어 소통한다. 이로써 욕망하는 존재로서 인간은 혼자 또는 둘이나 여럿이서 끊임없이 문장놀이를 행한다. 그런데 인간은 문장놀이의 과정에서 보기들이 구체적으로 존재할 수 없는 개념들, 즉 하느님, 우주인, 천당과 지옥, 전세와 내세, 천사와 악마와 같은 개념을 만들고 소통한다. 인간은 이러한 개념들을 보기가 구체적으로 존재하는 다른 개념들과 뒤섞어 문장놀이를 행함으로써 현란한 방식으로 관념의 세계를 형성한다. 인간이 욕망하는 존재로서 꿈을 꾸거나 펼치는 것은 이러한 세계를 살아가는 것을 말한다.

'본'은 인간이 개념 설정의 대상인 보기에다 연역적 추론의 근거가 되는 본질이 존재하는 것으로 전제해 놓은 것이다. 인간은 대상에 본질을 전제함으로써 보기들을 개념으로 묶는 근거에 절대성을 부여할 수 있다. 이로써 인간은 귀납적 추론에 따른 개연적 확실성에서 연역적 추론에 따른 절대적 확실성으로 나아갈 수 있다. 하나의 예로 '머리'라는 개념은 세상에 존재하는 다양한 머리들, 즉 사람의 머리, 개의 머리, 붕어의 머리

등을 묶어 놓은 개략적인 범주이다. 각각의 '머리'는 처음부터 차별성을 갖는 것은 물론이고, 시간 속에서 스스로 계속 변화한다. 특정한 고양이의 머리에 국한하는 경우에도, 태어나서 성장하여 죽어갈 때까지 계속 모습을 달리한다. 이 때문에 머리라는 개념은 개략적인 범주를 지시하는 데 그칠 수밖에 없다. 그러나 인간이 '머리'에 대한 본을 설정하면 차이와 변화에서 일어나는 개념의 불안정성을 극복할 수 있다. 인간이 본을 전제하여 대상에 불변의 속성을 부여하려는 것은 이 때문이다. 이로써 인간은 본에서 얻어지는 절대적 확실성을 바탕으로 '나'와 '세계'에 대한 강력한 신념을 형성하고 실천할 수 있다.

본은 존재하는 것으로 전제된 것이기 때문에 구체적 경험을 통해서 확인되거나 증명될 수 있는 것이 아니다. 이 때문에 동일한 대상에 대해서도 시대나 상황에 따라 본에 대한 규정이 달라지는 일이 생겨난다. 사람들이 인간의 윤리적 본질을 성선(性善)이나 성악(性惡) 등으로 달리 보는 것은 이 때문이다. 또한 인간의 윤리적 본질을 성선한 것으로 보는 경우에도 성선의 근거를 달리 설정할 수 있다. 이처럼 인간이 본을 다양하게 설정할 수 있는 까닭에 개념의 맥락을 확대하거나 축소할 수 있는 여유가 생겨난다. 즉 인간은 동물에서 볼 수 있는 머리에 대한 본을 바탕으로 '사건의 머리[序頭]', '집단의 머리[頭領]', '문장의 머리[文頭]' 등으로 머리의 개념을 확대한다. 이때 '집단의 머리'를 뜻하는 우두머리는 동물의 머리에서 떨어져 나온 낱말이다. 그러나 우두머리는 다시 집단의 성격에 따라 다양한 형태가 존재할 수 있다. 가정의 우두머리, 회사의 우두머리, 국가의 우두머리와 같은 다양한 우두머리가 존재한다. 이와 함께 머리가 다른 것과 결합하여 '주변머리', '소갈머리', '배알머리', '버르장머리'와 같은 것으로 확대되면 생물이 갖고 있는 신체 부위의 머리와는 직접 연관하기 어려운 새로운 의미들을 갖게 된다.

인간이 대상에 본을 전제하는 것은 개념이 욕망과 직접 연관되어 있기 때문이다. 인간은 욕망을 형성하고 실현하는 과정 중에 개념을 구성하고 사용하는 까닭에 개념은 '개념을 위한 개념'이 아니라 '욕망을 위한 개념'으로 존재한다. 개념이 담고 있는 구체적 맥락은 곧 욕망의 구체적 내용을 말한다. 인간은 더욱 완전한 형태의 욕망을 소망하기 때문에 개념의 근거에 본질을 전제하여 완벽한 욕망의 근거를 본으로 설정한다. 이로써 인간은 물질법칙을 따라 스스로 완결된 과정과 구조로 닫혀 있는 구체적 경험세계에서 벗어나고자 한다. 왜냐하면 물질법칙에서 보면 인간이 회피하고자 노력하는 질병이나 사고는 스스로 완결된 과정과 구조를 좇아서 발생하는 당연한 귀결이기 때문이다.

그러나 인간은 완벽한 욕망을 설정하여 질병이나 사고를 당연한 귀결로 보지 않고 부족한 것으로 보려고 한다. 하나의 예로 인간은 특정한 욕망에 '완벽한', '완전한', '이상적' 등과 같은 수식어를 첨가하는 방식으로 간단하게 완전한 형태의 욕망을 형성한다. 이렇게 되면 현상으로 존재하는 구체적 보기들은 상황에 따라 계속 내용이 변화하기 때문에 언제나 불완전하고 부족한 모습으로 나타난다. 이 때문에 인간은 경험세계를 바탕으로 살아감에도 불구하고 완벽한 욕망을 담은 본의 세계에 경험세계를 종속시키려는 본질 중심의 경향을 갖게 된다. 이것은 인간이 욕망을 형성하고 실현하는 것이 논리보다는 신념을 바탕으로 이루어지기 때문이다. 욕망 속에서 논리는 신념을 구성하는 하나의 요소에 지나지 않는 까닭에 실존주의자들은 인간이 본질이라는 모호한 근거에 의존하여 살아가는 것에 반발하여 '실존이 본질을 앞선다'는 주장을 펴게 되었다. 그러나 그들이 말하는 실존 또한 욕망을 바탕으로 펼쳐지는 까닭에 욕망에 담겨 있는 완전성에 대한 지향으로 말미암아 기존의 본질과는 또 다른 본질을 전제하게 된다.

인간은 다양한 방식으로 연역적 추론의 근거가 되는 본을 전제한다. 일상적으로 사용하는 '본래'나 '원래'라는 낱말은 모두 연역적 추론의 근거인 본질을 전제한다는 뜻이다. 인간은 본래 또는 원래 그러한 본연의 상태를 전제하기 때문에 현재 드러나 있는 다양한 보기들을 명확하게 규정해 나갈 수 있다. 또한 흔하게 사용되는 '회복'이라는 낱말도 연역적 추론의 근거인 본질을 전제하고 있다. '질서를 회복한다'고 말하는 것은 질서가 본질로서 전제되어 있는 것으로 보고, 현재 드러나 있는 보기들을 규정해 나가는 것을 말한다. 이로써 인간은 귀납적 추론의 결과로 형성한 개념을 처음부터 존재하는 본에서 연역된 것으로 생각하여 본질, 본성, 본체, 본격, 본래 등에 근거하여 대상을 강력하게 연역해 나갈 수 있게 된다. 이로써 인간은 엄연히 사람을 앞에 두고서도 '너는 사람이 아니다' 또는 '네가 어떻게 사람이냐?'와 같은 사람임을 부정하는 말을 하게 된다.

이렇게 볼 때, 인간이 개념을 구성하고 사용하는 것은 보기에서 볼 수 있는 공통성을 종합해 귀납의 결과를 구성하고, 그것을 연역의 전제로 활용하여 보기들을 통합해 나가는 이중적 성격을 띠게 된다. 그래서 인간이 개념을 바탕으로 복잡하게 문장놀이를 전개하는 것은 귀납적 추론과 연역적 추론이 동시에 개입하여 상호 영향을 주고받는 양상을 띠게 된다.

'본보기'는 대상에 전제되어 있는 본이 구체적 보기로서 완벽하게 드러난 상태를 말한다. 본보기는 글자 그대로 본과 보기의 완벽한 만남을 말한다. 인간이 완벽에 대한 욕망을 추구하기 때문에 집단이 설정해 놓은 문화적 이상인 본보기가 존재한다. 각각의 문화집단은 이해와 판단, 선택과 실천의 기준으로서 문화적 이상을 본보기로 설정해 놓는다. 개인들이 대상과 관계를 맺을 때, 싫든 좋든 언제나 본보기를 의식하기 때문에 문화집단은 본보기의 설정과 변경을 통해서 개인들의 생각과 행동을 쉽게 통제할 수 있다.

본보기는 대상에 전제되어 있는 본의 성격에 따라 좋은 본보기와 나쁜 본보기가 있을 수 있다. 즉 본이 선하면 좋은 본보기가 되고, 악하면 나쁜 본보기가 된다. 예를 들면 천사와 악마는 모두 하늘나라에 속하지만 본의 성격에 차이기 나기 때문에 본보기 또한 극단으로 달라진다. 인간은 천사를 본으로 삼을 수도 있고, 악마를 본으로 삼을 수도 있다. 그러나 일반적으로 인간은 선한 것을 본으로 보는 반면에, 악한 것을 본에서 벗어난 잘못된 것으로 본다. 왜냐하면 천사는 모든 본의 근거가 되는 하느님을 그대로 본받은 것인 반면에 악마는 그렇지 않기 때문이다. 악마는 하늘나라에 속해 있기는 하지만, 하느님의 뜻을 거스를 수도 있는 빗나간 존재이다. 이런 까닭에 나쁜 본보기는 '본을 왜곡한 거짓 본보기'라는 뜻을 담고 있다. 이로써 '좋은 보기'에 대비되는 '나쁜 보기'는 인정되지만 '좋은 본보기'에 대비되는 '나쁜 본보기'는 인정되지 않는다. 즉 천사는 인간이 지향해야 할 본보기로서 인정되는 좋은 보기인 반면, 악마는 본보기로 인정되지 않는 나쁜 보기에 지나지 않는다.

본보기는 본을 전제하는 방식에 따라 구체적으로 존재할 수도, 않을 수도 있다. 한 예로 몸의 일부를 가리키는 '머리'는 다양한 종류의 보기들을 포함하는 포괄적 개념이기 때문에 구체적 본보기가 존재할 수 없다. 즉 사람의 머리, 개의 머리, 매미의 머리, 붕어의 머리 가운데 어느 것도 구체적인 본보기가 되지 못한다. 사람의 머리로 국한하는 경우에도 성별, 인종, 연령 등에 따라 머리의 형태와 성격에 차이가 나기 때문에 하나의 본보기를 설정하기 어렵다. 이 때문에 본보기가 구체적 보기로 존재하기 위해서는 본이 더 이상 나누어지지 않는 최종 단계의 개념으로 설정되어야 한다. 예를 들면 '어른이 된 진돗개 수놈의 머리'와 같이 경계가 분명하게 설정된 경우에는 구체적인 본보기가 설정될 수도 있다. 그러나 이런 경우에도 본에 대한 전제가 아주 명확해야만 가능하다.

인간은 천사나 악마처럼 개념에 부합하는 구체적 본보기가 존재하기 어려운 상황에서도, 본을 전제하여 본보기의 근거를 마련하는 일이 많다. 왜냐하면 인간은 본보기를 설정함으로써 대상을 이해하고 실천하는 데 더욱 강력한 힘을 가질 수 있기 때문이다. 이로 말미암아 인간은 개념을 단순히 보기들에서 추론된 귀납의 결과로 생각하는 것이 아니라 전제가 되는 완전한 본에 기초하고 있다고 생각하여, 언어로 규정한 조작적 개념과 전제로 주어진 완전한 본을 구분하려 한다. 이로써 연역의 전제인 본은 완전하지만 귀납의 결과인 개념은 불완전하여 둘 사이에 차이를 낳게 된다. 기하학처럼 개념이 오로지 형식논리로만 구성되어 있어 구체적 보기들이 존재하지 않는 경우에는 본과 개념이 일치할 수 있지만, 일상 세계처럼 보기들에 기초하여 개념이 구성되는 경우에는 본과 개념 사이에 언제나 틈새가 있게 마련이다. 인간은 이러한 틈새를 불안하게 생각하여 모든 것의 전제인 하나의 절대적 본, 즉 상제, 하느님, 태극, 여호와, 절대자 등과 같은 것을 설정하여 낱낱의 개념들이 완전한 본에 근거할 수 있도록 만들어왔다. 이로써 개념을 매개로 한 본보기들에 대한 열망을 대상의 본질에서 비롯하는 필연적인 것으로 받아들이도록 만들어, 인간은 문화에 대한 열망을 필요에 따른 수단이 아니라 본질에 따른 목적의 차원에서 이해하고 실천한다. 그 결과 인간은 문화의 수호를 위해서 '나'의 목숨을 버리는 것은 물론이고, '너'의 목숨을 요구하는 일조차 주저하지 않는다.

이렇게 볼 때 보기, 개념, 본, 본보기에 바탕한 '본과 보기 구조'는 사물인식과 문화이해를 통합적으로 설명할 수 있는 중요한 틀임을 알 수 있다. '본과 보기 구조'를 도표로 요약하여 설명하면 다음과 같다.

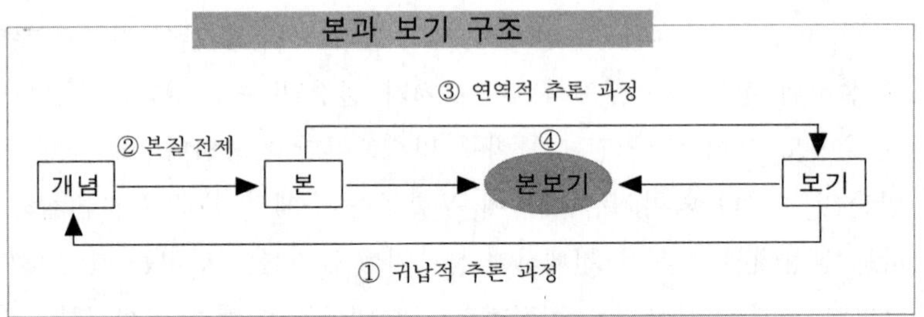

* ①은 인간이 현상으로 존재하는 낱낱의 보기들을 경험하면서 귀납적 추론 과정을 거쳐 개념을 묶어내는 것을 말한다.
* ②는 인간이 귀납적 추론의 결과로서 구성한 개념에 본질을 전제함으로써 보기들의 근거인 본을 설정하는 것을 말한다.
* ③은 인간이 본질에 근거하여 연역적 추론 과정을 거쳐 낱낱의 보기를 규정해나가는 것을 말한다.

* ④는 본이 보기로서 완벽하게 드러나 있는 본보기를 말한다. 본보기는 낱낱의 보기가 지향해야 하는 이상적 상태이다.
* 인간이 귀납적 추론 과정을 통해서 묶어낸 모든 개념에 언제나 본질을 전제하는 것은 아니다. 어떤 개념은 귀납적 추론의 결과로서 만족한다. 그러나 인간이 형성하고 실현하는 문화의 영역에서는 반드시 문화적 이상인 본보기를 설정해야 하는 까닭에 모든 개념에 본질을 전제하려고 한다.
* 인간은 귀납적 추론 과정과 연역적 추론 과정이 상호 영향을 미치는 방식으로 개념의 내포와 외연을 축소 또는 확대해 나간다.

3. 본과 보기 구조와 문화 이해

1) 본과 보기 구조와 문화

인간이 본과 보기 구조로 사물을 인식하는 것은 문화를 이해하고 실현하는 바탕을 이룬다. 즉 인간은 본과 보기에 기초하여 다양한 개념들을 구성하고, 문장놀이를 통해서 무한한 관념의 세계를 창조해 나간다. 이때 인간이 생각의 주체로서 대상과 관계 맺음을 지향하는 것은 문화의 본보기를 욕망하는 것을 말한다. 개인들이 갖고 있는 갖가지 욕망들이 공동의 본보기를 지향하기 때문에 문화가 집단의 공유물로서 존재할 수 있게 된다.

인간은 다양한 문화현상에서 볼 수 있는 공통의 성격을 개념으로 묶어서 본을 설정하고, 그것으로 문화를 이해하고 실현하는 근거로 삼는다. 예를 들면, 인간은 삶의 과정에서 행동을 윤리적으로 판단하는 근거로 ‘예절’이라는 일반 개념을 구성하고, 당위의 근거가 되는 본질을 부여한다. 예절은 본질을 갖고 있기 때문에 예절에 맞는 것과 예절에 맞지 않는 것이 엄격하게 구분될 수 있다. 이러한 예절에는 인사 예절, 식사 예절, 대화 예절, 관람 예절 등과 같은 다양한 예절이 있다. 또한 식사 예절 속에는 수저를 잡는 예절, 음식을 씹는 예절, 자리에 앉는 예절 등이 있다. 수저를 잡는 예절은 행동의 구체적 지침이 되기 때문에 인간은 그것에 대한 본보기를 구체화하려고 한다.

문화의 본보기는 세계관, 가치체계, 사회체제의 차원에서 고찰해 볼 수 있다. 모든 문화는 시공, 인과, 발생, 생명, 인간, 역사, 윤리 등과 같은 것을 하나로 묶어서 설명하는 세계관에 대한 전제들을 깔고 있다. 전통적으로 종교와 학문은 세계관의 기초를 제공하는 기틀 구실을 해왔다. 인간은 세계관이 설정하고 있는 기본 전제들 위에 정치, 경제, 교육과 같은 구체적인 가치체계를 구성하고 운용한다. 이런 까닭에 기독교와 이슬람교 사이처럼 세계관이 비슷하여도 가치체계의 차원에서 차이가 나면 갈등과 대립이 발생할 수 있다. 특정한 세계관을 절대적인 것으로 신봉하기 때문에 다른 것은 용납되지 않는다. 또한 같은 종교 속에서도 사소한 차이를 놓고 정통과 이단의 갈등과 대립이 첨예할 수 있다.

인간이 문화생활을 하는 방식에 따라 문화의 본은 유지될 수도 있고, 파괴될 수도 있다. 인간이 기존의 본에 충실한 것을 '본격(本格)'이라고 말한다. '~'을 본격적으로 한다는 것은 본질에 근거하여 열심히 하는 것을 말한다. 본격적이 되지 못하는 것은 본질에 접근하지 못하는 어정쩡한 상태에 있음이다. 반대로 인간은 기존의 본을 파괴하는 것을 '파격(破格)'이라고 한다. 파격은 새로운 본을 창조하는 바탕이 된다. 이러한 본격과 파격이 교차되는 과정을 거쳐 문화의 지속과 발전이 이루어진다.

인간이 문화의 본보기에 대해서 갖고 있는 관점을 순종 지향, 별종 지향, 잡종 지향 등으로 구분할 수 있다. 순종 지향은 사람들이 특정한 본보기를 불변의 진리로 생각하여 고집하려는 태도를 말한다. 기존의 본보기를 고집하는 경우는 수구적 태도를 갖게 되고, 새로운 것을 고집하는 경우는 혁신적 태도를 갖게 된다. 별종 지향은 기존의 본보기에 만족하지 못하고 홀로 특정한 본보기를 고집하는 태도를 말하며, 잡종 지향은 다양한 본보기를 종합하여 필요에 부합하는 새로운 본보기를 개발하려는 태도를 말한다.

인간은 시대나 상황에 따라 본보기가 변화하는 것을 문화변동이라 말한다. 문화변동은 본보기가 변화하는 방식에 따라 크게 네 가지로 구분할 수 있다. 즉 기존의 본이 새로운 본으로 교체되어 본보기가 근본적으로 변화하는 경우, 기존의 본에 수정이 가해져서 본보기가 부분적으로 변화하는 경우, 기존의 본과 본보기를 그대로 둔 상태에서 보기만 변화하는 경우, 기존에 존재하지 않는 완전히 새로운 본보기가 도입되는 경우가 있을 수 있다. 이러한 문화변동에서 본보기의 급격한 교체나 접합이 나타나면 혁명적 변화로 불리고, 완만한 수정이나 변용이 나타나면 점진적 변화로 불린다.

근대 이전에 사람들은 일반적으로 문화 속에 하나의 절대적인 본이 불변의 형태로 존재한다고 보고, 그 절대적인 하나의 본보기를 탐구하고 지향하였다. 하나의 절대적 본보기를 제공하는 원천이 곧 종교였다. 종교가 모든 것의 기초로서 문화를 전체적으로 규정하고 지배하는 삶을 살았던 까닭에 특정한 유형의 당위를 진리로 받아들이는 윤리적 절대주의가 일반화되어 있었다. 하나의 절대적 본보기를 바탕으로 문명과 야만, 정통과 이단을 엄격하게 구분하였고, 중간에 놓여 있는 것을 혼란으로 여겨 용납하지 않았다.

서구에서 근대적 개인주의 문화가 시작되면서 개체에 기초하여 과학적 방법으로 하나의 보편적 본을 탐구하기 시작하였다. 서구인은 자연과학과 사회과학에 기초하여 사물을 더 이상 나누어지지 않는 요소로 구분해서, 분리와 결합의 방식으로 구조와 변화를 설명하려고 하였다. 그들은 과학적 방법으로 경험적 사실에서 추론한 결과에 1차적 중요성을 부여하였다. 그들은 과학과 기술을 바탕으로 한 보편적 본보기를 설정하여 모든 문화를 하나로 통합하려고 노력하였다. 그들은 근대화를 역사 발전의 필연적 법칙으로 믿었기 때문에 그것을 종교처럼 신봉하면서 세계적 확산에 박차를 가해왔다.

20세기 중반 이후 서구의 근대문화가 강력한 힘을 발휘하며 지구촌의 보편문화로 자리하면서 환경오염, 자원고갈, 생태파괴와 같은 심각한 문제가 대두하기 시작하였다. 인류는 근대문화가 가져다주는 편리와 쾌락의 뒷면에 파괴와 고통이 도사리고 있음을 발견하였고, 근대문화의 편협한 획일성을 반성할 수 있는 문화적 다양성에 주목하기 시작하였다. 학자들은 문명과 야만을 이분법적으로 구분하는 기존의 획일적인 본보기를 해체하여 문화적 다양성을 살려야 한다고 주장하였다. 근대의 극복을 주장하는 사람들은 다양한 본보기가 공존하는 문화적 상대주의를 지지하였으며, 문화적 다양성을 용납하기 위해 본질을 전제하는 것 자체를 회피하려고 노력하였다.

문화적 상대주의가 세력을 확대하는 것과 함께 다양한 보기들이 공존하게 되자, 사람들은 본보기가 존재하지 않는 세계를 살아가는 것으로 오해하는 일이 빚어졌다. 그들은 본보기가 존재하지 않아야 몸과 마음이 진정으로 해방될 수 있다고 보았다. 그러나 본보기는 다양할 수는 있지만 본보기가 존재하지 않는 문화는 없다. 인간이 사물을 인식하는 것 자체가 본과 보기 구조와 밀접히 연관되어 있어, 아무리 문화가 복잡하고 다양한 양상을 띠어도 욕망의 바탕에는 언제나 본보기가 깔려 있다. 단지 인간이 획일적인 본보기를 좇아서 사느냐 아니면 다양한 본보기를 좇아서 사느냐에 차이가 날 뿐이다.

2) 본과 보기 구조와 문화 이해

문화가 전제하고 있는 세계관이나 가치체계의 성격에 따라 인간이 개념, 본, 보기, 본보기의 관계를 이해하는 방식에 큰 차이가 있다. 특히 본질과 현상을 놓고, 어떤 문화집단은 본질인 본을 중심으로 문화를 이해하는가 하면, 어떤 문화집단은 현상인 보기를 중심으로 문화를 이해하는 것을 볼 수 있다.

먼저 원리로서 완전한 본이 존재하지만, 관계 속에서 구체적인 보기로서 드러날 때 언제나 불완전한 모습을 갖는다고 보는 관점이다. 이때 본은 관계 이전에 본질로서 존재하는 불변의 이치이다. 그런데 본이 관계성을 본질로 갖고 있지 않기 때문에 본이 관계를 통해서 보기로 드러나면 반드시 훼손을 수반한다. 그래서 현상으로 드러나 있는 모든 보기는 언제나 불완전한 모습을 갖는다. 예를 들면 기하학에서 원의 본은 '중심에서 같은 거리에 있는 점들의 집합'으로 완전성을 갖는다. 그런데 완전한 원의 본이 인간에 의해 도형이나 물체와 같은 보기로서 구체화되면 아무리 정밀하게 만들어도 불완전한 형태의 원으로 나타나게 된다. 이때 인간이 사물에 대해 관심을 갖는 것은 불완전한 보기보다는 완전한 본을 규명하고 추구하는 일에 집중된다. 인간이 개념을 통해서 본질을 완벽하게 설명할 수 있으면 본과 개념은 일치하며, 이러한 개념을 매개로 보기를 본질과 일치시킬 때 낱낱의 보기를 정확하게 이해할 수 있다. 이 때문에 인간은 사물을 개념의 단위로 분리하여 구성적 방식으로 이해하려고 한다. 개념의 구성과 조작에 타당성을 제공하는 기초인 형식논리에 1차적 중요성을 부여한다. 인간은 불완전한 보기를 길잡이로 삼아 완전한 본에 이르는 것을 목표하는 까닭에 차별적인 경험의 세계보다 관념에 따른 논리적 완벽성에 치중하게 된다. 형이상학에 근거하여 모든 것의 근거를 신이나 제1원리에 두려고 하며, 불완전한 보기를 개념과 본을 거쳐서 본질로 돌아가도록 만들려고 한다.

서구문화는 본과 보기를 분리하여 본을 중심으로 사물을 이해하는 경향이 강하였다. 본이 전제로 존재하는 가운데 보기가 대상으로 드러난다고 보았다. 서구문화의 주류를 이루어온 플라톤 철학이나 기독교 사상이 특히 그러하다. 플라톤 철학에서 이데아는 불변의 본으로서 보기와 무관하게 존재할 수 있다. 현상은 이데아의 표현으로서 변화 속에 놓여 있는 불완전한 보기에 해당한다. 불완전한 모습으로 태어난 인간은 불변의 본인 이데아를 탐구하고 지향함으로써 완전함의 세계로 나아갈 수 있다. 또한 기독교 사상에서 신(神)은 불변의 본에 해당하고, 현상으로 드러난 천지만물은 불완전한 보기에 해당한다. 이렇기 때문에 신과 만물은 분리가 가능하며, 신은 보기와 무관하게 존재할 수 있다. 이때 인간은 신의 속성인 불변의 영혼을 본질로 하며, 물질을 빌려 현세의 불완전한 인간으로 존재한다. 따라서 인간의 완성은 육신과는 무관한 완전한 영혼의 세계로 돌아가야 가능해진다.

서구문화에서 완전한 본과 불완전한 보기를 분리하는 것은 사물을 본에 해당하는 요소의 결합체로 이해하려는 경향 때문이다. 이때 사물에 대한 이해는 요소에 대한 이해가 바탕을 이룬다. 요소가 분리되고 결합되는 과정에서 사물 사이의 관계가 2차적으로 발생한다. 현상 속에서 보기들이 다양한 모습을 드러내는 것은 요소가 결합의 방식을 달리하기 때문이다. 인간은 본에 해당하는 요소를 밝혀서 분리와 조작의 방식으로 사물을 이해하려고 한다. 이 때문에 인간이 문제를 이해하고 해결하는 것은 본질에 딱 맞는 '합리(合理)'가 중심을 이룬다. 이와 같이 본질의 이치에 잘 맞는지 여부를 중시하는 것을 서구적 합리주의(合理主義)라고 부를 수 있다.

서구적 합리주의는 언어를 본을 규정할 수 있는 완벽한 수단으로 이해하는 경향이 강하다. 이것은 언어를 이성이나 신(神)과 동일시하는 전통과 깊이 연관되어 있다. 인간은 언어로 완벽한 개념을 구성함으로써 사물의 본질을 이해하고 설명할 수 있다고 보아, 완벽한 개념 구성에 필요한 형식논리를 선호한다. 이러한 태도는 형식논리에 기초하고 있는 수학과 논리학의 세계에 잘 드러나 있다. 수학과 논리학에서는 본과 개념이 동일하기 때문에 본이 개념이고, 개념이 본인 관계에 있다. 때문에 수학과 논리학에서는 언어가 절대적 지위를 갖게 되고, 그러한 언어를 구사할 수 있는 인간 또한 절대적 지위를 갖는다. 이에 따라 형식논리에 기초한 수학과 논리학을 참된 지식에 이르는 유일한 수단으로 생각한다. 그런데 형식논리에 기초하여 세계를 완벽하게 이해하기 위해서는 사물의 세계가 불변의 요소들로 구성되어 있는 결합체여야 한다. 만약 상황에 따라 관계가 변화하는 경우에는 완벽한 이해가 불가능해진다.

서구문화가 형식논리에 기초하여 개념과 본을 일치시키는 방향으로 기울어진 것은 무엇보다도 표음문자의 영향이 컸다고 말할 수 있다. 표음문자에 기초하여 종교와 학문이 이루어지면서 구체적 용례들에 근거하여 개념의 의미를 확립하려는 노력이 집중적으로 이루어졌다. 표음문자에서 기표와 기의는 아무런 본질적 상관도 갖지 못하기 때문에 개념의 의미는 오로지 구체적인 용례들에 의존한다. 그런데 시간과 함께 용례가 변화하기 때문에 개념의 의미 또한 끊임없이 변화한다. 이에 따라 이해와 소통을 정확하게 하기 위해서는 용례들 가운데 근간이 되는 것을 찾아서 개념의 의미를 명확히 규정해야 한다. 이 때문에 완벽한 용례를 찾아서 개념을 본에 일치시키는 방식으로 개념의 의미를 확고하게 정초하려는 시도들이 생겨났다. 표음문자를 사용하는 인도아리안어족 계통에서 일찍부터 논리학이나 기하학이 크게 발달한 것은 이러한 배경이 깔려 있기 때문이다.

다음으로 본과 보기가 현상 속에 하나로 통합되어 존재한다고 보는 관점이다. 본은 보기로서 드러나는 관계성을 본질로 하기 때문에 구체적 관계가 1차적 중요성을 갖는다. 본이 관계 속에서 보기로 드러나는 방식에 따라 본이 완전하게, 또는 불완전하게 드러날 수 있다. 따라서 본보기는 끊임없이 변화하는 보기들 속에서 상황에 따라 실존적으로 모습을 드러낼 수 있을 뿐이다. 이때 본이 관계 속에서 완전한 보기로 드러나는 경우에는 참되고, 착하고, 아름다운 상태에 이르는데, 이러한 것을 본보기라고 한다. 이처럼 본과 보기가 하나로 통합되어 관계를 통해서만 구체적으로 모습을 드러내는 경우, 사람들은 관계의 구체적 표현인 보기를 중심으로 본을 이해하려고 한다. 사물에 대한 이해는 관계를 꿰뚫고 있는 변화의 원리에 대한 이해가 핵심을 이룬다. 인간은 관계 속에서 끊임없이 변화하는 보기들을 적절히 담아낼 수 있는 상황논리에 관심을 갖는다. 인간이 변화하는 실체에 접근하는 데, 보기에 대한 경험은 1차적 중요성을 갖는다. 개념은 보기에 기초하여 실체적 경험으로 확인될 수 있어야 타당성을 갖는다.

역사적으로 동아시아문화는 본과 보기를 통합한 본보기를 중심으로 사물을 이해하는 경향이 강하였다. 본은 보기로 드러나는 구체적 관계를 본질로 하기 때문에 본은 변화하지 않는 동시에 변화하는 이중성을 지니고 있다. 이런 까닭에 본질의 상태를 불변의 측면에서 무극(無極), 무시(無始), 무종(無終), 무위(無爲), 무상(無常) 등으로 말하는 동시에, 변화의 측면에서 태극(太極), 태시(太始), 유종(有終), 유위(有爲), 항상(恒常) 등으로 말한다. 이처럼 본과 보기가 관계를 통해 하나를 이루기 때문에 인간이 본에 접근하는 통로는 오로지 구체적 본보기를 통해서이다. 이런 이유로 인간은 '완성된 인간'을 하늘과 땅의 본보기로 보고, 그를 통해서 하늘과 땅을 이해하고 다가가야 한다고 말한다. 이러한 것은 유교, 도교, 불교 등을 종합한 성리학에 잘 드러나 있다. 태극(太極)과 음양(陰陽), 리기(理氣)와 사물(事物)의 관계는 본과 보기가 '하나이면서 둘이고, 둘이면서 하나인 관계'로 엮어져 있음을 말한다. 하나의 이치가 다양한 이치로 확대되고, 다양한 이치가 구체적 소재인 기질을 통해서 다양한 차이를 낳게 되지만, 본이 보기를 벗어나지 않기 때문에 본에 대한 관심은 언제나 구체적 본보기에 집중된다. 공자가 '아래에서 널리 배워서 위로 통달한다(下學而上達)'고 말한 것도 같은 맥락이다.

동아시아문화에서 본과 보기를 통합적으로 이해하는 것은 사물을 본에 해당하는 속성의 통합체로 이해하려는 경향 때문이다. 전체 속에 통합되어 있는 속성은 상황에 따라 드러나는 모습이 달라진다. 예를 들면 만물은 남성과 여성을 속성으로 하기 때문에 구체적으로 드러날 때 정도(程度)에 따라 보기가 달라진다. 남성의 속성이 강화되면 여성의 속성이 약화되고, 남성의 속성이 약화되면 여성의 속성이 강화되는 방식으로 보기는 변화한다. 따라서 관계 속에서 속성이 드러나는 정도가 중요하다. 선과 악, 시와 비, 진과 위, 미와 추 등이 모두 정도에 따라서 결정된다. 정도에 따른 판단이 중요하기 때문에 구체적 상황에 대한 적절성을 고려하여 이치를 따르는 '순리(順理)'가 중심을 이룬다. 순리는 물이 높낮이에 따라 길을 만들어 흐르듯이 본이 보기를 좇아서 조화로운 방식으로 드러나도록 하는 것을 말한다. 이처럼 관계로 드러나는 보기를 중심으로 본에 다가가는 것을 동아시아의 순리주의(順理主義)라고 부를 수 있다.

동아시아의 순리주의에서 인간은 본이 본보기로 실현될 수 있도록 보기가 드러나는 상황의 적절성을 추구하는 주체이다. 주체가 추구하는 상황의 적절성을 판단하는 근거는 중용(中庸)의 논리이다. 중용의 논리는 상황에 따른 변화에 적절히 대처하는 '시중(時中)'을 목표로 한다. 덕(德)에서 미덕(美德)과 악덕(惡德), 정(情)에서 미운 정과 고운 정, 약(藥)에서 보약(補藥)과 독약(毒藥)의 정도는 모두 시중(時中)으로 규정된다. 시중에 드는 것은 미덕, 고운 정, 보약이 되고, 시중에 들지 못하는 것은 악덕, 미운 정, 독약이 된다. 이런 까닭에 행동에는 선행(善行)과 악행(惡行)이 있고, 풍속에는 양속(良俗)과 패속(敗俗)이 있듯이, 모든 관계에는 정도에 따른 시중(時中)이 존재한다. 속성이 드러나는 정도를 나타내는 지(至), 진(眞), 진(盡)과 같은 낱말을 사용하여 성(聖), 리(理), 선(善), 미(美)와 같은 것을 정도의 차원에서 파악하여 지성(至聖), 진리(眞理), 진선(眞善), 극미(極美) 등으로 표현한다.

동아시아적 순리주의는 속성의 통합체로 존재하는 사물의 세계와, 개념의 결합체로 존재하는 언어의 세계 사이에 근본적인 불일치가 끼어든다고 생각한다. 인간이 아무리 개념을 정교하게 다듬어도 사물의 속성이 변화를 통해서 드러나는 모습을 있는 그대로 표현하는 것은 불가능하다고 본다. 인간이 규정한 개념은 본을 드러내는 불완전한 수단에 지나지 않는다. 인간은 인위적으로 규정한 개념을 통해서 본에 접근할 수 없으므로, 본과 개념을 일치시키려고 노력하는 것이 아니라, 보기를 본보기에 접근시키려고 노력을 한다. 인간이 본에 접근하는 것은 구체적 본보기를 통하는 까닭에 그것을 체험하고, 체득하고, 체현하는 것이 1차적 중요성을 갖는다. 이때 '체(體)'는 '몸'으로서 보이는 것과 보는 것 사이에서 발생하는 구체적 만남을 말한다. 따라서 몸이 개입되기 이전의 관념은 아직 보이는 것과 보는 것이 분리되어 있어 실상에 부합하기 어렵다. 이런 까닭에 본의 세계를 말로 개념화하여 신봉하는 것을 경계하여,《도덕경》에서는 '도(道)를 도(道)라고 하면 본래의 일정한 도(道)가 아니고, 명(名)을 명(名)이라고 하면 본래의 일정한 명(名)이 아니다'고 말한다. 인간이 사태를 판단하는 것은 적절성을 추구하는 것이 중심을 이루기 때문에 형식논리를 빌려서 개념의 완벽성을 추구하는 것에 큰 가치를 부여하지 않는다.

이처럼 동아시아문화가 상황논리에 기초하여 보기와 본보기를 일치시켜 본을 구현하려는 방향으로 기울어지게 된 까닭은 무엇보다도 표의문자의 영향이 컸다고 말할 수 있다. 한자는 상형을 통해서 기표와 기의가 일치할 수 있는 가능성을 크게 열어준다. 이런 까닭에 한자에서 개념을 따지는 일은 용례를 살피는 것보다 먼저 글자의 구성을 살피는 일에서 시작한다. 기표가 기의를 담고 있다고 생각하기 때문에 현상 세계의 구체적 보기를 모방하여 만들어진 글자들은 수천 년이 지나도 의미를 그대로 간직할 수 있다. 이에 따라 개념을 본보다는 보기에 일치하는 방향으로 이끌어 설명하려고 한다. 때문에 변화가 쉬운 말보다도 변화가 어려운 글이 절대적으로 우위를 차지하게 되었고, 글을 신성하게 보는 전통이 생겨나게 되었다.

한편 한국인은 표음체계인 한국어에 표의문자인 한자 어휘를 수용하여 언어생활을 해왔다. 한글이 창제되기 이전에 지식인들은 표의문자인 한자를 빌려서 문자생활을 하게 되어, 기표와 기의를 직접 연결하는 방식에 관심을 갖게 되었다. 그들은 중국의 지식인들과 마찬가지로 개념의 의미를 기표에 담겨 있는 기의에 근거하여 설명하려는 훈고(訓詁)를 중시하였다. 이로 말미암아 용례에 기초하여 개념을 새롭게 이해하거나 설명하는 방식에는 관심이 적었다. 문장에 대한 관심이 주로 기존의 관용구를 인용하여 시부(詩賦), 문서(文書), 서간(書簡) 등을 짓거나 작성하는 데 집중되어, 학자들이 개념 해석을 놓고 집단적으로 논쟁을 벌릴 소지가 적었다.

그러나 조선시대에 한글이 창제되고 이용되기 시작하자, 지식인들은 기표와 기의를 직접 연결할 수 없는 표음문자의 특성에 눈뜨게 되었다. 그들은 용례를 분석하여 개념의 의미를 추론하는 방식에 관심을 갖기 시작하였다. 한글이 점차 생활화하는 것과 더불어 한문으로 된 경서(經書)를 한글로 언해하여 공부에 활용하였다. 그 결과 한문을 습득하는 노력과 비용을 크게 줄일 수 있었다. 최세진은 《훈몽자회(訓蒙字會)》 서문에서 선비들이 한글을 익혀서 자서(字書)를 활용할 수 있게 된다면, 스스로 한문을 깨우치는 일도 가능하다고 주장하였다. 이런 상황에서 학자들 사이에 이기논쟁(理氣論爭)이 일어나 불을 뿜게 된 것은 표음문자와 표의문자가 동시에 사용되면서 개념의 분석과 해석이 정밀해지는 과정에 생겨난 학문논쟁이라고 말할 수 있다. 학자들은 한글을 사용하게 되자, 문장을 해석할 때 문법적 관계를 한층 세밀히 따지게 되었다. 즉 《대학》에서 격물치지(格物致知)를 설명하는 경우에도 한글 토씨를 이용하여 물(物)과 격(格)의 문법적 관계를 놓고 '물(物)에 격(格)하여 지(知)를 치(致)한다', '물(物)이 격(格)하여 지(知)를 치(致)한다', '물(物)로 격(格)하여 지(知)를 치(致)한다'와 같은 다양한 논의가 일어날 수 있었다. 이처럼 학자들의 학문논쟁이 문법 관계에 대한 토씨싸움으로 전개되자, 중국과는 다른 독특한 양상을 띠게 되었다.

한국인은 개화기 이후 한글과 한자를 함께 쓰면서 표음문자와 표의문자를 합쳐서 만든 개념들을 편리하게 사용할 수 있게 되었다. 조상굿, 신바람, 본모습, 새신랑, 산나물, 본보기, 미운 정, 고운 정처럼 기존에 사용하던 낱말은 물론이고, 기찻길, 전봇대, 하숙집, 갈비탕, 노래비와 같은 새로운 낱말을 만들어 사용하기 시작하였다. 사람들이 이러한 어휘를 일상에서 사용하게 되면서, 무의식적으로 표음과 표의의 특성에 대해 관심을 갖는 일이 많다. 하나의 예로 사람들은 '기찻길'이나 '노래비'와 같은 낱말을 대하면 무의식적으로 한자 어휘로 된 부분과 고유 어휘로 된 부분을 구분하여 표의와 표음의 두 측면에서 개념의 의미를 파악하려고 시도한다. 이런 점에서 '본보기'는 한자 어휘인 '본'과 고유 어휘인 '보기'가 합쳐 만들어진 낱말로 표음과 표의의 특성을 잘 드러내고 있다. '본보기'라는 개념이 전제하고 있는 '본과 보기 구조'는 인간이 사물을 본을 중심으로 파악할 때는 요소의 결합체로 이해하도록 만들고, 보기를 중심으로 파악할 때는 속성의 통합체로 이해하도록 만드는 이중적 특성을 지니고 있다.

제3장
본보기 형성과 문화 디자인

1. 디자인 개념의 성장

우리는 문화변동의 과정에 개념들이 성장하고 쇠퇴하는 것을 볼 수 있다. 한 예로 지난 세기에 한국사회가 근대화하면서 평등, 자유, 해방, 개성, 자본, 기업, 경제, 경영 등과 같은 개념들이 빠르게 성장해온 반면에 신분, 성리, 의리, 염치, 체면, 가문, 군주, 신하 등과 같은 개념들이 빠르게 쇠퇴해 왔다. 특히 최근에는 자원, 공해, 생태, 환경, 유전자, 컴퓨터, 인터넷, 벤처 등과 관련한 개념들이 빠르게 성장하고 있다. 자원고갈, 생태파괴, 환경 디자인처럼 기존에 사용되던 개념들이 뜻을 확장해 나가는 것도 있고, 생명공학, 휴대전화, 사이버 공간, 벤처기금처럼 새로운 개념이 생겨나 뜻을 확장해 나가는 것도 있다. 이러한 개념들이 성장하고 쇠퇴하는 원인과 배경을 분석해 보면 문화가 어떻게 변화해 오고, 변화해 갈지 이해할 수 있다.

앞으로 21세기문화가 어떻게 전개될 것인지 가늠하기 위해서는 오늘날 '디자인(design)'이라는 개념이 빠른 속도로 성장하고 있는 까닭을 분석해 볼 필요가 있다. 디자인은 영어에서 '기호(sign)'를 뜻하는 라틴어 'signum'에서 파생된 'designare=de+sign'에 근원을 두고 있는 개념으로, 고대에서 중세와 근대를 거쳐 오늘날까지 사용되는 역사가 매우 오래된 개념이다. 디자인은 인간이 '상징적 기호(symbolic sign)'를 바탕으로 생각의 과정을 통해서 욕망을 문장으로 생성해 내는 것을 뜻한다. 인간은 기존의 본보기에 따라 수동적으로 디자인되는 동시에 새로운 본보기를 능동적으로 디자인하는 과정을 거쳐서 문화를 습득하고 창조한다.

그런데 최근에 자본주의적 욕망 부풀리기가 극한으로 치달으면서, 생산과 소비를 촉진시킬 수 있는 새로운 본보기를 디자인하는 과정을 매우 강조하게 되었다. 그 결과 환경 디자인, 웹 디자인, 공학 디자인, 생명 디자인, 건축 디자인, 편집 디자인 등에서 볼 수 있는 것처럼 '디자인'은 인간이 문화를 형성하고 실현하는 창조적 활동을 전체적으로 포괄하는 핵심개념으로 자리하게 되었다. 이로써 인간이 상품의 생산과 소비를 위한 창의력 개발에 관심과 노력을 집중하면 할수록 문화를 디자인하는 인간의 모습 또한 더욱 두드러지고 있다. 이런 관점에서 근대의 시작과 더불어 디자인 개념이 급속히 성장해온 과정을 분석하면 '본과 보기 구조'와 문화의 관계를 한층 잘 이해할 수 있다.

2. 디자인하는 인간(homo designare)

사람들은 스스로를 '지혜로운 인간(homo sapiens)', '일하는 인간(homo labor)', '놀이하는 인간(homo ludens)', '공작하는 인간(homo faber)' 등으로 불러왔다. 지혜, 일, 놀이, 공작 등은 인간이 자연과 구분되는 문화를 형성하고 실현하는 각각의 국면들을 말한다. 즉, 인간은 지혜롭게 생각하는 능력에 바탕하여 자연상태에서 생기는 욕구를 문화에 대한 욕망으로 변형해서 일, 놀이, 공작 등의 방식으로 의복문화, 음식문화, 주택문화, 의료문화, 오락문화 등을 형성하고 실현하는 문화적 존재로 살아간다.

이렇게 인간이 문화적 존재로 살아가는 것은 문화를 디자인할 수 있는 능력을 갖고 있기 때문이다. 인간은 생각의 주체로서 언어를 사용하여 사물을 '기호(sign)로 규정-구분-지시하는 방식으로 사물들 사이의 관계를 의미의 형태로 디자인하여[de+sign : mark out] 소통한다. 그리고 이러한 능력을 바탕으로 욕망 충족에 뒤따르는 다양한 관계들을 의도, 구상, 계획, 설계, 실천해 왔다. 이처럼 인간이 상징적 기호를 바탕으로 욕망 충족에 뒤따르는 다양한 관계를 의도, 구상, 계획, 실천하는 것은 바로 문화를 디자인하는 과정과 결과를 말한다. 인간이 문화를 디자인하는 것을 부문에 따라 제도적으로 구분해 놓은 것이 종교, 정치, 경제, 교육, 예술 등과 같은 영역들이다.

인간은 생각하는 존재로서 디자인하는 능력을 축적하고 확대해 오면서 오늘날과 같은 높은 수준의 문화생활을 영위할 수 있게 되었다. 인간이 지혜, 일, 놀이, 공작 등의 방식으로 문화생활을 하는 모습을 전체적으로 묶어서 '디자인하는 인간(homo designare)'이라고 할 수 있다. 그러나 사람들은 '디자인하는 인간'을 있는 그대로 인정하기를 꺼려하여, 인간이 스스로 문화를 디자인한 것으로 이해하기보다는, 문화가 인간 밖에서 주어진 것으로 이해하는 일이 많았다. 이로써 인간은 문화의 근거를 신이나 자연과 같은 것에 둠으로써 인간이 문화를 디자인해 나온 사실을 부분적으로 받아들였다. 사람들이 '디자인하는 인간'의 모습을 있는 그대로 받아들이기 시작한 것은 최근에 이르러서이다.[1]

전통적으로 사람들이 '인간이 문화를 디자인한다'는 사실을 축소하거나 기피하게 된 데는 몇 가지 원인이 있다.

첫째, 사람들은 우주 속에 존재하는 모든 사물을 상제(上帝), 브라만

---

1) 하나의 예로 서구에서 산업혁명이 전개되던 19세기 중반까지도 언어의 발생에 관한 연구는 금기에 해당하였다. 1865년 파리에서 창립된 언어학회 취지문에는 언어의 발생과 관련된 논문과 일반 언어를 만드는 것과 관련된 논문은 받아들이지 않는다고 명시되어 있다.(*Hand of Human Symbolic Evolution*, Andrew Lock & Charles Peters ed., Oxford Science Publications, 'preface' 참조) 1960년대에 이르러서야 '기호(sign)'에 대한 논의가 본격적으로 전개되기 시작하였다. 그러나 아직도 기호에 대한 논의가 '디자인(de+sign)하는 인간'에 대한 깊이 있는 논의로는 나아가지 못하고 있다.

(Brahman : 梵天), 천주(天主 : God), 이데아(Idea), 성리(性理)와 같은 초월적 존재나 원리에 따라 디자인된 것으로 이해하는 일이 많았다. 그들은 자연에 존재하는 삼라만상을 하나의 거대한 목적을 좇아서 디자인된 것으로 보기 때문에, 인간이 디자인한 문화 또한 그러한 목적의 일부처럼 생각하였다. 이처럼 그들은 문화를 자연의 연장이나 연속으로 생각하여, 초월적 존재나 원리와 무관하게 독자적으로 문화를 디자인하려는 생각을 자연히 멀리하게 된다.

둘째, 사람들은 인간을 다른 사물과 구별되는 존엄한 지위에 올려놓기 위해 인간이 디자인한 문화에 신성한 권위를 부여하는 일이 많았다. 그들은 자신들이 존엄한 지위를 누리는 것은 신령, 성인, 조상과 같은 탁월한 존재가 디자인한 신성한 문화를 갖고 살아가기 때문이라고 생각하였다. 이 때문에 그들은 그러한 문화를 갖지 못한 다른 종족이나 사물을 하찮은 것으로 여기거나 무시하였다. 그들은 존엄의 근거인 신성한 문화를 수호하기 위해 변화를 거부하면서, 자연히 문화를 디자인하려는 생각을 멀리하게 된다.

셋째, 지배층은 권력을 유지하고 확대하는 수단으로서 특정한 문화를 당연한 것으로 강요하는 일이 많았다. 지배층은 문화를 새롭게 디자인하는 과정에서 일어날 수 있는 불리한 상황을 방지하기 위해 사람들이 '인간이 문화를 디자인한다'는 생각을 갖지 못하도록 이끌었다. 지배층은 기존의 문화를 벗어나 다른 방식으로 생각하고 실천하는 것을 비난하고 제재하였다. 그들은 자신들의 이익에 일치하는 경우에만 '인간이 문화를 디자인한다'는 사실을 예외적으로 인정하였기 때문에 자연히 문화를 디자인하려는 생각을 멀리하게 된다.

넷째, 사람들은 주로 기존의 문화에 순응하는 방식으로 세상을 살아간다. 그들이 문화를 새롭게 디자인하기 위해서는 관심, 용기, 능력, 자원, 여건 등이 따라야 하는데, 쉽지 않기 때문이다. 그들은 관행, 관습, 관례 등을 무난하게 생각하여 절실한 필요에 직면하지 않는 한, 새로운 방식을 찾으려 하지 않는다. 이와 함께 문화변동이 적은 사회에서는 모든 일이 관행으로 이루어지는 까닭에 '인간이 문화를 디자인한다'는 사실 자체를 경험하기 어렵다. 특히 문화변동에 대해 부정적인 태도가 퍼져 있는 사회에서는 더욱 그러하다. 이로 말미암아 사람들은 자연히 문화를 디자인하려는 생각을 멀리하게 된다.

근대 이전의 사람들은 일반적으로 '문화를 디자인하는 삶'보다 '문화로 디자인되는 삶'을 살아가려고 하였다. 그들은 '카리스마(charisma)'나 '전통(tradition)'을 존중했기 때문에 문화를 새롭게 디자인하려는 시도를 이상하고 위험한 일로 보아서 비난, 배척, 처벌하는 일이 많았다. 특히 지배층은 일반 백성들이 '인간이 문화를 디자인한다'는 생각을 갖지 못하도록 인종, 신분, 성, 연령 등에 근거하여 몸과 마음을 강력히 억압하였다. 따라서 사람들은 제도, 규정, 관행, 관습 등으로 규정된 몸과 마음을 좇아서 살아야 했다. 그러니 이런 일에 불만을 가진 이들은 문화를 디자인하려는 욕망과 그것을 억압하는 사회제도 사이에서 갈등하였다.

지배계급이 '인간이 문화를 디자인한다.'는 사실을 축소하거나 기피하자, 사람들은 디자인의 의미를 일상 생활의 차원으로 축소시켜 음식, 의복, 치장, 가구, 건축과 같은 것에 대한 취향을 형성하고 실현하는 것과 동일시하였다. 그렇지만 이러한 사소한 취향의 형성과 실현에도 언제나 갖가지 제약이 뒤따랐다. 지배계급은 혹시라도 취향의 변화가 불러올 수 있는 이해 관계의 변동을 우려하여 통제와 감시를 소홀히 하지 않았다. 하지만 사람들은 때때로 급격한 문화변동의 과정에 놓이게 되면, '인간이 문화를 디자인한다'는 사실을 자각하게 된다. 특히 사람들은 기존의 문화가 해체되고 새로운 문화가 형성되는 과정에서 '인간이 문화를 디자인한다'는 사실을 선명하게 받아들이게 된다. 이때 문화를 디자인하고자 하는 열망이 갑자기 집단적으로 폭발하여 '혁명적 상황'을 일으키는 일이 벌어진다. 사람들은 문화를 디자인하는 주체가 인간이라는 사실에 흥분하면서 새로운 문화를 디자인하는 데, 목숨을 걸고 뛰어드는 것을 볼 수 있다. 이런 까닭에 기존의 문화에 불만을 품어온 사람들은 혁명적 상황을 계기로 다중의 광기를 이용하여 문화를 전체적으로 새롭게 디자인하려고 시도한다.

　사람들이 일상의 차원에서 '인간이 문화를 디자인한다'는 사실을 수용하게 된 것은 서구가 근대로 진입하면서 나타난 특이한 현상이다. 서구인이 발전시켜온 근대적 개인주의는 자유로운 몸과 마음을 가진 개인이 욕망의 주체로서 임의로 문화를 디자인하며 살아가는 것을 삶의 목표로 추구해 왔다. 이러한 것을 정치적으로 뒷받침해온 것이 자유민주주의이다. 서구인은 문화를 디자인하는 수단으로 지식과 기술을 발전시켜 탐구, 탐험, 개발, 개척 등의 방식으로 계속 문화를 새롭게 디자인해 왔다. 그들은 19세기 중반 이후 산업혁명으로 사회변화가 가속되자 '인간이 문화를 디자인한다'는 사실을 절감하면서, 더 나은 문화를 디자인하려는 열망에 들뜨게 되었다.

　그러나 19세기 말엽까지 서구인조차도 '인간이 문화를 디자인한다'는 사실을 받아들이는 데 주저하였다. 그들은 문화의 진보를 이성의 계발에 따른 역사의 보편적 발전과정으로 보아, 인간이 문화를 디자인하는 것 또한 일정한 법칙을 좇아서 이루어지는 필연적 과정으로 보았다. 그들은 신체가 발달 단계를 좇아서 성장하는 것처럼 문화도 발전단계를 좇아서 직선적으로 진보한다고 믿었다. 인간이 문화를 디자인하는 방식에 따라 다양한 문화가 가능할 수 있다는 것을 믿으려 하지 않았기 때문에 '인간이 문화를 디자인한다'는 사실을 제한적으로 받아들였다. 이런 이유로 20세기 초까지 흑인을 진화의 과정에서 낙오하여 근대 문명을 공유할 수 없는 열등한 종족으로 보고 인간의 범주에서 제외시키려는 사람들도 많았다. 이로써 동물을 사냥하듯이 흑인을 사냥하여 돈으로 거래하고 노예로 부릴 수 있었다.

　인류는 20세기에 접어들어 상대성이론, 불확정성이론 등의 영향으로 직선적 진보관에 의문을 갖게 되자 '인간이 문화를 디자인한다'는 사실을 새롭게 받아들이게 되었다. 변화의 과정에 끼여드는 우연한 요소들 때문에 전체 흐름이 달라질 수 있듯이, 인간이 문화를 디자인할 때 끼어드는 창의적 요소들로 다양한 문화가 전개될 수 있다고 생각하였다. 이로써 점차 문화에 대한 이해와 평가에 상대적 관점이 필요하다는 것을 인식하였다. 이와 함께 서구인이 추구해온 자유와 평등의 이념을 모든 계급과 종족에 똑같이 적용하려는 계급해방운동과 민족해방운동이 아시아와 아프리카에서 서서히 불을 지폈다.

20세기 중반 근대문화가 지구촌의 보편문화로 확산되는 것과 함께 과학기술의 급속한 발전으로 문화변동의 속도는 점점 가속화하였다. 사람들은 삶의 모습이 시시각각으로 바뀌자 '인간이 문화를 디자인한다'는 사실을 심각하게 받아들이기 시작하였다. 그들은 원자 무기, 원자력 발전, 원자력 치료, 우주여행, 위성통신 등을 통해서 인간이 꿈에도 그리기 어려운 새로운 문화를 디자인해 내는 탁월한 능력을 갖고 있음을 확인하였다. 이렇게 기술혁신으로 변화의 속도가 더욱 빨라지자, 인류는 미래를 현재와는 다른 모습으로 디자인해야 할 어떤 것으로 받아들이기 시작하였다.

20세기 후반에 인류는 급속한 기술혁신과 경제개발의 결과로 역사 발전의 새로운 전기를 마련하였다. 인류는 컴퓨터를 포함한 전자-통신기술의 급속한 발달에 힘입어, 세계를 지구촌으로 통합해 나가는 동시에, 하나의 시장에 기초하여 자본주의적 욕망 부풀리기를 경쟁적으로 확대하였다. 모든 것을 상품의 형태로 디자인하여 더욱 많은 생산과 소비에 총력을 기울이자 드디어 인류는 자원고갈, 환경오염, 생태파괴 등과 같은 심각한 부작용에 직면하였다. 그래서 자본주의적 욕망 부풀리기 때문에 인류가 파멸에 이를 수도 있다고 생각하게 되자, 인간이 문화를 디자인하는 것에 대한 근본적 물음을 제기하기 시작하였다.

인류가 21세기를 '문화의 세기'라고 말하는 것은 '디자인하는 인간'을 존재의 본질로 받아들이며 살아가는 것을 뜻한다. 인간은 미래를 끊임없이 새롭게 디자인해야 할 혁신의 대상으로 생각하여 강박적으로 디자인에 매달리고 있다. 또한 꿈처럼 경이로운 세상을 살아야 한다고 생각하기 때문에 과거의 반복은 존재의 본질을 거스르는 것처럼 받아들인다. 인간은 디자인의 능력을 과신하기 때문에 경이로운 것들이 불러올 수 있는 미래의 위험들을 가볍게 생각한다. '인간이 일으킨 문제는 인간의 힘으로 해결할 수 있다'는 논리에 도취되어 자원고갈, 환경오염, 생태파괴 등과 같은 문제를 소홀히 다루어서 돌이킬 수 없는 파멸에 이를 수도 있다.

3. 인습적 태도와 창발적 태도

인간이 세상에 태어나 일생을 살아가는 것은 '기존의 문화에 디자인되는 과정'과 '새로운 문화를 디자인하는 과정'이 통합되어 있다. 사람들은 경우에 따라 기존의 문화에 디자인되는 과정을 중시하기도 하고, 새로운 문화를 디자인하는 과정을 중시하기도 한다. 그들이 어떠한 과정을 중시하느냐에 따라 문화의 전체적 성격이 크게 달라지는 것을 볼 수 있다.

먼저 사람들이 기존의 문화에 디자인되는 과정을 강조하면 기존의 본보기를 답습하여 살아가는 방식이 중심을 이룬다. 이러한 방식으로 살아가는 것을 인습적 태도라고 부를 수 있다. 인습적 태도를 갖고 있는 사람들은 디자인되어 있는 기존의 문화를 좇아서 살아가기 때문에 문화를 새롭게 디자인할 필요를 별로 느끼지 않고, 기존의 본보기에 근거하여 과거의 삶을 반복하려 한다. 이 때문에 그들은 욕망을 좇아서 새로운 본보기를 디자인하는 것이 아니라, 기존의 본보기에 욕망을 맞추려 하며, 사람들이 관례나 관행에서 벗어나는 생각과 행동을 하지 말도록 강요한다. 이런 까닭에 과거에 디자인되어 현재로 전해지는 전통에 대단한 중요성을 부여한다. 그들 가운데는 전통에 절대적 가치를 부여하여 신앙처럼 신봉하는 경우도 있다.

사람들이 살아가는 삶은 대부분 인습적 태도에 기초하여 이루어진다. 특정한 본보기가 인습에 따라 습관, 관행, 관습, 관례 등으로 자리하여 생각과 행동의 지침으로 활용된다. 그들은 인습적 태도를 바탕으로 기존의 본보기를 좇아가는 것이 무난하거나 편리하다는 것을 경험하고, 인습에 순응함으로써 새로운 것에 뒤따르는 초기의 불편을 크게 줄일 수 있다. '구관이 명관이다'는 말은 이러한 태도를 잘 드러낸다. 그런데 사람들이 인습을 불편하다고 생각하게 되면 인습은 억압의 굴레가 될 수도 있다. 그러나 사람들은 능력이나 환경이 뒷받침되지 않으면 인습에서 벗어날 수 없기 때문에 어쩔 수 없이 인습적 방식으로 문제를 이해하고 해결하는 일이 많다.

다음으로 사람들이 새로운 문화를 디자인하는 과정을 강조하면 기존의 본보기를 변형하거나 새로운 본보기를 만들어 살아가는 방식이 중심을 이룬다. 이러한 방식으로 살아가는 것을 창발적(創發的) 태도라고 부를 수 있다. 창발적 태도는 상황과 필요에 따라 본보기를 새롭게 디자인하는 것을 당연하게 받아들인다. 창발적 태도는 전통의 방법으로 해결할 수 없는 문제들이 새로운 본보기를 통해서 효과적으로 해결될 수 있다는 신념에 기초하고 있다. '새 술은 새 부대에 담는다'는 말은 이러한 태도를 잘 드러낸다. 이 때문에 창발적 태도는 기존의 본보기에 욕망을 맞추는 것이 아니라, 욕망을 좇아서 새로운 본보기를 디자인하려고 한다. 창발적 태도는 욕망에 내포된 개별성을 적극 살려가려고 노력한다.

사람들이 창발적 태도를 갖는 것은 생각작용을 통해서 새로운 관계를 구성할 수 있기 때문이다. 인간이 '~에' 대해서 생각한다는 것은 '~을' 중심으로 '나'와 '세계'를 재구성하는 것을 뜻한다. 인간이 '나'와 '세계'를 재구성하는 과정에서는 기존의 본보기에서 벗어나는 새로운 본보기를 창발적으로 구성하는 일이 일어난다. 생각을 통해서 창발적으로 구성한 새로운 본보기를 실천에 옮기려고 노력하게 되면, 인간은 문화를 새롭게 디자인하는 디자이너(designer)로서의 모습을 갖는다. 인간은 새롭게 구성한 본보기가 문제해결에 효과적일 경우 창발적 태도에 이끌리게 된다. 그러한 창발적 생각과 실천을 통해서 경험을 풍부하게 만들고 자신감을 확대할 수 있다. 이런 이유로 인간은 창발적 생각과 실천을 바탕으로 살아갈 때 더욱 큰 만족감을 느낀다. 이 때문에 인간은 창발성에 맛을 들이면 계속 빠져든다.

인간이 창발적 태도에 기초하여 새로운 문화를 디자인하기 위해서는 욕망의 형성과 실현이 자유롭게 이루어질 수 있도록 몸과 마음을 해방시켜야 한다. 몸과 마음이 해방되면 인간은 무한히 확대되는 욕망을 효과적으로 충족하기 위해 문화를 새롭게 창조하려고 한다. 그렇게 되면 기존의 본보기를 고수하려는 기득권 세력은 위기에 몰릴 수도 있다. 이런 까닭에 기득권 세력은 문화를 창조하려는 이들을 억제하기 위해서 다양한 방식으로 몸과 마음을 구속하려고 노력해왔다. 한 가지 예로 조선시대 사대부 가문의 여자는 시집을 가면 초년에 남편이 죽어도 평생 과부 신세로 지내야 했다. 그들은 몸과 마음을 가문에 묶어 두고 있었기 때문에 재가(再嫁)를 옳지 않은 행동으로 보았다. 이 때문에 재가를 간절히 원하는 경우에도 몸과 마음이 가족, 친족, 향당, 국가에 구속되어 있어 실현이 어려웠다.

인간이 필요를 좇아 문화를 새롭게 디자인할 수 있도록 몸과 마음을 자유롭게 하는 것은 욕망의 주체인 '개인'을 허용하는 것을 말한다. 인간이 집단으로서 문화를 공유하고 있음에도, 문화 디자인의 단서는 개인들이 형성하고 실현하는 욕망에서 비롯한다. 개인에 기초한 단서들이 문화적으로 통합되면서 전체에 파급되는 새로운 변화가 일어난다. 이 때문에 개인이 허용되지 않으면 창발성을 바탕으로 새로운 본보기를 디자인하는 것이 어렵거나 불가능하다. 이런 까닭에 역사적으로 인간이 창발성을 바탕으로 문화를 적극 디자인해 나오는 것은 개인주의의 발전과 밀접히 연관되어 있다.

개인주의 문화가 발전하여 욕망의 주체인 개인을 허용하기 이전에는 인습적 태도가 중심을 이루었다. 고대나 중세시대 사람들— 특히 지배층—
은 변화를 두려워했기 때문에 창발적 태도를 경계하고 억압해 왔다. 그들
은 창발적 태도에 기초하여 새로운 본보기가 구성되어 기존의 사회체제를
위협한다고 생각하면, 그것을 강력하게 탄압하거나 완강하게 저항하였다.
지동설을 주장한 갈릴레이가 종교재판에 불려나가 수난을 당한 것은 가톨
릭교회가 창발적 태도를 허용하려 하지 않았기 때문이었다. 창발적 태도
는 본보기를 만들 수 있는 특별한 능력과 자격이 부여된 소수의 사람들에
게만 허용되어 왔음을 알 수 있다.

4. 문화 디자인과 디자이너

인간은 출생과 더불어 기존의 문화에 의해 디자인되는 과정을 거쳐서
문화생활을 영위할 수 있는 능력을 배양해 나가고, 이러한 능력의 증대
와 함께 문화를 새롭게 디자인해 보려는 욕망을 갖는다. 인간이 다양한
본과 보기를 새롭게 시도하면서 성공과 실패를 경험하는 과정에서 오늘
날과 같은 발전된 문화를 갖게 되었다.

인간이 기존의 문화에 의해 디자인되는 동시에 새로운 문화를 디자인
하는 창조적 순환과정을 이해하기 위해서는 서구의 'culture'나 동아시아
의 '文化'가 어떠한 의미를 담고 있는지 살펴볼 필요가 있다.

서구에서 'culture'는 '인간이 경작하고, 재배하고, 돌보고, 가꾸는 것'
등을 뜻한다. 인간은 계획에 따른 의도적인 노력으로 작물을 가꾸고, 가
축을 기르고, 사람을 돌보아 기대하는 결과를 얻으려 한다. 'culture'는 인
간이 자연을 소재로 문화를 디자인하는 과정과 결과를 말한다. 'culture'
는 식물, 동물, 용품 등과 같은 물질적 대상을 가꾸거나 만드는 것에서
나아가 마음, 정서, 흥미, 태도, 기호 등의 계발이나 향상까지 뜻하게 되
면서 특정한 시대에 이룩한 생각, 제도, 기술, 예술 등을 총칭하는 뜻을

74

갖게 되었다.

동아시아에서 '文化'는 '사물을 문(文)으로 변화시키는 것'을 말한다. 문화의 출발은 인간이 천에 색깔과 형태로 무늬[紋]를 만들어 자연상태에 치장을 가하는 것을 말한다. 인간은 색실을 사용하거나, 물감을 들이거나, 수를 놓는 방법으로 천에 색깔과 형태로 무늬를 만든다. 이때 천에 색깔과 형태로 무늬를 만드는 것은 인간이 자연을 소재로 문화를 디자인하는 출발점을 이룬다. 즉 무늬[文-紋]는 문물(文物)의 시작이다. 인간은 무늬를 통해서 존비(尊卑), 성속(聖俗), 정조(精粗), 미추(美醜) 같은 의미를 소통하면서 자연과는 구별되는 문화를 실현하게 된다.[2] 이러한 문(文-紋)은 치장과 화려함, 예의와 법도, 예악과 제도, 그리고 문자와 문장을 뜻하게 되었다.

인간이 '땅을 경작하고(culture)' '천에 무늬를 만드는(紋)' 것은 생각의 주체로서 목표와 계획을 수립하고, 그것에 필요한 예비적 행위를 하는 것을 말한다. 이 때문에 인간처럼 과거, 현재, 미래를 하나의 맥락으로 엮어서 바라볼 수 있는 확대된 시공의식을 갖고 있지 않으면 문화의 디자인은 불가능하다. 고등동물 가운데 도구를 사용하거나 음식물을 저장하는 것은 흔히 볼 수 있지만, 땅을 경작하거나 천에 무늬를 만드는 것은 오직 인간뿐이다. 인간은 눈앞의 사태를 너머보고[所望], 바라보고[展望], 기다리는[待望] 것이 가능하기 때문에 욕망을 바탕으로 문화를 디자인할 수 있다.

인간이 언어를 사용하여 '~에' 대해서 말하는 것은 생각을 디자인하여 '~을' 규정해 나가는 것을 뜻한다. 한 가지 예로 인간이 '나는 본다'라고 말하는 것은 다양한 국면들로 이루어진 '나'를 '보는 것'이라는 하나의 국면으로 규정해 버리는 것이다. 그렇기 때문에 '나는 본다'라고 말하는 순간에는 '나는 본다'라는 사실을 제외한 모든 것들, 즉 '나는 숨쉰다', '나는 소화한다', '나는 걸어간다'와 같은 것들은 '나'로부터 생략 또는 소거된다. '나는 본다.'라고 규정한 것에서 벗어나기 위해서는 '나는 숨쉰다', '나는 소화한다'와 같은 형식으로 '나'에 대한 생각을 다시 디자인해야 한다. 하지만 '나는 숨쉰다', '나는 소화한다'라는 것 또한 '나는 본다'와 똑같은 방식으로 '나'라는 전체를 하나의 국면으로 규정하게 된다. 이처럼 인간이 '~'에 대해서 말하는 것은 생각을 디자인하여 '~'을 규정하게 된다. 인간은 '~'을 규정할 수 있기 때문에 대상을 효과적으로 조작하고 지배할 수 있는 강력한 힘을 갖는다.

인간은 강력한 힘의 원천인 언어를 신성한 근거에서 비롯한다고 보는 경향이 있다. 인간은 신령이나 성인의 말을 진리로 생각하여 숭배해 왔으며, 점술을 통해 신의 말씀을 받아서 생각과 행동의 지침으로 삼는 것은 오늘날까지 이어지고 있다. 성경(Bible)에는 "태초에 말씀이 계시니라. 이 말씀이 하나님과 함께 계셨으니 이 말씀은 곧 하나님이시니라"고 하여 절대자와 말을 같은 것으로 보고 있다. 피타고라스 학파는 수학적 논리에 매료되어 수(數)를 신으로 숭배하였다. 근대철학의 아버지로 부르는 데카르트는 '나는 생각한다, 고로 존재한다'고 하여 생각을 존재의 근거로 보았다.

인간은 문자를 발명하자 문장을 더욱 정교하고 풍부하게 만드는 동시에 시공을 뛰어넘어 전달할 수 있게 되었다. 인간은 문자를 사용하여 높은 수준의 지식을 축적하여 철학, 역사, 문학, 수학, 역학, 의학 등과 같은 학문을 발전시켰다. 이렇게 인간이 문자를 통해서 높은 수준의 지식을 배우고 활용하는 능력을 기르는 것을 교양이라고 불렀다. 인간은 교양을 갖추면서 문화를 디자인하는 인간의 모습에 더욱 가까이 다가갈 수 있었다.

글을 읽고 쓰는 것은 문자를 배운 사람만 가능하기 때문에 지배계급은 흔히 문자정책을 통해서 중요한 지식을 독점하려고 하였다. 그들은 학교

제도를 활용하여 문자를 배울 수 있는 기회를 특정한 부류로 국한하거나, 특수한 문어체 문자를 사용하여 문자 습득에 많은 노력과 비용이 뒤따르도록 만드는 등의 방법으로 수준 높은 지식과 기술이 확산되지 못하도록 하였다. 문자를 배우지 못한 사람들은 수준 높은 지식과 기술을 가질 수 없었기 때문에 자연히 지배계급에 종속되는 위치에 놓였다. 또한 같은 지배계급 가운데서도 주도권을 쥐고 있는 남성들은 여성들을 억누르기 위해 여자들이 문자를 배우지 못하도록 금지하거나 방해하는 경우가 많았다.

한편 인간은 생각을 디자인하여 말을 만들고 글을 짓는 것을 조심스럽게 생각해 왔다. 왜냐하면 인간은 말과 글로 '~'을 규정해서 부분적인 것을 전체적인 것으로 잘못 생각할 수 있으며, 불완전한 것을 완전한 것으로 잘못 생각할 수 있고, 거짓된 것을 진실한 것으로 잘못 생각할 수 있기 때문이다. 그래서 사람들 가운데 말과 글에 따른 과장, 왜곡, 거짓 등을 염려하여 사물을 '~'으로 규정하기보다는, 있는 그대로 바라볼 것을 주장하는 이들이 많았다. 그들은 생각을 작위적으로 디자인하는 것에서 벗어나기 위해서 마음을 비우는 무념무상의 상태를 추구하기도 하였다. 그러나 그러한 상태조차도 인간이 생각을 디자인해야 추구될 수 있기 때문에 마음을 완전히 비우는 일은 불가능하다.

인간이 생각을 바탕으로 문화를 디자인하는 것은 대상에 따라 두 가지로 구분할 수 있다. 하나는 생각을 토대로 물질적 대상을 기술적으로 다루어 인공물을 만들어 내는 디자인이고, 다른 하나는 생각을 토대로 마음속에 관념을 만들어 내는 디자인이다. 그런데 인공물이 머릿속에 구성된 관념을 바탕으로 만들어지기 때문에 인공물은 관념에 포함되는 관계에 있다. 그런데 사람들이 어떤 것을 디자인한다고 말할 때는, 대개 물질적 대상을 기술적으로 다루어 구체적 인공물을 만들어 내는 것을 뜻한다. 인간에게는 말이나 글로써 관념을 구성하고 표현하는 것을 구체적 디자인을 위한 기초단계로 다루는 경향이 있다.

인간이 물질적 대상을 기술적으로 다루어 인공물을 만들어 내는 것은 관념을 바탕으로 이루어진다. 인간은 신이라는 관념을 상정하기 때문에 신에게 나아가는 수단으로 방대한 교회 조직을 형성하고, 의상, 건축, 조각, 회화 등을 통해서 다양한 인공물들을 만들어 낸다. 이때 인공물을 만드는 기초가 되는 관념의 체계를 정신문화로 국한하여 말하는 경우도 있다. 하지만 실제의 삶에서 인간의 창발성 실현은 대부분 인공물을 디자인하여 생활에 이용함으로써 이루어진다. 의복을 만드는 것, 음식을 만드는 것, 집을 짓는 것 등은 모두 인간이 생각에 기초하여 문화를 디자인하는 활동이다. 이처럼 인간의 문화 디자인 가운데 물질적 대상을 기술적으로 이용하여 인공물을 생산해 내는 것을 특별히 '문명' 또는 '물질문명'이라고 부른다.

인간이 물질적 대상을 기술적으로 다루어 인공물을 만들어 내는 것은 자연을 바탕으로 하고 있다. 자연은 인간에게 디자인에 필요한 물질적 대상을 제공하는 원천인 동시에, 인간이 디자인하려는 것의 동기, 수단, 방법 등을 제공한다. 예를 들면 인간은 '몸'이라는 자연을 바탕으로 '마음'에 문화에 대한 욕망을 형성하고 '몸과 마음의 능력'을 이용하여 음식, 의복, 주택, 일, 놀이 등에 필요한 다양한 인공물을 만들어 낸다.

인간이 자연을 바탕으로 문화를 디자인하는 것에는 몸의 치장이 가장 중요하다. 인간은 몸에 걸치는 의상과 그리는 화장을 통해서 기능적 필요의 단계를 넘어 윤리적 필요와 심미적 필요를 아울러 실현하는 문화인으로서 살아간다. 이 때문에 인간은 생리적 차원에서는 음식 먹는 것을 몸 치장하는 것보다 중요하게 생각하지만, 문화적 차원에서는 몸 치장하는 것을 음식 먹는 것보다 중요하게 생각한다. '문(文)'이라는 글자가 본래 옷감에 무늬를 그리는 것을 뜻하는 것도 이런 이유이고, 오늘날 '패션(fashion)'을 중심으로 문화 디자인을 이해하는 것도 마찬가지다.

최근에 인간은 과학기술에 기초하여 문화 디자인의 능력을 급속도로 키워 나가고 있다. 컴퓨터 기술을 이용하여 정교한 자동제어장치를 갖춘 다양한 기계들을 개발하여 사물을 더욱 정밀하게 다루어 나가는 동시에, 복잡한 네트워크를 구축하여 사이버 공간을 통해 다양한 정보들을 더욱 신속하게 소통해 나가고 있다. 이로써 인간은 욕망에 바탕한 무한한 상상력과 과학에 바탕한 기술적 혁신을 결합하여 현란한 방식으로 문화를 디자인하고 있다. 인간은 꿈으로 구성될 수 있는 모든 관념의 세계를 과학기술을 통해서 구체적 사물로 디자인해낼 수 있다는 기술만능을 신봉하게 되면서, 문화 디자인의 능력에 가장 높은 가치를 부여하고 있다.

인간은 생각의 주체로서 문화를 디자인하려는 욕망을 갖고 있지만 능력과 여건이 뒷받침되어야 이러한 욕망을 실현할 수 있다. 이 때문에 사람들이 갖고 있는 디자인에 대한 욕망은 대부분의 경우에 좌절되고 만다. 사람들은 디자인에 대한 욕망을 실현할 수 있는 능력을 갖추고 이를 적극적으로 실천하는 인물을 '디자이너(designer)'라고 부른다. 디자이너는 전문적으로 문화를 디자인하는 사람을 말한다. 문학가, 음악가, 정치가, 사업가 등에서 말하는 '가(家)'는 각각의 전문영역에서 디자이너 구실을 하는 사람들이다.

인간이 디자이너가 되기 위해서는 문화를 디자인하는 목적, 수단, 방법 등에 대해 전체적인 이해가 되어 있어야 한다. 디자이너는 문화라는 전체적 관련 속에서 사물을 바라볼 수 있는 종합적 안목에 기초하여 기능적 필요와 윤리적 필요, 그리고 심미적 필요를 통합해낼 수 있어야 한다. 이 때문에 디자이너는 전체를 설계할 수 있는 generalist의 안목과 기술적으로 구체화할 수 있는 artisan의 기능을 동시에 갖는다. 최고의 디자이너인 하느님이 창조주로서 모든 것을 설계하는 generalist인 동시에 창조자로서 낱낱의 것들을 빚어내는 artisan인 것과 마찬가지이다. 이런 점에서 디자이너는 단순히 특정한 분야의 이론이나 기능에 탁월한 specialist나 technician과 다르다.

인간이 '디자인하는 존재'라고 해서 모든 사람이 디자이너로서 살아가는 것은 아니다. 음식을 만드는 사람이 모두 요리사가 아니고, 바둑을 두는 사람이 모두 기사가 아닌 것과 같다. 디자이너가 되기 위해서는 학습과 연구, 수련과 실천의 과정을 통해서 몸과 마음에 문화를 창조할 수 있는 열정, 식견, 기술 등을 갖추어야 한다. 이 때문에 디자이너가 되기 위해서는 기존의 본보기를 잘 익혀서 디자인의 본질과 기능에 대한 안목을 넓혀야 하고, 모방과 응용의 과정을 거쳐서 본보기를 만들 수 있는 능력을 터득해야 하며, 실천의 과정을 통해서 목적에 걸맞는 새로운 본보기를 창조해 내야 한다.

인간의 문화 디자인은 주로 디자이너에 의해서 이루어져온 까닭으로, 사람들에게는 디자인의 개념을 디자이너가 수행하는 구체적 역할에 기초하여 이해하는 경향이 있다. 즉, 사람들은 19세기 이후 산업화가 진행되면서 산업디자이너들이 활약하게 되자 디자인의 개념을 산업과 연관하여 이해하게 되었다. 산업디자인 가운데서도 패션디자이너들이 생활과 가장 밀접히 연관되어 있는 까닭에 디자인의 개념을 주로 의상과 연관하여 이해하게 되었다. 그래서 최근에 정보사회를 맞아 다양한 디자이너들이 활동하게 되자 디자인의 개념 또한 마찬가지로 확대되어 가는 것을 볼 수 있다.

역사에서 우리는 문화를 전체적으로 새롭게 디자인하려는 욕망을 실천에 옮겨온 인물들을 볼 수 있다. 그들은 특정한 문화가 바탕하고 있는 세계관이나 가치체계를 전반적으로 새롭게 디자인하여 문화의 면모를 일신하려고 하였다. 흔히 성현이나 사상가라고 불러온 인물들, 즉 공자, 석가, 플라톤, 예수, 마호메트, 주자, 마르크스 등은 문화를 전체적으로 디자인하려고 시도했던 사람들이다. 이들은 종교, 정치, 철학, 과학 등의 방식으로 세계관과 가치체계의 근거를 새롭게 마련하여 새로운 사회를 실현해 보려고 시도하였다.

5. 근대문화의 형성과 문화 디자인

1) 근대문화와 개인주의

인간이 생각의 주체로서 욕망을 형성하고 충족하는 과정에서 더욱 가치 있는 본보기를 디자인하는 것을 문화창조라고 부른다. 역사의 발전은 문화창조의 목록을 풍부하게 만들어온 과정이라고 말할 수 있다. 문화창조의 목록 속에는 온갖 종류의 사상, 예술, 제도, 도구 등이 담겨 있다. 그러나 사람들은 불과 2~3세기 전까지만 하여도 '인간이 문화를 창조한다'는 말의 사용을 꺼려해 왔다. 그들은 문화를 창조의 대상으로 보았을 때 발생할 수 있는 새로운 변화들을 두렵게 생각하였다.

인류가 문화창조에 대해 오늘날과 같은 의미를 부여하기 시작한 것은 서구에서 중세 질서가 붕괴하는 가운데 개인의 해방이 이루어지면서였다. 중세 말기에 유럽에서는 교회에 예속되어 있는 종속자가 독자적인 '개인(individual)'으로 해방되어 나오는 새로운 변화가 생겨나기 시작하였다. 이러한 변화는 상호계약의 성격을 갖는 봉건제도의 성립, 자유도시의 발생과 시민계급의 대두, 학문 자치체인 대학의 발생, 농노제의 점진적 이완, 초기 국민국가의 형성과 의회의 등장 따위로 나타났다.

15세기를 전후하여 이탈리아 반도 지중해 연안에 위치한 피렌체, 베네치아, 제노바, 피사와 같은 상업도시에서 시작된 문예부흥(Renaissance)은 중세의 세계관에 새로운 변화를 가져오는 전환점이 되었다. '거듭 태어남'을 뜻하는 문예부흥은 그리스 고전의 재생을 통해서 '세계와 인간의 발견'을 이룩하는 것이었다. 그들은 신과 교회의 속박에서 벗어나 인간이 중심이 된 세계를 새롭게 건설하고자 하였다. 이런 까닭에 서구인에게 르네상스는 단순한 거듭 태어남이 아니라 완전한 새로운 태어남을 뜻하였다. 그들은 고전의 복원과 연구를 통해서 중세 속에 종속자의 위치로 매몰되어 있던 인간의 의미를 새롭게 발견하게 되었다. 이때의 인간이란 개성적 존재로서 인간, 즉 개인(individual)을 말하였다. 서구인들은 이러한 개인을 모든 것의 출발점으로 전제하여 근대라는 전혀 새로운 문화를 디자인하기 시작하였다.

문예부흥을 통한 개인의 발견이 알프스 이북으로 파급되자 서유럽에 개인주의의 흐름이 태동하였다. 이러한 흐름은 종교개혁을 통한 신앙적 개인주의, 자본주의의 발달을 통한 경제적 개인주의, 민주주의의 발달을 통한 정치적 개인주의로 확대되어 나갔다. 이러한 변화를 주도한 세력은 자유도시의 '자본가 계급(부르주아)'이었다. 그들은 'city(도시)'에 거주하는 'citizen(시민)'으로서 시장을 매개로 지역을 통합하여 새로운 'civilization(문명)'을 건설해 나가는 주체였다. 그들은 경제력을 바탕으로 정치적 자유를 확대해 가면서 시장을 매개로 이기적 욕망을 해방시켜 나갔다. 또한 그들은 천직의식과 금욕주의에 근거하여 중세에서 물려받은 재부에 대한 부정적 견해를 극복해 나갔다.

서구인은 구체적으로 호흡할 수 있는 현세적 시공만을 인정한 상태에서 자유로운 몸과 마음을 가진 개인을 '문화를 디자인하는 주체'로서 확립해 나갔다. 그들은 개인들의 의사에 따라 사회를 구성하거나 해체할 수 있다고 생각하였다. 그 결과 개인들이 맺은 약속을 통해 사회가 디자인된다는 사회계약설이 생겨났다. 이러한 태도는 개인의 해방에 머물지 않고, 모든 사물의 본질을 개체에 근거하여 설명하는 것으로 확대되어 나갔다. 그들은 사물의 궁극적인 의미가 개체를 통해서 구명될 수 있다고 전제하고, 더 이상 나누어지지 않는 최소단위의 개체를 탐구해 나갔다. 분석적 방법으로 개체의 성질을 구명하는 과정에서 근대과학의 수립과 발전이 이루어졌다.

서구인은 개인주의를 바탕으로 삶을 공적 영역과 사적 영역으로 구분하고, 사적 영역의 확대에 관심을 집중해 왔다. 그들에게 사적 영역은 개인이 욕망을 좇아서 마음대로 문화를 실현할 수 있는 해방된 영역을 뜻하는 반면에, 공적 영역은 사회의 요구에 욕망을 종속해야 하는 억압된 영역을 뜻하였다. 그들은 이성에 기초하여 새로운 지식과 기술을 개발하며 개별자적 욕망을 실현하는 데 필요한 혁명적 변화들, 즉 자본주의, 민주주의, 산업혁명, 과학혁명 등을 추진하였다. 또 그들은 생물이 진화해 온 것처럼 문화도 진보한다고 생각하며, 발전의 기치를 앞세우고 욕망 충족을 위해 새로운 지식과 기술을 개발하고, 새로운 제도와 물건들을 만들며, 새로운 세계를 탐험해 나갔다.

서구인은 19세기 중엽 산업혁명을 거치면서 기계 에너지를 대단위로 사용할 수 있게 되자, 자연과 세계를 정복하고 지배할 수 있는 강력한 힘을 갖게 되었다. 그들은 욕망 충족에 필요한 새로운 시장과 자원을 확보하기 위해 다른 문화권을 침략하고 정복해 나갔다. 그러나 그들은 침략과 정복을 계몽과 진보를 위한 불가피한 과정으로 보아 아무런 거리낌도 갖지 않았다. 그들이 계몽과 진보의 사도를 자처하며 근대문화를 확산하는 과정에서 부족이나 민족 단위의 다양한 문명들은 대부분 해체와 소멸의 길을 걸었다.

서구인은 다른 문명의 해체와 소멸을 역사의 보편적 전개과정으로 생각한 것은 직선적 세계관을 갖고 있었기 때문이다. 그들은 중세인이 십자군원정을 기독교문화의 수호와 전파를 위한 성전(聖戰)으로 생각했듯이, 제국주의의 침략을 근대문화의 수호와 전파를 위한 성전으로 생각하였다. 따라서 성전을 수행하는 데 방해가 되는 것들은 모두 제거해야 할 적일 뿐이다.

서구인은 20세기로 넘어오자 근대화의 기치를 더욱 높이 들고 줄기차게 새로운 문명을 디자인해 나갔다. 그들은 장밋빛 미래를 실현하고자 삶의 모든 영역에서 진보를 위한 도전과 모험을 계속해 나갔다. 인간이 신을 대신하여 모든 것을 디자인할 수 있다고 생각하게 되자 '신은 죽었다'고 선언하였고, 초인(Super man)의 모습으로 신바람을 날리며 과학기술에 바탕하여 자동차, 비행기, 영화와 같은 문명의 이기(利器)를 지속적으로 개발해 나갔다. 그리고 자신들이 이룩한 업적에 기준하여 스스로 문명의 적자(嫡子)임을 자부하고, 다른 세계를 야만으로 몰아세웠다. 그러나 그들은 도전과 모험의 결과로 드러날 미래를 전혀 예측할 수 없었기 때문에 무지와 만행에서 벗어나기 어려웠다. 그들은 정복과 지배를 확대하고자 세계를 무대로 식민지 경쟁을 벌이는 과정에서 두 차례나 야만적인 세계대전을 치렀다.

제2차세계대전이 끝난 이후 식민지들이 개별국가들로 독립하여 근대화를 추진하면서 서구문화는 지구적 차원으로 확산되기 시작하였다. 세계는 미국과 소련을 중심으로 두 진영, 즉 자본주의 진영과 사회주의 진영으로 편을 갈라 냉전상황을 지속하며 체제경쟁을 벌였다. 두 진영은 자연을 개발하고 이용하는 능력을 근대화의 척도로 생각하여 과학기술의 발전에 관심을 집중하였다. 미국과 소련은 과학기술의 승리를 과시하고자 막대한 자금을 투입하여 핵무기, 유도탄, 인공위성, 우주왕복선 등을 경쟁적으로 개발하였다.

인류가 자연의 개발과 이용에 총력을 기울이면서 자원고갈, 환경오염, 생태파괴와 같은 문제들이 발생하자 근대문화의 한계를 극복해 보려는 근대 이후(post-modern)에 대한 논의가 시작되었다. 근대 이후를 모색하는 사람들, 그 가운데서도 특히 포스트모더니스트(Post-modernist)로 자처하는 사람들은 근대문화가 이성을 바탕한 과학기술과 시장을 바탕한 자본주의를 결합하여 인간을 상품화의 노예로 내몰고 있다고 주장하였다. 그들은 근대문화가 신봉하는 이성이 눈앞의 욕망을 충족하기 위한 소소한 상품의 개발에는 대단한 유용성을 발휘하지만, 상품의 생산과 소비가 불러올 전체적인 결과에 대해서는 장님처럼 무지하다는 것을 폭로하였다. 포스트모더니스트들은 근대문화가 문화를 디자인하는 인간의 능력을 악용하여 남자와 여자, 권력과 민중, 부국과 빈국 사이에 지배와 종속을 강제한다고 보았다. 그들은 상품화의 수단으로 전락하여 전체성에 대해 닫혀 버린 이성의 주체를 해체하여 인간을 억압에서 해방해야 한다고 주장했다.

포스트모더니스트들은 근대문화는 다양한 가능성 가운데 하나일 뿐이라고 주장하면서 문화에 대해 상대적 시각을 가질 것을 요구하였다. 그들은 '디자인하는 인간'에 대한 모든 가능성을 활짝 열어둠으로써 몸과 마음이 진정한 해방에 이를 수 있다고 보았고, 다양한 생각과 실천이 공존하는 삶을 통해서 본과 보기에 대한 비판과 성찰이 이루어질 수 있다고 주장하였다. 그러나 포스트모더니스트들은 근대문화의 절대적 권위에 도전하는 데 급급하여 근대성의 밝은 부분들은 감추어버리고, 어두운 부분만을 지나치게 과장하거나 왜곡하는 경우가 많았다. 그들은 근대의 중심에 자리하여 근대문명의 편안함을 사양하거나 거부할 의사를 거의 갖지 않은 상태에서, 근대가 이룩해온 모든 것을 송두리째 비난하는 모순을 보였다.

오늘날 인류는 지식정보사회를 맞아 '인간이 문화를 디자인한다.'는 사실을 존재의 기반처럼 생각한다. 흔히 21세기를 문화의 세기라고 말하는 데는 '디자인의 세기(The Age of Design)'라는 뜻을 담고 있다. 인류는 '디자인하는 인간'에 의해 실현될 미래를 기상천외의 신세계로 기대하기 때문에 과거의 경험을 반복하면 정체나 퇴보로 생각한다. 이 때문에 사람들은 삶의 모든 과정을 새로운 것으로 채우기 위해 미친 듯이 디자인에 매달린다. 개인, 기업, 국가와 같은 다양한 주체들이 지구촌을 무대로 디자인하는 능력을 경쟁하면서 과학기술의 발전에 총력을 기울여온 결과 인류는 물질, 생명, 언어와 같은 것을 최소단위로 쪼개어 마음대로 디자인할 수 있게 되었다.

첫째, 인간은 자연과학의 발달에 힘입어 입자를 디자인할 수 있게 되었다. 인간은 양자, 전자, 중성자, 소립자와 같은 입자를 디자인하여 핵문화, 전자문화, 전파문화, 레이저문화 등을 형성해 나왔다. 인간은 핵분열을 이용하여 원자 무기, 원자력 발전, 원자력 치료 등의 분야에서 혁명적 발전을 이룩해 왔다. 또한 전자와 전파, 레이저 등을 이용하여 기계공학, 통신공학, 의료공학, 생명공학 등의 분야에서도 획기적 발전을 이루었다.

이러한 결과 인간은 원자 무기를 개발하고 보유함에 따라 지구 생태계를 파괴하고 인류를 멸종시킬 수 있는 강력한 자살 무기와 더불어 살아가게 되었다.

둘째, 인간은 생명과학의 발달에 힘입어 유전자를 디자인할 수 있게 되었다. 생명체를 낱낱의 유전자 단위로 분해하여 조작할 수 있게 되자 생체이식, 생명복제, 신종개발 등이 손쉽게 이루어졌다. 인간이 유전자를 조합하여 자연에 존재하지 않는 새로운 생명체를 만들게 되자 종들 사이의 경계가 허물어졌다. 또한 개체 단위의 복제가 가능해지자 개체의 독자성이 흔들렸다. 이로써 생명에 기초하여 인간의 존엄성에 대한 윤리적 근거를 마련하는 일도 어려워졌다.

셋째, 인간은 인지과학의 발달에 힘입어 논리를 기계적으로 디자인할 수 있게 되었다. 인간은 수학적 연산에 기초한 논리를 물리적으로 처리하여 컴퓨터를 작동하게 됨으로써 인공지능을 가진 기계들을 활용할 수 있게 되었다. 인공지능이 발달하여 기계가 인간보다 우수한 능력을 발휘하는 영역들이 점점 확대되자, 인공지능은 몸과 마음의 일부로서 생활 속으로 파고들게 되었다. 인간은 기계가 몸과 마음을 대신하는 삶을 살아가면서 컴퓨터 시스템을 떠나서는 생존이 불가능한 상황에 놓이게 되었다.

오늘날 인간은 입자, 유전자, 언어를 디자인하여 실제공간과 가상공간을 넘나들며 상상을 초월하는 신기술과 신제품을 무한정 쏟아내고 있다. 인간은 신(神)과 같은 창조자(creator)처럼 문화를 디자인하는 능력을 유감 없이 발휘하고 있다. 그러나 인간은 신기술과 신제품이 불러올 결과를 알지 못하기 때문에 미래를 맹목적으로 설계하는 '무지한 창조자'이다. 인간은 자신이 디자인한 것에 대해 책임져야 하지만 그럴 수 있는 능력을 갖고 있지 못하기 때문에, 소 잃고 외양간 고치는 식의 처방에서 벗어날 수 없다. 그렇다고 과거처럼 '보이지 않는 손(invisible hand)'에 따른 예정조화를 기대할 수 있는 것도 아니다. 인간은 디자인의 결과에 대해

무책임할 수 있다는 사실을 어느 때보다도 잘 알고 있지만, 경쟁의 홍수에 떠밀려 다니느라고 이러한 것을 생각하고 반성할 수 있는 여유조차 갖기 어렵다.

인간은 디자인의 결과로 문명의 종말을 불러올지도 모르는 '위험사회'를 살아가고 있다. 20세기 중반 미국과 소련이 원자무기를 개발하고 보유하기 시작하자, 사람들은 원자무기를 파괴와 종말의 상징처럼 이해하였다. 그러나 원자무기는 인간이 발사하지 않을 수도 있고, 폐기할 수도 있는 특정한 대상으로 존재하기 때문에 노력에 따라 극복이 가능한 가시적 위험이다. 그러나 오늘날 인간이 직면하고 있는 위험은 파악이나 통제가 불가능하다는 점에 그 심각성이 있다. 자원고갈, 약물남용, 환경오염, 생태파괴, 시스템 파괴, 생체개발 등이 일으킬 수 있는 위험은 특정한 대상에 의해서 발생하는 것이 아니라 문명화의 전체 과정과 결부되어 발생하는 것으로 파악과 통제가 어렵거나 불가능하다. 이러한 것들은 폐기할 수도 없는 가운데 서서히 발사되는 원자무기와 같아서 결과에 대해서 속수무책일 수밖에 없다.

2) 자본주의와 문화 디자인

자본주의는 15세기를 전후하여 서구에서 상업자본주의 형태로 발전을 시작하였다. 도시의 상업자본가들은 원거리 교역을 통해서 장인들이 생산한 상품을 거래하여 부를 축적해 나갔다. 그들은 국왕을 포함하는 봉건귀족들에게 정치자금을 제공하면서, 시민적 권리를 확대하는 동시에 시장을 매개로 자본에 대한 지배를 확대하였다. 그들은 원료와 소비시장을 개척하기 위해 정치세력과 결탁하여 외부세계를 탐험하고 정복하여 아메리카, 아프리카, 오세아니아, 동남아시아 등에 다수의 식민지를 건설해 나갔다.

상업자본주의는 산업혁명을 계기로 산업자본주의로 변모해 갔다. 산업자본가들은 동력을 사용하는 기계를 가지고 대량으로 제품을 생산하고 판매하여 거대한 부를 축적하였다. 그들은 사유재산, 시장경제, 이윤 추구에 기초하여 물질과 인간을 상품화시켜 자본의 형태로 지배하고 소유하려 하였다. 상품과 자본을 중심으로 권력이 분화되고, 지배와 피지배가 구분되자 경제라는 낱말이 정치와 같은 정도로 중요성을 갖게 되었다. 사람들은 최소한의 비용으로 최대한의 만족을 얻으려는 경제법칙을 무엇보다 중요하게 생각하였고, 기업조직을 중심으로 생산활동과 소비활동이 이루어지자 기업, 기업가, 경영, 경영자 등이 중요한 낱말로 떠오르게 되었다.

산업자본주의가 성장하면서 생산자들은 상품에 대한 권리를 확대해 나갔다. 국가는 생산자에 대한 권리를 상표권으로 인정하던 단계를 지나, 상품생산의 과정과 결과에 대해 디자인의 권리를 인정하기 시작하였다. 생산자들이 디자인에 대한 권리를 소유할 수 있게 되면서 생산에 투입된 자본이 더욱 강력한 힘을 발휘하였다. 경제활동에서 디자인이 점차 중요성을 더해가자 기업을 중심으로 디자인에 대한 연구와 개발이 시작되었다. 산업자본에 기초하여 디자인이 독자적 영역으로 자리잡아 나가자, 사람들은 디자인과 디자이너를 산업디자인과 산업디자이너와 같은 것으로 보았다.

산업자본주의의 발달은 대량생산과 소비에 필요한 과학기술의 발전을 촉진하였다. 증기선, 기차, 자동차와 같은 교통수단이 개발되어 공장과 시장을 신속하게 연결하는 가운데 기업가들은 기계를 활용하여 새로운 상품을 대량으로 생산하고 유통하였다. 창의적으로 새로운 상품을 디자인해 내는 '발명가들(inventors)'이 다양한 영역에서 활동하기 시작하였다. 사진기, 전화기, 전깃불, 축음기, 비행기, 영사기와 같은 신기한 물건들이 계속 선을 보이면서 상상을 뛰어넘는 '새로운 세상(The New World)'이 펼쳐지게 되었다. 이때부터 사람들은 점차 세계를 디자인되어야 할 대상으로 이해하기 시작하였다.

그러나 산업현장의 노동자들은 아직도 자본과 기업에게 일방적으로 디자인되는 존재로 남아 있었다. 그들은 생산의 과정과 결과에서 소외되어 단순히 노동을 착취당하는 피지배층으로 인식되었다. 그들은 억압과 빈곤으로 몸과 마음이 구속되어 있었으므로 스스로 문화를 디자인하는 것이 불가능하였다. 그래서 소외된 노동자를 각성시키고 해방하려는 시도들이 여러 가지 사회운동으로 나타났다. 자본주의와는 다른 방식으로 사회체제를 디자인하려는 사상가들이 나타나 사회주의, 공산주의와 같은 정치 실험을 시도하였다.

20세기로 접어들어 산업자본주의 국가들은 세계제국을 건설하기 위해 경쟁적으로 식민지를 확대하였다. 그들이 식민지를 다투는 과정에서 두 차례에 걸친 세계대전이 발생하였다. 이와 함께 자본주의 체제에 반대하는 사회주의 세력에 따라 공산주의 혁명이 추진되었다. 제1차세계대전이 끝난 바로 뒤 러시아에서는 공산주의 혁명이 성공하여 1919년에 역사에서 최초로 공산주의 국가가 출현하였다. 이후 여러 산업자본주의 국가들이 식민지 패권경쟁에 광분하면서 파시즘 정권들이 등장하여 제2차세계대전이 발발하게 되었고, 상상을 뛰어넘는 살육과 파괴를 불러왔다.

제2차세계대전이 끝나자 세계는 미국을 중심으로 한 자본주의 진영과 소련을 중심으로 한 사회주의 진영으로 양분되어 냉전체제에 돌입하였다. 두 진영은 물질적 생활 개선을 발전의 척도로 생각하여 과학기술로 자연을 개발하고 이용하는 것에 온 힘을 쏟았다. 자본주의 진영이 생산과 소비에 대한 개인의 욕망을 부추기며 생산력을 급속히 신장해서 풍요를 누리게 되자, 사회주의 진영이 점점 체제경쟁에서 밀려나게 되었다. 노동자가 대량으로 생산된 상품을 사용하는 소비자로 변모하면서 노동의 착취와 소외에 대한 논쟁이 빛을 잃게 되었다. 그리고 1990년대로 들어서자 동구 사회주의 국가들은 국민들의 민주화에 대한 요구로 붕괴하여 자본주의 진영으로 편입되었다.

동구권의 몰락과 더불어 급속한 세계화가 진행되어 지구촌이 하나의 시장을 형성하자, 상품에 대한 욕망이 적나라하게 모습을 드러내었다. 인간이 시장을 매개로 보이지 않는 손에 이끌려 상품의 형태로 문화를 디자인하게 되자, 욕망충족이 지극히 공격적인 방식으로 이루어졌다. 인간은 소유와 지배에 대한 욕망을 상품을 통해서 충족할 수 있기 때문에 무엇이든지 상품으로 디자인하려고 하였고, 상품의 생산과 소비에 필요한 기술개발을 무엇보다 중요하게 생각하였다. 이 때문에 개인이나 기업 차원에서는 물론이고, 국가 차원에서도 관심과 자원을 집중하였다. 교육과 훈련은 상품을 디자인하는 능력의 개발에 초점이 있었다. 그렇기 때문에 인간은 삶에서 매우 중요한 것일지라도 상품으로 디자인될 수 없는 것들에 대해서는 소홀하였다.

21세기에 들어 인간은 자본주의 문화의 새로운 국면을 맞고 있다. 과학기술의 가속적 발달로 산업사회에서 지식정보사회로 옮아가고 있으며, 세계가 하나의 시장으로 통합되어 상품화의 원리가 삶의 모든 것을 지배하는 양상으로 전개되고 있다. 상품에 대한 욕망을 억압하고 부정하는 장애물들이 제거되면서 소유와 소비를 소망하는 것 자체가 중요한 가치를 지니게 되었다. 인간은 감각의 영역을 벗어나 있는 입자, 유전자, 언어 등을 디자인할 수 있게 되어 신의 영역으로 이해되어 오던 창조적 능력을 유감 없이 발휘할 수 있게 되었다. 이로써 인간이 사물을 디자인하는 능력은 발명가(inventor)의 단계를 넘어서 창조자(creator)의 단계로 접어들게 되었다.

오늘날 인간이 자본주의 방식으로 문화를 디자인하면서 보여주는 특징들을 살펴보면 다음과 같다.

첫째, 인간은 자본주의와 과학기술을 결합하여 상품의 생산과 소비를 가속적으로 확대하고 있다. 인간은 자본에 따른 시장의 확대와 지배 과정에서 발생하는 과잉생산을 해소하기 위해 소비를 미덕처럼 부추기며 강요하고 있다. 노동자가 소비자로서 기능하며 상품을 대량으로 소비하게 되자, 사회주의는 자본주의의 위력에 밀려 소멸하게 되었다. 그러나 인간이 생산과 소비를 확대하는 과정에서 자원고갈, 환경파괴, 생태변화와 같은 문제들이 발생하여 미래의 생존을 예측하기 어려운 상황으로 몰아가고 있다. 과학기술의 발전이 자본 증식에 봉사할 수 있는 부문에 집중되어 자원, 환경, 생태 문제를 해결하는 데는 큰 도움을 주지 못하고 있다.

둘째, 인간은 시장에서 거래되는 상품이라는 형식으로 문화를 디자인하는 것에 관심을 집중하고 있다. 인간은 출생에서 무덤에 이르는 모든 과정을 상품에 의존하게 되자 어떠한 것이든 상품적 가치를 좇아서 이해하려고 한다. 그 결과 인간은 문화를 디자인하는 주체가 아니라 상품을 디자인하는 주체로 축소되었다. 인간은 삶의 전체성을 담고 있는 문화를 상품이라는 특정한 국면으로 이해하여 문화상품이라고 부르고, 상품화될 수 없는 것이나 상품화되어서는 안 되는 것까지 상품화를 시도한다. 그래서 인간은 봉사와 사랑, 동정과 연민 같은 것도 상품처럼 교환하고 소비하려 한다.

셋째, 인간은 시장에서 더 많은 지분을 확대하고자 더욱 치열하게 경쟁하고 있다. 자본의 증식을 위한 생산과 소비의 확대를 부추기는 수단으로 경쟁을 조장하기 때문에 경쟁의 심화를 피할 수 없다. 인간은 '제로섬 게임(zero sum game)'으로 전개되는 '경쟁을 위한 경쟁'에 내몰려 정신을 차리기 어렵다. 개인과 개인, 집단과 집단, 나라와 나라가 무한경쟁을 치르면서 1분 1초를 다투기 때문에 여가와 놀이까지 경쟁을 준비하는 방식으로 이루어진다. 많은 사람들이 여가시간의 대부분을 경쟁적인 프로스포츠나 컴퓨터게임으로 보낸다. 이처럼 인간은 경쟁을 준비하고 경쟁에 참여하는 과정에 극도의 긴장과 스트레스를 받으면서 많은 고통에 시달린다.

넷째, 인간은 시장을 지배하는 능력에 따라 경제적 차별을 확대하고 있다. 인간은 정치적으로 몸과 마음을 자유롭게 만들어 놓은 상태에서 시장을 통해 경제적으로 소유하고 지배하도록 허용하고 있다. 인간은 시장의 자유라는 명분에 바탕하여 경제적인 차별을 합리화하고 있으며, 경제적 능력에 따른 불평등을 당연한 것으로 강제하면서 개인, 집단, 국가의 차원에서 강자와 약자의 차별을 확대하고 있다. 이것을 위해 인간은 공유영역의 자산을 축소하여 사유자산의 영역을 확대하고 있다. 자연자원에 대한 사적 소유는 물론이고, 지식과 기술에 대한 사적 소유도 계속 확대하고 있다.

다섯째, 인간은 무형의 지식, 정보, 기술에 대한 권리를 확대해 나가고 있다. 인간은 물건을 상품화하는 단계를 지나 무형의 지식, 정보, 기술 등을 상품화하는 단계로 나가자, 지적재산권을 인정하게 되었다. 이러한 지적재산권에 기초하여 지식, 정보, 기술 등을 물건처럼 사고 팔 수 있게 되었다. 사람들은 기존의 지식, 정보, 기술을 변형 또는 가공하여 지적재산으로 활용하는 것에 관심을 집중하고 있다. 오늘날 세계가 하나의 시장으로 통합되면서 지적재산권은 더욱 강력한 힘을 발휘하고 있고, 지적재산권이 갖는 경제적 가치가 커지면서 지식기반산업, 지식경제라는 낱말이 생겨나게 되었다. 이에 따라 노동자를 착취하는 자본가가 부자가 되는 것이 아니라 기술적 능력을 계발한 지식인이 부자가 되는 사회가 되자, 부자에 대한 거부감도 줄어들어 누구나 부자가 되려고 줄달음치게 되었다.

자본주의가 확대되는 과정에서 문화를 디자인하는 인간의 모습은 오로지 상품을 디자인하는 모습으로 변모해 왔다. 인간은 상품화의 과정을 통해서 시장을 지배하기 위해 무한경쟁을 벌이고 있다. 사적 동기에 기초하고 있는 시장의 법칙이 모든 것을 지배하면서 개인은 상품의 노예로 변모하여 소비에 대한 갈증으로 아우성이다. 욕망 부풀리기를 통해서 상품에 대한 갈증이 심화될수록 소비에 대한 아우성은 더욱 커진다. 그 결과 시장에 참여할 수 없는 인간은 더 이상 인간으로 대접받지 못하는 극도의 야만성을 드러내고 있다. 생산과 소비와 무관한 관계 맺음은 주체의 소멸을 강요당하기 때문에 사랑이나 연민이 독자적인 가치를 지니기 어렵다. 인간이 자유로운 몸과 마음으로 문화를 디자인하는 주체로서 서기 위해서는 경제에 끌려가는 정치를 독자적 영역으로 부활해서 '디자인하는 인간'의 실현에 필요한 제도적 장치들을 뒷받침할 수 있도록 해야한다.

제4장
본보기와 욕망 충족, 그리고 문장놀이

1. 욕망이라는 화두

자본주의 문화는 상품의 생산과 소비에 대한 '욕망 부풀리기'를 동력으로 삼고 있다. 기업과 국가는 상품의 생산과 소비에 대한 욕망을 부풀려 물질과 기술의 결합으로 그것을 충족해 나가면서 인간에게 자본주의적 발전과 풍요에 대한 신화를 심어왔다. 그 결과 인간은 삶에서 나오는 모든 결핍을 상품의 생산과 소비로 해소하려는 물신숭배에 빠지게 되었고, 그 때문에 더욱더 상품의 생산과 소비에 매달리게 되었다.

오늘날 인간은 상품의 생산과 소비에 탐닉하여 유례없는 풍요를 누리면서도 끊임없이 새로운 결핍과 갈증으로 고통받는 동시에 생산과 소비의 결과로 나타나는 다양한 파괴들—즉 생태교란, 환경오염, 자원고갈 등—을 목격하면서 미래의 생존에 대한 희망조차 갖기 어려운 비극적 상황에 놓여 있다. 인간이 부풀려진 욕망을 더 이상 감당할 수 없을 때, 발전과 풍요의 신화가 무너지면서 문명은 돌이킬 수 없는 파국을 맞게 될 것이다.

21세기를 맞아 인간에게 주어진 가장 큰 화두는 단연 끝없이 뻗어나가는 욕망이다. 인류가 최소한의 생존이라도 담보할 수 있기 위해서는 욕망을 이해하고 주체할 수 있어야 한다. 그러나 유독 욕망에 대한 이해는 아직도 부진한 상태를 면치 못하고 있다. 자본주의 사회도 전통사회와 마찬가지로 욕망을 있는 그대로 바라보는 것에 대해서 두터운 장벽을 설정하고 있다. 상품에 대한 욕망 부풀리기만 허용하기 때문에 욕망을 있는 그대로 바라볼 수 있는 여지는 아주 제한되어 있다. 따라서 욕망의 속내를 꿰뚫기 위해서는 자본주의적 욕망 부풀리기가 쳐놓은 교묘한 덫을 피해갈 수 있는 지혜가 필요하다.

2. 욕망의 두 형태

우리는 흔히 인간과 짐승, 문화와 자연, 문명과 야만 등을 구분하여 인간과 문화와 문명을 같은 것으로 보고, 짐승과 자연과 야만을 같은 것으로 본다. 이것은 우리가 인간을 '문화에 대한 욕망을 형성하고 실현하는 문명의 주체'로 이해하기 때문이다. 인간이 인간답게 되기 위해서는 문화를 바탕으로 문명생활을 할 수 있어야 한다. 그렇지 않으면 인간답지 못한 인간으로 다루어져 짐승과 같은 부류가 되어 버린다.

다른 동물과는 다르게 인간이 문화에 대한 욕망을 형성하고 실현하는 문명의 주체로서 살아가는 것은 전체와 개체의 차원에서 설정된 두 개의 욕망에 바탕을 두고 있다. 즉 인간은 특정한 문화 단위를 구성하고 있는 전체 집단이 '문화적 이상(cultural ideal)'으로 설정해 놓은 큰 욕망 속에서, 낱낱의 개체들이 '개인적 취향(individual inclination)'으로 형성해 놓은 작은 욕망을 바탕으로 삶을 꾸려간다.

문화적 이상으로 설정된 큰 욕망은 특정한 문화 단위를 형성하고 있는 전체 집단에 의해 당위로 규정되어 존재한다. 전체 집단은 세계, 인간, 몸, 마음, 주체, 필요 등에 대한 전제들을 바탕으로 세계관을 마련하고 문화적 이상을 당위로서 규정해 나간다. 문화적 이상은 공공(公共)의 세계로서 개체 밖에 독자적으로 존재한다. 규범, 관습, 법률 등은 문화적 이상을 규정하고 관리하는 장치들이다. 그리고 문화 단위는 문화적 이상을 바탕하여 다양한 욕망들을 향락, 절제, 금욕, 금기의 대상으로 규정하고 관리한다. 이렇게 해서 개인적 취향의 차이에서 발생할 수 있는 욕망의 충돌과 갈등을 줄여 나갈 수 있다.

개인적 취향으로 설정된 작은 욕망은 개체의 마음속에 형성되어 존재한다. 개인은 문화적 이상에 개체의 요구를 반영하여 개인적 취향을 형성해 나간다. 개인적 취향은 필요와 여건에 따라 달라질 수 있기 때문에 문화적 이상과 일치하지 않는 부분이 생겨나고, 그렇기 때문에 다양한 개인차가 발생한다. 이와 더불어 문화집단은 개인적 취향을 자유롭게 추구할 수 있는 사적 영역을 설정하여 그렇지 않은 공적 영역과 구분한다. 그런데 문화집단에 따라 사적 영역을 설정하는 정도는 크게 다르다. 어떤 문화집단은 사적 영역을 부정적으로 보아 가능하면 제한하려고 노력하는 반면에, 어떤 문화집단은 사적 영역을 긍정적으로 보아 가능하면 확대하려고 노력한다. 이처럼 사적 영역에 대한 차이는 집단주의와 개인주의를 구분하는 근거가 된다.

인간은 문화적 이상으로 설정된 큰 욕망을 일반적으로 '본보기'라고 부른다. 이 때문에 개인이 문화적 이상을 배우는 것을 '본을 받는다'고 말하고, 문화적 이상을 실천하는 것을 '본을 보인다'고 말한다. 본을 배우고 실천하는 정도에 따라 '모범적인 사람', '평범한 사람', '불량한 사람'으로 구분된다. 그러나 인간은 단순히 기존의 본보기를 따르는 것에 만족하지 못하고, 더욱 바람직한 새로운 본보기를 수립하려고 한다. 이러한 사람들은 새로운 본보기로 문화의 물줄기를 바꾸려 한다. 이들이 기존의 본보기에 집착하는 사람들의 저항을 이겨내고 새로운 본보기를 만들고 실천하는 과정에 역사의 전환이 이루어진다.

문화적 이상이나 개인적 취향은 모두 '인간에 의해 형성된[de+signed by man]' 욕망으로 존재한다. 단지 형성의 주체로서 전체와 개체의 차이가 있을 뿐이다. 그러나 근대 이전에는 문화적 이상을 인간에 의해 형성된 것으로 이해하기보다는 본질에 의해 존재하는 것으로 이해하려는 경향이 강했고, 문화적 이상을 천리(天理), 신성(神聖), 진리(眞理), 이성(理性) 등을 바탕으로 규정된 절대적인 기준으로 설명하였다. 그리고 문화적 이상에 절대성을 부여하여 삶을 보편적 기반 위에 올려놓음으로써 개인적 취향들 사이에서 발생할 수 있는 충돌과 갈등을 축소하여 문화적 통일성을 확대하려 하였다. 이런 까닭에 근대 이전에는 문화적 이상을 욕망의 차원으로 분석하거나 비판하는 것을 좀처럼 허용하지 않았다. 특히 금기의 대상으로 설정된 욕망에 대해서는 어떠한 분석이나 비판조차 용납하지 않았다.

일반적으로 종교는 문화적 이상에 절대성을 부여하는 형이상학적 기초를 제공해 왔다. 종교는 문화적 이상을 떠받치는 지주로서 세계관의 핵심을 이루고 있다. 인류가 줄곧 종교와 더불어 살아온 것도 이러한 이유 때문이다. 종교는 특정한 욕망에 대해 강력한 금기를 설정하여 욕망 부풀리기를 근원적으로 차단해서 문화의 통제와 통합을 쉽게 만든다. 인간은 일찍부터 종교를 통해서 욕망을 관리하는 방식으로 씨족, 민족, 국가 등을 초월하는 대단위 문화통합을 이룩해 왔다. 그러나 서로 다른 종교가 만나는 경우에는 절대적 성격을 갖는 두 개의 문화적 이상이 부딪치게 되어 극단적 불신과 반목을 낳는 원인이 되기도 하였다.

인간은 근대로 접어들어 중세와는 다른 방식으로 욕망을 이해하기 시작하였다. 자본주의의 바탕인 개인주의 문화의 발달과 더불어 개인의 이기성을 인간의 본질로 받아들이게 되었다. 그들은 개인적 취향을 개체에 따라 형성된 욕망으로 보듯이, 문화적 이상을 집단에 따라 형성된 욕망으로 보았다. 그들은 문화적 이상을 위협하지 않는 한, 개인적 취향을 최대한 허용하여 행복을 더욱 확대할 수 있다고 보았다. 이로써 자본주의는 개인적 취향을 바탕으로 상품의 생산과 소비에 대한 욕망 부풀리기를 본격화해 나갈 수 있었다. 또 자연과학의 발달과 더불어 욕망을 과학적 방식으로 설명하려고 시도하여 심리학, 유전학, 신경생리학 등을 중심으로 욕망에 대한 과학적 설명이 이루어졌다. 그 결과 욕망에 뒤따른 전통적 금기들이 하나 둘 완화되면서 욕망에 대한 논의가 활성화하자 정치, 경제, 심리, 종교, 의학, 윤리와 같은 다양한 학문 분야들에서 갖가지 이론과 주장들이 쏟아져 나왔다.

인간은 욕망 충족의 과정에서 기쁨과 고통을 느낀다. 인간은 기쁨을 늘리고 고통을 줄이기 위해 더욱 효과적으로 욕망을 충족하려 한다. 그러나 인간에게 욕망 충족의 과정은 기쁨보다 오히려 고통으로 다가오는 일이 많다. 왜냐하면 성격을 달리하는 다양한 욕망들이 충돌하여 갈등과 다툼을 빚어내기 때문이다. 문화적 이상으로서 큰 욕망과 개인적 취향으로서 작은 욕망이 어울려 형형색색의 욕망들을 만들어 내면서, 인간을 고통스런 다툼과 분쟁으로 이끄는 일들이 계속해서 발생한다. 욕망 충돌이 일어나는 방식을 유형별로 구분하여 설명해 보면 다음과 같다.

첫째, 민족, 국가, 문명권과 같은 독자적인 문화단위들이 만나는 경우, 각기 설정해 놓은 문화적 이상이 다르기 때문에 마찰과 갈등이 빚어질 수 있다. 개별 문화단위는 문화적 이상에 진리나 정의에 근거한 절대적 권위를 부여하기 때문에 문화단위 사이에서 빚어지는 마찰과 갈등은 하나의 절대적인 것과 또 다른 하나의 절대적인 것 사이의 다툼으로 펼쳐진다. 그 결과 다툼을 조정할 수 있는 장치가 존재하기 어렵기 때문에 다툼의 해결은 대부분 힘의 우열에 의존한다. 다툼이 문화단위 사이의 정체성 싸움으로 비화되면 전쟁과 같은 극단적 충돌을 낳는다.

둘째, 독자적인 문화단위 안에서 개인이나 집단이 각기 지향하는 문화적 이상의 차이로 마찰과 갈등이 빚어질 수 있다. 개인이나 집단이 더욱 바람직한 문화적 이상이 어떤 것인지를 놓고 견해를 달리하며 옳고 그름을 따지는 과정에서 마찰과 갈등이 빚어진다. 체제의 정당성에 대한 옳고 그름부터 사소한 규범의 정당성에 대한 옳고 그름에 이르는 광범위한 영역까지 어디서든 다툼이 벌어질 수 있다. 다툼이 기존의 질서를 인정한 상태에서 벌어지면 공적인 조정이 가능할 수 있지만, 그렇지 않으면 어렵거나 불가능하다. 기존의 질서를 부정한 상태에서 체제의 정당성에 대한 시비가 벌어지면 정체성의 혼란과 함께 내분을 불러온다.

셋째, 독자적인 문화단위 안에서 개인이나 집단이 문화적 이상을 벗어나는 개인적 취향을 추구하면서 마찰과 갈등이 빚어질 수 있다. 개인적 취향이 문화적 이상의 신성한 권위에 도전하게 되어 공적 영역과 사적 영역 사이에 마찰과 갈등이 빚어진다. 규범, 법률, 관습 등의 다양한 차원에서 문화적 이상과 개인적 취향이 충돌하여 크고 작은 다툼이 발생할 수 있다. 그 다툼으로 공적 영역에 중대한 피해가 우려되는 경우에는 문화적 이상을 수호하는 제도화한 권력, 즉 법에 기초한 공권력이 개인적 취향을 물리적으로 통제하는 방식으로 문제를 해결한다.

넷째, 독자적인 문화단위 안에서 개인들 사이에 개인적 취향의 차이로 마찰과 갈등이 빚어질 수 있다. 사적 영역에서 개인들이 개인적 취향을 추구하는 과정에 관심이나 이해의 충돌로 마찰과 갈등을 빚는다. 사적 영역에 공적 영역이 끼여드는 것을 꺼려하기 때문에 다툼의 해결은 먼저 당사자들의 의사에 맡겨진다. 그런데 다툼이 개인들의 정체성 싸움으로 비화하면, 폭력이나 살상과 같은 극단적 충돌을 낳을 수도 있다. 이렇게 되면 문화적 이상에 대한 중대한 위협으로 간주되면서 공권력이 끼여들어 물리적으로 문제를 해결한다.

이와 같이 욕망은 충돌과 다툼의 원인이 되어 왔기 때문에 인간은 일찍부터 욕망 충족에서 비롯하는 문제들을 효과적으로 해결하여 평화와 안정에 이르고자 갈망해 왔으며, 그 결과 종교, 정치, 경제, 교육 제도 등을 개발하여 욕망 충족을 평화롭고 안정된 방식으로 이룩하고자 노력해 왔다. 그럼에도 평화와 안정에 대한 염원은 희망사항에 그치는 경우가 많았다. 특히 오늘날처럼 개인이나 집단의 욕망을 이해하는 방식이 매우 다양한 경우에는 욕망 충족의 문제가 더욱 복잡하게 얽혀 있어 평화와 안정을 찾기란 더욱 어렵다. 인류가 일찍이 맛보지 못한 풍요를 누리고 있으면서도, 계속 '무한경쟁'을 소리 높여 외치는 것은 아직도 평화와 안정이 저 멀리 있음을 뜻한다.

오늘날 인간이 욕망을 바라보는 관점에는 전통적 방식 근대적 방식, 탈근대적 방식이 공존하고 있다. 또한 인간이 욕망을 근대적 방식으로 바라보는 경우에도, 사회체제의 성격에 따라 욕망을 형성하고 실현하는 방식이 매우 다르다. 자유주의 이념을 신봉하는 곳에서는 개인적 취향으로서 작은 욕망을 강조하는 반면에, 사회주의 이념을 신봉하는 곳에서는 문화적 이상으로서 큰 욕망을 강조한다. 이와 더불어 인간은 욕망의 근거를 본능, 성욕, 권력, 자아, 이기심, 이타심 등으로 달리 설명한다. 이 때문에 욕망에 대한 갖가지 이론과 주장들이 난무하면서 욕망의 개인화를 부추겨왔다. '나'의 욕망과 '너'의 욕망이 소통하기 어려우면 어려울수록, 인간은 욕망의 무정부주의로 빠져든다.

3. 욕망의 근거

욕망의 근거는 인간의 몸과 마음이다. 몸과 마음이 존재하지 않는다면 욕망이 생겨나고 사라지는 일도 없을 것이다. 그런데 인간의 몸과 마음에서 몸은 구체적 감각의 대상으로 존재하는 물질적 측면을, 마음은 느낌과 이해의 주체로 존재하는 정신적 측면을 가리킨다. 몸은 물질로 드러나기 때문에 밖에서 쳐다보고 만져볼 수 있지만, 마음은 정신으로 담겨져 있기 때문에 안에서 느끼고 이해할 수 있을 뿐이다.

인간은 몸이라는 차원에서 다른 생명체와 큰 차이가 없지만, 마음의 차원에서는 큰 차이가 있다. 인간의 마음은 관계를 느끼고, 이해하고, 소통하고, 실행하는 능력에서 다른 생명체에 비교할 수 없는 탁월성을 갖고 있다. 인간이 이룩한 문화는 곧 마음의 탁월성에 바탕하고 있다. 이런 까닭에 인간의 마음에서 볼 수 있는 '영명(靈明)한 능력' 또는 '허령(虛靈)한 능력'에 기초하여 인간을 '만물의 영장(靈長)'으로 불러왔다.

인간은 일찍부터 사람의 마음에서 볼 수 있는 특별한 능력을 설명하려고 노력해 왔다. 그런데 근대 이전에는 인간은 보통 마음의 특별한 능력을 초월적 근거에서 주어진 것으로 설명해 왔다. 기독교의 영혼(靈魂), 유교의 명덕(明德) 등은 마음의 특별한 능력을 창조주나 상제와 같은 초월적 존재에 근거하고 있는 것으로 설명하고 있다. 그들은 마음이 초월적 근거를 갖기 때문에 인간이 마음으로 초월성을 발휘할 수 있다고 보았다. 이런 까닭에 그들은 초월성을 발휘하는 마음을 물질에 묶여 있는 몸보다 우월한 지위에 있다고 이해하는 경향이 강했다.

인간은 근대로 접어들어 자연과학의 발달과 더불어 마음을 몸의 일부인 신경체계로 설명하기 시작하였다. 인간은 진화의 과정을 통해서 물질로 이루어진 몸에서 신경체계가 분화되어 나와, 몸과 구분되는 마음을 형성한다고 보았다. 인간에게서 볼 수 있는 고등정신은 신경체계가 고도화해 나타나는 특별한 능력으로 보았다. 이렇게 되자 기존에 일반적으로 이해하던 몸과 마음의 구조로서는 인간과 지렁이, 인간과 나비, 인간과 개 등에서 볼 수 있는 공통점과 차이점을 명확하게 설명하기 어렵게 되었다. 따라서 인간에서 볼 수 있는 신경체계와 지렁이, 나비, 개 등에서 볼 수 있는 신경체계를 구분해서 설명할 수 있는 더욱 세분화된 분류 개념이 필요하다.

생명체는 대사를 담당하는 몸에서 감각, 지각, 생각과 같은 능력이 진화되어 나오면서 종을 다양하게 만들어왔다. 이에 따라 생명체의 몸과 마음을 분화의 단계를 좇아서 구분하자면 대사하는 몸, 감각하는 몸, 지각하는 마음, 생각하는 마음으로 나눌 수 있다. 이렇게 볼 때, 생명체 가운데 단순히 대사하는 몸만으로 존재하는 것, 대사하는 몸에서 감각하는 몸이 분화되어 대사·감각하는 몸으로 존재하는 것, 감각하는 몸에서 지각하는 마음이 분화되어 대사·감각하는 몸과 지각하는 마음으로 존재하는 것, 지각하는 마음에서 생각하는 마음이 분화되어 대사·감각하는 몸과 지각·생각하는 마음으로 존재하는 것이 있다. 인간은 바로 대사·

감각하는 몸과 지각·생각하는 마음을 모두 갖고 있는 유일한 존재이다.

우리가 감각하는 몸과 지각하는 마음을 구분하는 것은 몸과 마음을 이해하는 데 매우 중요하다. 감각하는 몸은 사태에 수동적으로 반응하는 반면에 지각하는 마음은 사태에 능동적으로 대응한다. 예를 들면 지렁이는 감각하는 몸을 갖고 있지만 지각하는 마음을 갖고 있지 않기 때문에 외부에서 주어지는 자극에 수동적으로 반응할 뿐이다. 사람들이 흔히 '지렁이도 밟으면 꿈틀거린다'고 말하는 것은, 지렁이는 사태를 이해할 수 있는 마음을 갖고 있지 않기 때문에 '반드시 사람이 몸을 밟아야만 몸으로 반응한다'는 뜻을 담고 있다. 반면에 개는 지각하는 마음을 갖고 있기 때문에 외부에서 주어지는 자극을 바탕으로 사태를 정밀하게 인지하여 능동적으로 대응한다. 인간이 개와 친밀한 관계를 맺을 수 있는 것은 개가 사태를 인지하고 대응할 수 있는 뛰어난 지각능력을 갖고 있기 때문이다.

한편 우리가 지각하는 마음과 생각하는 마음을 구분하는 것은 인간의 마음을 이해하는 데 매우 중요하다. 지상에 존재하는 수많은 생명체 가운데 오직 인간만이 지각하는 마음과 생각하는 마음을 아울러 갖고 있기 때문이다. 이런 까닭에 인간은 일찍부터 지각하는 마음과 생각하는 마음으로 구분하여, 생각하는 마음에 독자적 근거를 부여하는 일이 많았다. 인간은 생각하는 마음 가운데서 지혜의 원천으로 여겨지는 것을 특별히 구분하여 영혼(靈魂), 성령(聖靈), 명덕(明德), 사단(四端), 반야(般若), 도심(道心), 이성(理性), 오성(悟性) 등으로 불러왔다.

근대로 접어들어 인간은 기존의 인문학적 방법에서 더 나아가 자연과학적 방법으로 마음을 설명하기 시작하였다. 그런데 인간이 자연과학적 방법을 좇아서 마음을 물질대사에 기초하고 있는 신경체계로 설명하자, 생각하는 마음에 근거하여 전개되는 정신활동의 독자성을 설명하기 어렵게 되었다. 신경생물학은 마음을 신경섬유, 신경물질, 전기자극 등으로 설명하고, 심리학은 조건, 자극, 인지, 반응 등으로 설명하는 까닭에 생각하는 마음에서 볼 수 있는 초월성과 창조성을 제대로 다루지 못하고 있다. 이로써 마음에 대한 이해는 정신활동을 중시하는 인문학적 이해와 물질관계를 중시하는 자연과학적 이해가 서로 충돌하면서 혼란이 가중되고 있다.

인간의 마음은 느끼고, 이해하고, 소통하고, 실행하는 능력을 갖고 있다. 그런데 지각하는 마음과 생각하는 마음은 이러한 능력에 큰 차이가 있다. 우리가 두 마음을 명확하게 구분하여 설명할 수 있을 때, 개와 인간의 마음이 어떤 점에서 같고 다른지 분명하게 이해할 수 있을 것이다.

지각하는 마음은 시각, 청각, 촉각, 미각, 후각 등을 통해서 얻은 감각 자료들을 바탕으로 구체적 기호들(concrete signs)[1]을 조합하여 사태를 느끼고, 이해하고, 소통하고, 실행한다. 지각하는 마음이 사태를 느끼고 이해하고 실행하는 것은 개체 차원에서 이루어지고, 사태에 관한 정보를 소통하는 것은 집단 차원에서 이루어진다. 그런데 지각하는 마음은 개체 단위로 수용한 감각적 자료에 근거하여 느끼고, 이해하고, 실행하는 까닭에 집단 차원에서 정보를 소통하는 것은 매우 제한되어 있다. 이것은 지각의 세계가 구체성을 지닌 이미지의 덩어리로 구성되어 있어 전체를 부분으로 나누어 구성적 방식으로 소통하는 것이 어렵거나 불가능하기 때문이다. 그 결과 개체가 스스로 느끼고 이해하는 것은 선명하게 이루어지지만, 상대와 소통하고 나누기는 매우 어렵다. 예를 들면 인간의 경우에도 생각하는 마음을 빌리지 않으면 지각하는 마음으로 느끼고 이해한 내용을 다른 사람에게 전달하는 일이 매우 어렵다. 이러한 까닭에 어떤 사람이 백두산에 올라 천지의 아름다움을 생생하게 느끼고 이해한 경우에도, 생각이라는 수단을 빌리지 않으면 그것을 전혀 소통할 수 없다.

---

1) 여기서 구체적 기호는 개나 돼지가 지각작용으로 사물을 구분하여 느끼고 이해하는 인지 도식이라고 말할 수 있다. 그들은 인지 도식을 조합하여 사물을 지각한다. 그런데 구체적 기호는 구체적 사물과 인지 도식이 결합하여 하나의 기호로서 역할하기 때문에 구체적 사물과 분리될 수 없다.

지각하는 마음으로 느끼고 이해한 내용을 소통하는 것은 사태에서 얻은 '구체적 기호(concrete sign)'를 소통에 필요한 개별적 신호(signal)로 전환하여 이루어진다. 구체적 기호와 사태가 분리될 수 없는 까닭에 개별적 신호는 사태를 전체적으로 전달한다. 예를 들면 오랑우탄은 위험한 사태, 즐거운 사태, 먹이를 발견한 사태 등과 같은 것을 울음소리를 신호로 사용하여 소통한다. 그들은 사태를 표현하는 신호들을 연결하여 신호놀이도 할 수 있다. 그러나 신호는 사태의 전체적 성격만을 거칠게 나타내기 때문에 사태의 세세한 부분에 대해서는 소통이 불가능하다. 또한 그들은 사태의 전체적 성격을 가리키는 신호도 몇 종류밖에 갖고 있지 않기 때문에 신호놀이의 내용도 아주 소략(疏略)하다. 이런 까닭에 지각의 세계에 머물고 있는 동물들은 복잡한 소통과 축적이 필요한 문화의 단계로 나아가지 못한다.

고등동물은 고도로 발달된 지각하는 마음을 갖고 있다. 그들은 거리, 깊이, 시간, 소리, 냄새, 맛 등을 분석하고 종합하여 정밀한 지각의 세계를 구성하여 살아간다. 한 예로 개는 시각, 청각, 후각, 미각, 촉각 등을 바탕으로 거리, 깊이, 시간, 소리, 냄새, 맛 등을 종합적으로 처리하여 사태를 정확하게 이해하고 민감하게 반응한다. 개는 사태와 연관한 감각적 경험자료를 기억하고 재구성하는 방식으로 정밀한 지각의 세계를 구축하여 오래 전에 생긴 일도 기억하고, 멀리 떨어진 곳도 찾아갈 수 있다.

지각의 세계에서 대상과 관계를 맺는 것은 쾌감의 유발을 좋아하고, 고통의 유발을 싫어하는 방식으로 이루어진다. 즉 좋아하는 것은 수용하고, 싫어하는 것은 회피하는 방식으로 관계를 맺는다. 이처럼 지각의 세계는 쾌감과 고통을 유발하는 구체적 감각과 연결되어 있기 때문에 모든 관계를 생생하고 자명한 것으로 드러낸다. 지각의 세계는 모든 것이 선명하여 의심할 수 없는 세계이다.

생각하는 마음은 사회적으로 약속된 '상징적 기호들(symbolic signs)'을 사용하여 지각하는 마음에서 얻어진 이미지의 덩어리를 부분으로 쪼개고, 그것들을 개별적 단위로 삼아 갖가지 문장들(sentences)[2]을 구성하여 관계를 느끼고, 이해하고, 소통하고, 실천한다. 인간은 이것을 위해서 장기간의 학습과 교류를 통해 수천, 수만의 상징적 기호들을 소통 수단으로 축적해 왔다. 그리고 생각하는 마음은 인간이 지각한 내용을 원활히 주고받고자 개발한 수단이기 때문에 소통을 본질로 한다. 그래서 생각하는 마음은 느끼고 이해하고 실행한 내용들을 대부분 소통할 수 있다. 인간이 지각한 내용을 소통하지 못하는 경우는 생각하는 마음이 미치지 못하기 때문이다. 인간은 생각이 미치기만 한다면 무엇이든 소통할 수 있다. 이런 까닭에 인간은 더욱 효과적으로 소통하고자 대상을 더욱더 깊이 있게 느끼고 묘사하고, 분석하고 종합하려고 애쓴다.

인간이 생각하는 마음에 근거하여 수천, 수만의 상징적 기호들을 조합하여 수많은 문장을 만들어 복잡한 의미를 구성하고 소통하는 것을 문장놀이[3]라고 부를 수 있다. 인간은 문장놀이에 기초하여 문화와 문명의 세계, 즉 문장으로 자연을 인간의 삶 속에 끌어들이는 '인문(人文)', 자연에 문장을 담아서 삶으로 펼쳐나가는 '문물(文物)', 문장으로 삶을 수식하는 '문예(文藝)' 등으로 나아갈 수 있게 되었다. 자연의 일부로 태어난 인간이 문장놀이로써 신호놀이에 내포된 구체성의 한계를 극복하면서, 다른 동물과는 구분되는 문화와 문명의 주인으로 자리하게 되었다.

---

2) 우리말에서 문장은 소리로 이루어진 말과 문자로 이루어진 글을 포괄한다. 이러한 것은 우리가 기본적으로 語法과 語句에 해당하는 grammar와 sentence를 문법과 문장으로 번역해서 일어나게 되었다. 우리가 '文法에서 文章을 다룬다'고 말할 때, 문법과 문장은 어법과 어구를 가리키다. 이런 까닭에 중국에서는 글과 말을 文과 語로 구분하여 '語法에서 語句를 다룬다'고 말한다. 하지만 말과 글의 관계를 생각해 본다면 소리로 이루어진 말과 문자로 이루어진 글을 모두 문장으로 포괄하는 것이 더욱 타당할 수 있다. 말과 글을 포괄하여 '語文'이나 '말글'이라는 낱말을 사용하는 것도 이 때문이다.

3) 비트겐슈타인이 언어놀이로 말한 것을 여기서 문장놀이라고 말하는 것은, 오늘날 학자들이 언어의 개념을 꿀벌이나 돌고래의 신호까지 확장하여 언어놀이와 문장놀이가 확연히 구분되기 때문이다. 우리가 언어놀이를 지각하는 마음에 기초한 신호놀이와 생각하는 마음에 기초한 문장놀이로 구분할 때, 생각하는 마음과 문장놀이의 특징을 한층 분명하게 이해할 수 있다.

인간이 문장놀이로 의미를 소통하게 되면 '이것'과 '저것'이 절대적 의존관계에 놓인 삶을 살아가게 된다. 문장 속에서 이것과 저것은 '이것이 있으면 반드시 저것이 있어야 하고', '이것이 없으면 반드시 저것도 없어야' 의미를 가질 수 있다. 한가지 예로 '남자'라는 낱말이 의미를 갖기 위해서는 반드시 '남자'가 아닌 '여자'가 존재해야 하기 때문에, '남자'와 '여자'는 절대적 의존관계에 있다. 그래서 인간은 이것은 현존하고 저것은 현존하지 않는 상황일지라도, 이것으로 전제된 저것의 비현존을 이것의 현존과 똑같이 받아들여야 한다. 즉 인간은 '살아 있음'만을 현존으로 받아들이는 경우에도, '살아 있음'의 의미가 '죽어 있음'이라는 비현존에 의해서 채워지기 때문에, '죽어 있음'의 비현존을 '살아 있음'의 현존과 똑같이 받아들여야 한다. 이로써 인간은 삶을 죽음이라는 비현존을 통해서 바라보고, 죽음을 삶이라는 현존을 통해서 바라보게 된다. 그 결과 천주(天主), 상제(上帝), 여래(如來), 태극(太極) 등과 같이 현존하지 않는 것이 자연, 생명, 인간 등과 같은 현존하는 것들의 기초를 이루는 일들이 생겨나게 된다.

인간은 문장놀이 속에서 모든 것이 절대적 의존관계에 놓이는 까닭에 시비, 진위, 선악, 미추 등으로 구성된 가치의 세계를 살아간다. '이것은 옳다'라는 문장은 '이것이 아닌 어떤 것은 그르다'라는 문장을 전제하고 있기 때문에 시(是)와 비(非)의 관계는 필연적이다. 또한 '이것은 참이다'라는 문장은 '이것이 아닌 어떤 것은 거짓이다'라는 문장을 전제하고 있기 때문에 진(眞)과 위(僞)의 관계는 필연적이다. 선악, 미추 등도 마찬가지이다. 그 결과 시비, 진위, 선악, 미추와 같은 가치의 세계가 인간의 삶 속에 본질 또는 본성으로서 자리하게 된다. 그렇기 때문에 인간이 오직 착한 것만 의식하며 살아가기를 원할지라도, 그러한 생각으로 도리어 착하지 않는 것을 더욱 의식해야 하는 상황에 빠진다. 착하게 살기 위해서는 악한 것을 더욱 의식해야 하는 역설이 성립하게 된다.

4. 욕구와 욕망

인간은 지각하는 마음과 생각하는 마음을 모두 갖고 있는데, 그 두 마음을 구분하지 않아서 마음, 언어, 기호, 상징, 욕구, 욕망 등을 이해하는데 많은 혼란을 가져왔다. 한 가지 예를 들어보면, 인간은 지각하는 마음으로 하는 신호놀이와 생각하는 마음으로 하는 문장놀이를 모두 언어놀이로 부르게 되자, 언어의 개념에 혼란을 불러왔다. 지각을 통한 신호놀이를 언어로 보고 꿀벌이나 돌고래도 언어를 갖고 있다고 주장하게 되자, 생각하는 존재인 인간에게서 볼 수 있는 문장놀이의 성격이 모호해졌다. 그러자 언어와 연관되어 있는 기호, 상징, 초월, 창조 등에 대한 논의도 갈피를 잡기 어렵게 되었다. 이것은 마치 모든 생물이 유전자를 갖고 있으므로 식물과 동물을 구분하지 않고, 오로지 생물이라고 가리켜 이해에 혼선을 빚는 것과 같다.

인간이 지각하는 마음을 바탕으로 대상과 관계를 맺으려는 것을 욕구라고 말할 수 있다. 즉 욕구란 지각하는 마음이 사태에 대한 느낌과 이해를 바탕으로, 감각하는 몸에서 발생하는 요구를 특정한 관계 맺음을 거쳐 해소하려는 것을 말한다. 이때 감각하는 몸에서 발생하는 요구가 욕(欲)에 해당하고, 특정한 관계 맺음을 통한 해소가 구(求)에 해당한다. 예를 들면 어떤 사람이 갑자기 괴상한 소리를 들으면, 곧바로 몸을 움츠리면서 소리가 들리는 쪽으로 고개를 돌려 원인을 살피는 동시에 피할 곳을 찾는다. 그는 생각하는 마음이 끼여들기 이전에 지각하는 마음에 기초하여 사태에 대응하는 자세를 갖춘다. 그가 생각하는 마음을 통해 사태를 문장으로 규정하는 것은 그 다음 일이다.

욕구는 감각에 바탕한 지각작용에서 생겨나기 때문에 생생하고 자명한 것으로 받아들여진다. 시각, 청각, 미각, 후각, 촉각을 통해서 일어난 욕구는 의심할 수 없이 생생하고 자명한 까닭에, 인간의 욕구 충족 또한 생생하고 자명한 방식으로 이루어진다. 즉 인간은 감각적 요구를 일으킨 원인들을 직접 제거하는 방법으로 욕구를 충족한다. 그렇기 때문에 인간이 영아처럼 지각의 단계에 머물러 있는 한, '이것에 대한 욕구'를 '저것에 대한 욕구'로 대체하는 것이 불가능하다.

인간은 감각하는 몸으로 자명한 욕구를 해소하는 과정에서 생생한 기쁨을 맛본다. 그런데 욕구는 생생하고 자명한 만큼 소통이 어려워서 나누고 공유하는 것이 아주 제한되어 있다. 예를 들면 개는 지각작용으로 자신을 둘러싸고 있는 사태를 정밀하게 느끼고 이해하지만 욕구의 극히 일부만을 신호놀이의 형태로 소통할 수 있을 뿐이다. 그러나 개는 자유롭게 소통할 수 있는 생각하는 마음을 갖고 있지 않기 때문에 신호놀이라는 아주 제한적인 소통방식을 답답하게 느끼지 않는다.

인간이 생각하는 마음을 바탕으로 대상과 관계를 맺으려는 것을 욕망이라고 말할 수 있다. 즉 욕망이란, 생각하는 마음이 사태와 연관하여 발생한 욕구를 문장의 형식으로 규정하여 충족하려는 것을 말한다. 욕망이 문장의 형태로 모습을 드러냄에 따라, 인간은 자연상태를 벗어나 문화의 상태로 나아가게 된다. 이때 생각하는 마음으로 욕구를 문장의 형식으로 규정하는 것이 욕(慾)에 해당하고, 특정한 관계 맺음을 통해서 충족을 소망하는 것이 망(望)에 해당한다. [이런 까닭에 慾望의 慾은 欲求의 欲과 달리 바라봄의 주체인 心이 붙어 있다.] 이처럼 욕망은 욕구와 달리 현존하지 않는 것에도 미칠 수 있기 때문에 직접적인 구(求)가 아니라 충족을 바라보는 망(望)에 머문다. 예를 들면 식사 뒤에 상당한 시간이 흐르면 혈액 속에 포도당의 수치가 떨어지고, 위에서 위산이 분비되기 시작하면 지각하는 마음을 통해 음식에 대한 욕구가 발생한다. 이러한 욕구를 바탕으로 인간은 생각하는 마음을 통해 '나는 밥을 먹고 싶다'와 같은 형식으로 욕망을 드러낸다.

'나는 밥을 먹고 싶다'는 문장을 구성하고 있는 '나'와 '밥'과 '먹고 싶다'는 것은 문장놀이를 공유하는 '우리'라는 집단에 근거하여 의미를 갖는다. 이것으로 '내'가 느끼고, 이해하고, 소통하고, 실행하는 모든 욕망은 '우리'라는 집단에 근거하여 설정된 '나의 소망'이라는 의미를 담고 있다. 이런 까닭에 '내'가 '나는 밥을 먹고 싶다'는 욕망을 실현하기 위해서는 '나'와 '밥'과 '먹고 싶다'의 의미가 제대로 충족될 수 있어야 한다. 즉 '내'가 아무리 배가 고파도 개 밥그릇에 담긴 밥을 먹지 않는 것은 '우리'에 바탕하고 있는 '나'의 의미가 충족되지 않기 때문이다. 또한 '내'가 아무리 깊은 산 속에서 혼자 밥을 먹어도 예절이나 검약 등을 생각하는 것도 '우리'에 바탕하고 있는 '밥'과 '먹는 것'의 의미를 충족하려 하기 때문이다. 이처럼 인간은 문장놀이를 통해서 과거와 현재와 미래가 하나로 엮여 있는 '우리의 세계'를 정밀하게 구축해 나간다. 그 결과 인간은 '나'의 개인적 취향보다 '우리'의 문화적 이상이 더욱 강력한 힘을 발휘하는 삶을 살아가게 된다.

인간은 말을 익혀 문장놀이를 할 수 있게 되면서 생각의 과정을 거쳐 욕구를 욕망으로 전환하여 충족을 지향한다. 감각작용에 지각작용이 자동적으로 따라가듯이, 지각작용에 생각작용이 자동적으로 따라가기 때문에 욕구 또한 거의 모두 자동적으로 욕망으로 전환된다. 이때 인간은 단순한 욕구를 끝없는 문장의 세계에서 현란한 수식을 덧붙여 형형색색으로 욕망을 드러낸다. 때문에 인간이 수많은 문장들의 색깔을 좇아 천차만별로 드러나는 갖가지 욕망을 포착하고 이해하는 것도 어려운 일이다.

인간이 문장놀이의 방식을 달리하면 욕망도 달라진다. 이런 까닭에 인간은 문장놀이의 방식을 달리하여 '이' 욕망을 '저' 욕망으로 대체할 수도 있다. 인간이 특정한 욕망을 다른 것으로 대체하여 승화나 퇴행의 방식으로 충족하는 것은 이 때문이다. 나의 몸을 죽여서 어짊을 이루는 '살신성인(殺身成仁)'은 '나'의 생존에 대한 욕망을 '우리'의 사랑에 대한 욕망으로 대체하여 승화하는 것을 말한다. 반면에 직장에서 상사에게 꾸중을 들은 사람이 집에 돌아와 아내나 자녀에게 화풀이를 하는 것은 욕망의 퇴행이다.

인간은 문장놀이를 통해서 욕망을 나누거나 변화시킬 수 있다. 인간은 이해, 칭찬, 비난, 조언, 충고, 호소 등으로 상대방과 욕망을 나누는 것은 물론이고, 욕망에 끼어들어 변형시킨다. 문장놀이를 포기하지 않는 한, 인간은 욕망의 나눔과 변형에서 벗어나지 못한다. 욕망이 나눔과 변형을 통해서 쉽게 변화될 수 있는 까닭에 '나'의 의지와 무관하게 욕망은 언제나 불안한 모습을 갖는다. 욕망은 바람에 흔들리는 갈대처럼 밝음과 어둠, 강함과 약함, 선함과 악함, 옳음과 그름 등을 오가며 끊임없이 일렁인다.

인간은 확대나 축소 과정을 통해서 욕망을 끝없이 부풀릴 수 있지만 충족에 필요한 수단은 제한되어 있으므로 상황을 고려하지 않은 채 욕망만을 부풀려 나가는 것을 두렵게 여겨왔다. 인간은 개인이나 집단을 통해 부풀려진 욕망이 장애에 부딪히면 수습하기 어려운 증오, 폭력, 살상, 전쟁 등을 일으켜 삶을 곤경에 빠뜨린다는 것을 잘 알고 있다. 이 때문에 그들은 욕망을 향락의 대상으로 이해하기보다는 절제, 금욕, 금기의 대상으로 이해하는 경향을 보여왔다. 이런 까닭에 인간은 개인적 취향으로 드러나는 작은 욕망들을 효과적으로 제어할 수 있는 다양한 문화적 장치들, 즉 규범, 관습, 법률 등을 개발하는 데 많은 노력을 기울여 왔다.

인간은 마음속에 지각의 세계와 생각의 세계를 아울러 경험하며 살아간다. 그런데 개인이나 집단은 두 세계 가운데 어느 하나를 더욱 중시하는 경향을 보일 때가 많다. 일반적으로 생생함과 자명함에 이끌리는 사람들은 구체적 기호에 기초하여 작동하는 지각의 세계를 중시한다. 그들은 감각에서 전해지는 생생함과 자명함에 기초하여 삶을 충실하게 만들려고 노력한다. 이에 따라 그들은 생각하는 마음에 기초한 초월과 창조의 능력을 생생함과 자명함을 느낄 수 있는 감각의 수단으로 활용하며, 느낌에서 얻어지는 감흥에 바탕한 정서적 공감을 중시한다. 반면에 논리성과 명료성에 이끌리는 사람들은 상징적 기호에 기초하여 작동하는 생각의 세계를 중시한다. 그들은 이치에서 얻어지는 논리성과 명료성에 기초하여 삶을 확실하게 만들려고 노력한다. 이에 따라 그들은 생각하는 마음에 기초한 초월과 창조의 능력을 논리성과 명료성을 추구하는 탐구의 수단으로 활용하며, 이해에서 얻어지는 논리적 자각에 바탕한 이성적 일치를 중시한다.

5. 문장놀이

인간은 생각하는 마음을 바탕으로 하는 문장놀이를 통해서 자연을 변화시켜 나가는 과정을 '문화(文化)'라고 불렀고, 문화로 일구어온 삶의 궤적을 '인문(人文)'이라 불렀다. '문장(文章)'이 문화(文化)나 문명(文明)을 구성하고 있는 제도(制度), 문물(文物), 문자(文字), 문예(文藝) 등을 포괄하는 개념으로 사용되어 온 것은 이런 이유 때문이다.[4]

인간은 상징적 기호에 기초하여 구체적 시공과 가상적 시공, 실제적 상황과 가공적 상황을 넘나들며 온갖 문장들을 만들고 소통할 수 있게 되면서 초월과 창조의 능력을 갖게 되었다. 인간이 죽은 사람을 추모하는 사당을 짓고 제사를 지내며, 쇠를 얻기 위해 광석을 채굴하고 용광로를 만드는 것은 문장놀이를 통한 초월과 창조의 능력에 바탕하고 있다. 그러나 제비가 부리로 흙과 지푸라기를 이용하여 둥지를 짓고, 원숭이가 손으로 막대를 이용하여 흰개미를 잡아먹는 것은 구체적 기호에 기초한 기능에 따른 것으로서 초월과 창조가 끼여든 것은 아니다. 인간이 문장놀이를 통해서 어떠한 방식으로 관계를 이해하고 구성하여 초월과 창조의 길로 나아가는지 살펴볼 필요가 있다.

첫째, 인간은 문장놀이를 통해서 구체적 시공 속에 존재하는 사물들을

---

4) 동아시아문화는 漢文의 위력에 힘입어 일상적 말보다 기록된 글을 숭상하여 文을 가지고 하는 문장놀이로 모든 것을 설명하였다. 文章은 人文으로 드러나는 모든 것, 즉 文筆, 文詞, 制度, 法律, 儀禮 등을 포괄하고 있다.

정교한 방식으로 관계짓고 소통할 수 있다. 한 가지 예로, 인간은 시제(時制)를 사용하여 문장놀이를 하면서 '이 건물은 200년 전에 지어졌다.', '그 사람은 지금 오고 있다', '저 소각장은 35년 뒤에 폐기될 것이다.'와 같은 문장들을 만들고 소통한다. 이로써 인간은 과거와 현재와 미래를 정교한 방식으로 관계짓고 소통할 수 있다. 또한 숫자를 사용하여 문장놀이를 하면서 '남자 20명과 여자 15명을 합치면 모두 35명이 된다.', '사과 5개를 먹고 나서, 복숭아 7개를 먹었다', '200에 36을 곱하면 7,200이 된다'와 같은 문장들을 만든다. 이로써 인간은 복잡한 숫자를 정교한 방식으로 관계짓고 소통할 수 있다.

둘째, 인간은 문장놀이를 통해서 구체적 시공을 뛰어넘어 사물들을 정교한 방식으로 관계짓고 소통할 수 있다. 예를 들어 인간은 시제를 뒤섞는 방식으로 문장놀이를 해서 시공을 뛰어넘어 관계짓고 소통한다. '나는 죽기 이전에 살아 있다'는 문장에서 '죽기 이전'을 '죽은 이후'로 교환하여 '나는 죽은 이후에 살아 있다'는 문장을 구성한다. 이러한 문장은 과거와 미래를 통합하여 구체적 시공을 뛰어넘는 관계를 만들어낸다. 그리고 인간은 이러한 문장을 통해서 죽은 이후에도 살아 있고자 하는 영생에 대한 욕망을 갖는다. 인간이 이러한 문장을 만들 수 없다면, 영생에 대한 욕망도 존재하지 않는다. 인간이 영생에 대한 욕망을 충족하고자 종교에서 설정해 놓은 내세를 믿고 따르는 것은 종교를 통해서 영생에 대한 문장놀이를 효과적으로 만족시킬 수 있기 때문이다.

셋째, 인간은 문장놀이를 통해서 현존과 무관한 가공적 상황에서도 사물을 정교한 방식으로 관계짓고 소통할 수 있다. 한 가지 예로 인간은 문장놀이를 통해서 가공적 상황을 전제하여 현존하지 않는 사태를 정밀하게 구성하고 소통한다. 인간은 '참새가 하늘을 난다'와 '아버지가 벌을 내린다'와 같은 문장에서 참새를 코끼리로 바꾸고, 아버지를 하늘로 바꾸어 '코끼리가 하늘을 난다', '하늘이 벌을 내린다'와 같은 문장을 구성한다. 이처럼 인간은 이러한 문장놀이를 통해서 현존하지 않는 것들을 구성하고 창조해낼 수 있다. 만약 인간이 문장놀이를 통해서 가공적 상황을 그려낼 수 없다면 창조는 불가능할 것이다.

인간은 문장놀이를 통해서 초월과 창조의 능력을 갖게 되어 물질세계와 대비되는 정신세계를 독자적으로 구축하게 되었다. 정신세계는 감각작용, 지각작용, 생각작용이 서로 관계하는 가운데 구체적 시공과 가상적 시공, 실제적 상황과 가공적 상황, 자연상태와 문화상태 등이 어우러져 만들어지기 때문에 욕망은 경계를 뛰어넘어 끝없이 열려 있다. 인간은 정신세계 속에서 시공의 경계를 자유롭게 넘나들며 끝없이 욕망을 불러낼 수 있다. 이러한 욕망이 몸을 매개로 현실인 물질세계와 만나기 이전의 상태가 바로 '꿈'이다. 꿈은 아직 물질세계와 만나지 않았기 때문에 자유로운 상태에 놓여 있다. 꿈은 자유로운 까닭에 생기, 소멸, 확대, 축소, 변전, 역설, 도치 등이 가능하고, 이로써 인간은 욕망을 다스리고자 꿈에 일정한 질서를 부여하려고 애를 쓰지만 끊임없는 전복을 경험한다.

꿈이 몸을 매개로 물질세계와 만나 실천으로 진입하면서, 인간은 부자유 상태에 놓인다. 실천의 무대인 물질세계는 기계적 인과관계에 따라 자유를 허용하지 않는다. 물질세계는 '있는 것은 있는 것이고, 없는 것은 없는 것이며', '살아 있는 것은 살아 있는 것이고, 죽어 있는 것은 죽어 있는 것'이기 때문에 변덕과 역설이 존재할 수 없다. 따라서 인간에게 욕망은 자유와 부자유의 두 모습, 즉 꿈으로서 마음껏 부풀려질 수 있는 자유로운 욕망과 실천의 한계 속에 갇혀 있는 부자유한 욕망으로 다가온다. 인간은 마음에 피어나는 자유로운 꿈의 세계에서 살아가려 하지만, 몸으로는 물질의 세계에 매여 있는 부자유한 현실을 받아들여야 한다.

인간은 문장놀이를 통한 초월과 창조의 능력으로 무한함과 완벽함을 지향할 수 있는 정신세계를 '신묘불측(神妙不測)', 즉 신기하고 오묘하여 헤아릴 수 없는 것으로 말해 왔다. 인간은 신묘불측한 정신세계에서 행해지는 문장놀이에 기초하여 현상의 변전을 넘어서는 무한한 것, 이상적인 것, 완벽한 것, 전능한 것, 전지한 것 등을 전제하고 추구해 왔다. 인간이 현실에서는 경험할 수 없는 유일신, 도(道), 태극, 제일원리, 영생, 무궁, 해탈, 극락, 영복 등을 추구하는 것은 바로 이 때문이다. 인간이 추구하는 이러한 전제들은 더 나은 미래에 대한 기대를 낳게 되어 문화를 형성하고 실현하는 원동력이 되어 왔다.

인간은 문자라는 수단을 발명하여 문장놀이의 과정과 결과를 손쉽게 저장하고 소통할 수 있게 되었다. 이로써 인간은 문장놀이의 방법을 더욱 정교하게 만들어 가는 것과 더불어 고도의 문화와 문명을 발전시킬 수 있었다. 인간은 문장놀이를 바탕으로 인문(人文), 문자(文字), 문물(文物), 문예(文藝), 문화(文化), 문명(文明)으로 불리는 독자적인 생활환경을 구축하면서 다른 동물에게서 볼 수 없는 독특한 자질들을 갖게 되었다. 예를 들면 인간이 현재 상태를 초월적 방식으로 극복하려는 욕망은 인간이 문장놀이를 하는 존재로서 살아오는 과정에서 갖게 된 새로운 자질이다. 인간에게 초월은 당연한 것이기 때문에 인간이 초월욕에 기초하여 종교생활을 영위하는 것도 당연한 모습이라고 말할 수 있다. 이런 까닭에 인간을 단순히 본능이나 욕구의 차원에서 설명하려는 시도에는 많은 무리가 따른다.

인간이 문장놀이를 하며 욕망하는 존재로 살아오는 과정에서 획득한 새로운 자질들을 살펴보면 다음과 같다. 첫째, 인간은 문장놀이를 하는 존재로 살아오는 과정에서 친애욕(親愛慾)을 발전시켜 왔다. 문장놀이는 처음부터 소통을 목적으로 개발된 것이기 때문에 인간이 문장놀이를 익히고 활용하는 것은 친애에 바탕한 신뢰관계를 전제로 이루어진다. 이런 까닭에 '인간이 문장놀이를 하는 것[人+言]'과 '믿음의 관계를 형성하는 것[信]'이 같은 의미를 갖는다. 즉, 신(信)을 인(人)과 언(言)으로 설명한 것[信＝人+言]은 친애욕에 바탕하지 않으면 인간이 문장놀이를 정상적으로 익힐 수 없을 뿐만 아니라, 설사 문장놀이를 익혔다 하더라도 제대로 소통할 수 없기 때문이다. 이처럼 친애욕이 인간관계의 기본을 이루고 있는 까닭에 성장과정에서 기질 또는 환경으로 말미암아 친애욕을 정상적으로 형성하지 못한 사람은 자폐나 고립에 빠진다. 이런 까닭에 인간은 '우리'를 구성하고 있는 가족은 물론이고 친지나 이웃에 대한 친절을 대단히 강조한다. 하지만 인간은 친애욕이 강한 만큼 친애를 방해하는 대상에 대해서 강한 적의를 갖는다.

둘째, 인간은 문장놀이를 하는 존재로서 살아오는 과정에서 초월욕을 형성하게 되었다. 문장놀이가 현상태를 뛰어넘을 수 있는 초월의 수단을 제공하기 때문에 인간은 지식과 기술을 이용하여 자연상태는 물론이고 기존의 문화를 초월적 방법으로 극복하려고 노력한다. 이런 까닭에 생물 가운데 인간만이 유일하게 초월욕에 기초하여 다양한 창조활동을 전개한다. 인간이 초월욕에 기초하여 전개한 창조의 과정과 결과를 나타내는 것들이 바로 인문, 문물, 문자, 문예, 문화, 문명 등이다.

셋째, 인간은 문장놀이를 하는 존재로서 살아오는 과정에 삶의 주체인 '나'라는 개체와 '우리'라는 전체의 정체를 탐구하고 실현하려는 욕망을 형성하게 되었다. 인간은 문장놀이를 통해서 '나'와 '우리'가 의미를 공유하기 때문에 '우리' 속에 있는 '나', '너', '그'의 정체가 상호 의존관계에 놓인다. '나'의 정체, '너'의 정체, '그'의 정체가 서로 영향을 미치면서 끊임없이 변화하기 때문에 '나'는 계속적으로 '나'와 '우리'의 정체를 확인하고 수립해야 한다. 인간은 '나'와 '우리'의 정체를 확고하게 수립하고 실현하고자 시비, 진위, 선악, 미추 등과 같은 가치의 세계를 탐구하는 동시에 친애욕, 성애욕, 권력욕 등과 같은 욕망을 질서 있게 조직하려고 한다.

인간이 문장놀이를 통해서 획득한 자질을 본질이나 본성으로 말할 수 있는 것은 생각하는 마음에서 만들어진 문장이 신경물질을 통해서 지각하는 마음과 감각하는 몸, 그리고 대사하는 몸으로 연결되기 때문이다. 즉 인간은 문장에 담겨진 욕망을 통해서 감각하는 몸을 움직이고, 이것으로 대사하는 몸에 영향을 미쳐서 몸과 마음이 일체적 관계에 놓이게 된다. 이런 까닭에 인간은 문장놀이의 과정을 통해서 마음에서 생겨난 문장들을 몸의 일부로 형성해 간다. 이때 문장이 완전히 몸의 일부로 형성된 상태가 습관이나 버릇이다. 습관이나 버릇이란 몸과 마음이 자동적으로 연결된 것이기 때문에 의지가 끼어들 수 있는 여지가 적다. 반면에 아직 습관이나 버릇이 되지 못한 문장은 몸과 관계가 느슨하기 때문에 의지가 끼어들 수 있는 여지가 많다. 그러므로 인간은 의지가 끼어들 필요가 없을 때는 습관을 편안하게 여기지만, 의지가 끼어들 필요가 있을 때는 불편하게 느낀다.

마음에서 생겨난 문장이 감각하고 대사하는 몸에 영향을 미치는 까닭에 인간은 칭찬하는 말을 들으면 몸이 기쁨에 들뜨고, 모욕적인 말을 들으면 몸이 분노에 떤다. 그런데 문장이 감각하고 대사하는 몸에 영향을 미치는 방법과 정도는 개인이나 집단에 따라 큰 차이가 난다. 문장에 담겨진 정서에 민감하게 반응하는 사람과 그렇지 않은 사람, 문장이 담고 있는 이치를 깊이 따지는 사람과 그렇지 않은 사람 등에서 차이가 난다. 문장에 담겨진 정서에 민감하게 반응하는 사람의 경우에는 기쁜 소식에 지나치게 흥분하여 심장마비로 죽음에 이르는가 하면, 모욕적 언사에 심하게 분개하여 상대를 죽이는 일을 저지르기도 한다.

인간이 특정한 문장놀이를 반복함으로써 개인이나 집단이 획일적으로 생각하고 행동하도록 만드는 것을 세뇌(洗腦)라고 말한다. 인간이 세뇌상태에 빠지면 문장에 대해 몸이 반사적으로 반응하기 때문에 문장을 통해서 욕망을 마음대로 조종할 수 있다. 이런 까닭에 인간이 전쟁처럼 집단적으로 공격과 파괴를 저지르는 경우에는 먼저 적의를 부풀리는 과격한 문장들로 적대적인 몸을 만들어간다. 이렇게 되면 인간은 한껏 부풀려진 광적인 욕망에 이끌려 죽음조차 무릅쓰게 된다.

인간은 효과적으로 소통하고 실천하고자 문장놀이의 방법과 범위를 설정한다. 먼저 인간은 효과적인 소통을 위해 정직한 마음을 전제하려 한다. 인간은 정직한 문장과 거짓된 문장을 동시에 만들 수 있기 때문에 정직한 마음을 전제하지 않으면 소통이 어려움에 빠진다. '신(信)'이라는 글자에서 볼 수 있듯이 인간이 믿는다는 것은 바로 인간의 문장을 믿는 것을 말한다. 인간은 불신(不信)과 배신(背信)이 불러오는 소통의 혼란을 방지하고자 신의, 신뢰, 맹세, 선서 등으로 정직한 마음을 전제하려 한다. 그러나 인간은 거짓된 문장에 대한 유혹을 떨쳐버리지 못하기 때문에 소통이 방해를 받는다. 다음으로 인간은 개인이나 집단이 욕망을 끝없이 부풀려 공동체의 안녕을 방해하지 않도록 문장놀이의 범위를 제한한다. 인간은 욕망을 향락, 절제, 금지, 금기의 대상으로 구분하여 질서 있는 문장놀이를 이끈다. 인간이 특정한 욕망에 대해서는 어떠한 문장도 생성하지 못하도록 금지하는 것이 바로 금기(禁忌)이다. 인간이 금기를 깬다는 것은 공동체의 안녕에 정면으로 도전하는 문장을 만들고 소통하는 것을 말한다.

6. 말놀이와 글놀이

인간이 문장놀이를 하는 것은 음성언어를 통한 말놀이와 문자언어를 통한 글놀이, 그리고 몸짓언어를 통한 짓놀이로 구성되어 있다. 그런데 인간이 문장놀이를 하는 것은 가장 먼저 말놀이 형태로 비롯한다. 말놀이는 인간으로서 그 삶을 시작하는 단계부터 수십만 년 동안 이어져 왔다. 인간은 말놀이를 할 수 있게 되어 초월과 창조의 능력을 갖게 되자, 욕망을 형성하고 실현하는 문화의 주인으로 서게 되었다.

　인간이 상징적 기호를 사용하여 처음으로 말놀이를 시작했을 때, 말놀이의 방식은 매우 단순하였다. 인간은 낱말을 간단히 연결하는 수준에서 말놀이를 하다가 어휘를 늘리고, 문법을 발전시켜서 복잡하고 정밀한 말놀이를 할 수 있게 되었다. 이러한 것은 유아가 말을 습득하는 과정을 통해서 잘 드러난다. 처음 유아는 낱낱의 낱말로 사태를 전체적으로 지시하면서 단순한 말놀이를 한다. 어른들은 유아에게 '엄마'나 '맘마'와 같은 낱말을 반복해서 환기시켜 구체적 사태를 상징적 기호로 소통하는 방식을 가르친다. 유아는 모국어의 기본 문형을 이해할 수 있게 되면서 각각의 낱말을 활용하여 복잡한 문장으로 사태를 정밀하게 표현하는 단계로 나아간다.

인간은 말놀이의 형식과 내용을 발전시켜 더욱 정밀한 문장놀이를 할 수 있게 되자, 지식과 기술의 개발과 축적을 크게 확대해 나갈 수 있었다. 인간은 삶에서 부딪히는 다양한 문제들을 초월과 창조의 방식으로 해결하려고 끊임없이 노력해 왔다. 삶과 죽음, 인간과 자연, 자연과 우주를 전체적으로 관계짓고 소통할 수 있는 지식과 신념을 형성해 나가는 동시에, 생활에 필요한 사물들을 효과적으로 조작할 수 있는 도구와 기술을 발명해 나갔다. 인간은 세계관과 가치체계의 틀을 마련하고, 규범과 의례를 좇아 생각하고 행동하게 되면서 신호놀이의 단계에 머무는 다른 동물들과 확연히 구분되었다.

인간은 말놀이를 표기할 수 있는 문자를 발명하자, 글놀이를 통해서 소통할 수 있게 되었다. 인간은 글놀이를 통해 1초에 340미터를 날아가 버리는 말놀이의 순간성을 극복할 수 있었다. 인간이 시공의 벽을 뛰어넘어 지식과 정보를 소통할 수 있게 된 것은 물론이고, 서로의 약속을 지워지지 않는 문서로 확고히 증명할 수 있게 되었다. 그러나 초기 단계의 글놀이는 상형문자로 이루어졌기 때문에 글놀이의 표현이 매우 제한되어 말놀이로 표현할 수 있는 것들의 일부만 기록되고 소통되었다. 그럼에도 말놀이의 단점들을 글놀이로 보완할 수 있게 되어 문장놀이의 방법과 내용에 획기적인 발전을 가져왔다.

인간은 글놀이와 말놀이를 일치시키기 위해 더욱 발달된 문자체계를 개발해 왔다. 문자체계가 원시적 상형의 단계에서 벗어나 말놀이를 제대로 담아낼 수 있는 단계로 발전하자, 인간은 다양한 영역에서 활발하게 글놀이를 전개하였다. 종교와 천문 등에 관한 지식을 체계적으로 추구하는 학문이 발생하여 지식의 축적과 확대가 가속되었다. 대략 기원전 2500년을 전후하여 그리스, 인도, 중국 등지에서 이러한 변화가 일어났음을 알 수 있다. 이처럼 글놀이는 일상생활 속에 조금씩 영역을 확대하게 되면서 말놀이에 버금가는 중요성을 지니게 되었다. 인간은 자유롭게 글놀이를 할 수 있게 되면서 과거와 현재와 미래가 직접 소통할 수 있는 역사시대로 접어든 것이다.

인간이 글놀이를 정밀하게 발전시켜 나가자 일상의 말놀이로서는 소통이 어렵거나 불가능한 특수한 문장놀이를 하게 되었다. 인간은 수학, 논리학과 같은 전문 분야에서 사용되는 특수한 기호들을 개발하여 천문, 수리, 건축 등에 관한 정밀한 지식과 기술을 개발하고 축적해 나갔다. 일상의 말놀이로서 이러한 지식과 기술을 이해하고 소통하는 것이 어렵기 때문에 전문적으로 배우고 가르치는 특수집단이 생겨났다. 그들의 노력으로 천문학, 의학, 수학, 음악, 미술, 건축 등과 같은 전문 분야들이 분화 발달되어 나왔다. 이러한 전문 분야들과 과학적 방법론이 결합하여 오늘날 보편화된 근대적 학문체계로 발전해 나왔다.

인간이 글놀이에 진입한 시기는 문화집단이 마주한 상황에 따라 큰 차이가 있었다. 수메르나 중국처럼 일찍부터 문자를 창안한 민족들은 수천 년 전에 이미 글놀이 시대에 진입하여 문명의 발달을 선도하였다. 이후 문자로서 지식과 정보를 소통하는 방식이 조금씩 확산되기 시작하면서, 각 민족들이 문자를 빌리거나 개발해서 글놀이 단계로 나아갔다. 그리스와 로마의 경우에는 셈족의 표기법을 빌려 글놀이를 시작하였다. 그들은 모국어를 소리나는 대로 적을 수 있는 표음문자를 채용함으로써 문자를 자체적으로 개발한 중국보다 더욱 효과적으로 소통할 수 있었다. 반면에 한국과 일본의 경우에는 한문을 빌려 외국어로써 글놀이를 시작한 까닭에 오랫동안 말놀이와 글놀이가 이중으로 이루어졌다. 그런데 열대 우림의 고립된 민족들 가운데는 아직도 문자를 갖지 못하여 글놀이 단계에 진입하지 못한 경우도 있다.

중세시대에는 글놀이를 공유하는 몇 개의 문화권, 즉 라틴문화권, 아랍어문화권, 힌두어문화권, 한자문화권 등이 형성되어 문명을 이끌었다.

각 문화권에서는 모국어와 구별되는 공통의 문자로 글놀이가 이루어졌기 때문에 글놀이를 할 수 있는 유식한 지식인과 그렇지 못한 무식한 민중이 뚜렷이 구분되었다. 지식인은 민중을 지배하는 유용한 수단으로 글놀이를 이용하였다. 그러나 근대로 넘어오자 모국어로 하는 글놀이가 점차 일반화하면서 민중들도 글놀이에 참여할 수 있게 되었다. 시민혁명을 거치며 국민적 차원에서 글놀이가 이루어지자, 서적의 보급과 지식의 확산이 급속히 증대하였다.

오늘날 인간은 글놀이를 통해서 연구하고 축적한 방대한 지식과 기술에 기초하여 글놀이가 중심을 이루는 삶을 살아간다. 영어사전이나 한글사전에서 볼 수 있듯이 수십만에 달하는 방대한 어휘들은 글놀이가 문명의 기초를 이루고 있음을 보여준다. 인간은 말놀이만으로는 도저히 그렇게 많은 어휘들을 기억하거나 활용할 수가 없다. 이런 까닭에 글놀이가 말놀이에 기초하여 이루어지기보다는, 오히려 말놀이가 글놀이에 기초하여 이루어지는 양상을 보이게 되었다. 그 결과 학교에서 글놀이를 중심으로 문장놀이를 익히고 활용하기 위한 장기간의 교육이 이루어진다. 우리가 흔히 학교에 가는 것을 '글 배우러 간다.'고 말해 온 것도 이 때문이다. 마찬가지로 '글을 배우는 일[學文]'과 '배우고 묻는 일[學問]'을 같은 일로 받아들인다.

글놀이의 수준과 문화수준은 밀접한 관계에 있다. 고도로 발달한 문화는 수준 높은 글놀이 문화를 배경으로 하고 있다. 한자에서 문장(文章), 문예(文藝), 문물(文物), 인문(人文), 문화(文化), 문명(文明) 등의 개념이 모두 '문'에 근거하고 있는 것도 이 때문이다. 글놀이 문화가 뒷받침되지 않으면 말놀이 문화 또한 발전하기 어렵기 때문에 외부에서 수준 높은 지식이나 기술을 들여오는 것도 어렵다. 비록 문자가 존재하더라도 어휘가 개발되어 있지 않으면 번역조차 어렵거나 불가능하다. 예를 들면 아프리카의 부시맨 부족은 어휘가 개발되어 있지 않기 때문에 서구의 수학 교과서나 물리학 교과서를 곧바로 번역하는 것이 불가능하다. 이런 까닭

에 인간이 어떠한 방식으로 말놀이와 글놀이를 하느냐에 따라 문화발전
이 좌우된다.

　결국 인간은 문장놀이, 즉 말놀이와 글놀이를 통해서 문화를 형성하고
실현하는 주체임이 드러난다. 그런데 20세기 중반에 문장의 생성과 소통
을 놀이에 비유하여 처음으로 언어놀이의 개념을 제안한 사람이 비트겐
슈타인(Ludwig Wittgenstein)이다. 그는 인간의 일상언어를 분석하여 모든
언어가 삶을 담아낸다는 측면에서 완결적 구조를 지니고 있으며, 그 속에
서 살아가는 개인과 집단은 언어놀이를 통해서 독자적으로 삶의 세계를
엮어 간다고 주장하였다. 그는 언어놀이라는 개념을 도입하여 개인, 집단,
문화가 어떠한 관계에 놓여 있는지 선명하게 보여주었다. 이후 학자들은
그의 언어놀이 개념을 빌려서 인간, 언어, 욕망, 문화 등을 더욱 정밀하게
설명할 수 있게 되었다. 시대를 한참이나 앞섰던 비트겐슈타인의 탁월한
안목에 후학들이 놀라움을 금치 못하는 것은 당연한 일이다.

　그런데 비트겐슈타인은 지각하는 마음과 생각하는 마음을 구분하지
않고, 하나의 마음에 기초하여 언어놀이를 설명하였다. 당시에는 아직 언
어와 마음의 구조에 대한 이해가 깊지 못했기 때문이었다. 필자처럼 지
각하는 마음과 생각하는 마음을 구분하게 되면 언어놀이를 한층 세분하
여 설명할 수 있다. 즉 지각과 생각, 구체적 기호와 상징적 기호, 욕구와
욕망, 신호놀이와 문장놀이를 구분하면 언어놀이를 더욱 정밀하게 분석
하고 설명할 수 있다. 언어놀이라는 관점에서 앞에서 논의한 내용들을
도표로 정리하면 다음과 같다.

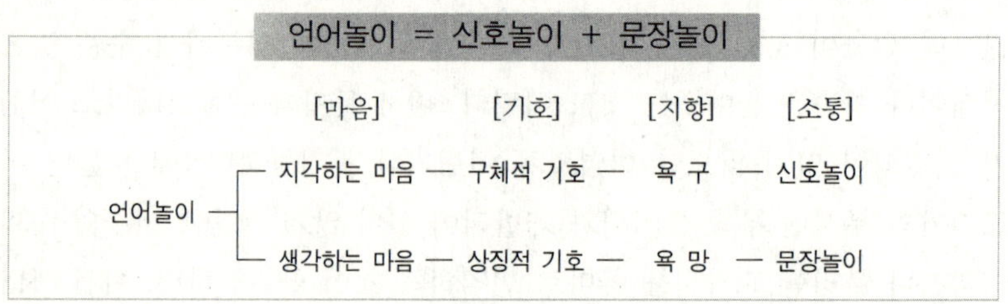

제 5 장
본보기에 대한 태도와 문화 정체성

1. 문화 정체성과 준거 설정

인간은 진위(眞僞), 선악(善惡), 시비(是非), 미추(美醜), 성속(聖俗), 청탁(淸濁), 단복(單複), 동이(同異), 순잡(純雜) 등과 같은 다양한 기준을 좇아 사물을 구분한다. 또 이러한 기준을 이해, 판단, 실천의 근거로 활용하게 되면서 삶을 질서 있게 영위하게 된다. 흔히 지고(至高)의 가치로 인식하고 있는 진선미(眞善美)는 진위, 선악, 미추의 기준에 따라 사물을 구분하고 진과 선과 미에 가장 중요한 가치를 부여한 것을 말한다.

그런데 개인이나 집단이 사물을 구분하는 다양한 기준 가운데 중시하는 것과 경시하는 것에 차이가 있음을 볼 수 있다. 그리고 이러한 것은 문화의 전체적 성격에 큰 영향을 받는다. 즉, 시대나 상황에 따라 진위(眞僞)의 기준을 더욱 강조하는 문화가 있을 수 있고, 또는 시비(是非)의 기준을 더욱 강조하는 문화가 있을 수 있다. 예를 들면 중세 서구의 기독교문화는 성속(聖俗)의 기준을 특별히 강조한 문화라고 말할 수 있는 반면, 조선시대 성리학적 유교문화는 청탁(淸濁)의 기준을 특별히 강조한 문화라고 말할 수 있다.

사물을 구분하고 대응하는 기준 가운데서 특정한 전체를 구성하고 있는 단위, 속성, 요소 등에 따라 설정된 기준이 단복(單複), 순잡(純雜), 수박(粹駁), 청탁(淸濁) 등이다. 즉, 단복은 전체를 구성하고 있는 사물의 단위가 하나로 된 것과 그렇지 않은 것을 구분하는 기준을 말하고, 순잡은 전체를 구성하고 있는 사물의 속성이 한 가지 성질로 된 것과 그렇지 않은 것을 구분하는 기준을 말하고, 수박은 전체를 구성하고 있는 사물의 요소가 한가지 부류로 이루어진 것과 그렇지 않은 것을 구분하는 기준을 말하며, 청탁은 전체를 이루고 있는 사물의 속성에 농담의 차이가 있는 것을 구분하는 기준을 말한다. 따라서 단복, 순잡, 수박, 청탁 등은 전체를 이해하는 중요한 준거로서 활용되고 있다.

인간은 일반적으로 단복, 순잡, 수박, 청탁 등을 결합하여 단순과 복잡, 순수와 잡박, 청순과 혼탁 등과 같은 낱말을 사용한다. 단순과 복잡은 전체를 구성하고 있는 요소의 성격을 구분하는 것에 초점이 있다. 따라서 단순과 복잡은 자체로서 좋은 것과 나쁜 것을 구분하는 기준은 아니다. 상황에 따라 단순한 것이 좋은 것일 수도 있고, 또는 복잡한 것이 좋은 것일 수도 있다. 그러나 순수와 잡박, 청순과 혼탁은 전체를 구성하고 있는 속성의 성격을 구분하는 것과 함께 그것에 대한 가치평가를 담고 있다. 즉, 순수한 것과 청순한 것이 좋은 것인 반면에 잡박한 것과 혼탁한 것은 좋지 못한 것이라는 뜻이 내포되어 있다. 이런 관계로 인간은 사물에 대한 사실 내용과 더불어 가치 평가를 직접 드러낼 때, 순수와 잡박, 청순과 혼탁의 기준을 사용하는 일이 많다.

인간이 순수와 잡박, 청순과 혼탁 가운데 더욱 일반적으로 사용하는 것은 순수와 잡박의 기준이다. 그들이 순수와 잡박을 구분하는 것은 기본적으로 순수한 것의 계통을 전제하고, 그렇지 않은 것을 구분함으로써 성립하게 된다. 이런 관계로 순수와 잡박을 구분하는 것은 계통에 따른 분류체계가 중심을 이룬다. 그리고 이러한 계통에 따른 분류체계는 생물학적 종(種)의 분류와 밀접히 연관되어 있다. 즉, 순수와 잡박은 생물학적 종에 따른 순종과 잡종의 구분에 기초를 두고 있다. 순종은 같은 계통의 생물이 지속적으로 교배하여 생겨난 순수한 종을 말하고, 잡종은 서로 다른 계통의 생물이 교배하여 생겨난 잡박한 종을 말한다. 그들은 순종과 잡종의 개념에 기초하여 별종, 신종 등과 같은 개념을 만들어 함께 사용하고 있다.

인간은 생물학적 종의 분류에 따라 인종이나 민족을 순종과 잡종으로 구분하는 것은 물론이고, 문화 또한 그런 방식으로 구분한다. 따라서 그들은 '나'와 '우리'의 정체성을 민족, 종교, 언어 등에 대한 계통에 근거하여 순수한 것과 잡박한 것을 구분한다. 그리고 민족, 종교, 언어 등에 대한 동질성과 이질성에 근거하여 '나'와 '우리'를 동질성에 기초한 순수한 집단으로 찬양하고, '너'와 '남'을 이질성에 기초한 잡박한 집단으로 비하하는 일이 많다. 이런 까닭에 순종 또는 잡종 의식이 민족과 문화에 대한 정체성을 구성하는 핵심 준거를 이룬다.

인간은 혈통의 순수성에 기초하여 인종을 순종과 잡종으로 구분한다. 일반적으로 순종인 한 핏줄에 집착하여 잡종인 혼혈을 무시하거나 배척하는 경향이 있다. 특히 피부색이나 얼굴의 모습이 뚜렷이 다른 경우에는 이러한 경향이 강하게 나타나는 것을 볼 수 있다. 이와 함께 인간은 종교, 언어 등의 순수성에 기초하여 문화를 순종과 잡종으로 구분한다. 일반적으로 순종인 정통에 집착하여 잡종인 이단을 무시하거나 배척하는 경향이 있다. 이러한 것은 인간이 그러한 방식으로 문화에 대한 정체성을 구성하여 살아왔기 때문이라고 말할 수 있다.

인간이 순수한 계통에 집착하더라도 언제나 순종을 유지할 수 있는 것은 아니다. 인종에도 전쟁, 이주 등으로 외부인의 유입에 따라 잡종화가 이루어지는 일이 많다. 그리고 문화에서는 이에 더하여 외래문화를 스스로 수입하는 일이 많은 관계로 잡종화가 다반사로 일어나게 된다. 따라서 인간이 문화를 순종과 잡종으로 구분하여 순종에 집착함에도 불구하고 문화는 본질적으로 잡종의 성격을 강하게 갖고 있다. 다양한 지역에서 발전된 문화가 전파와 교류를 통해 끊임없이 서로 영향을 미치기 때문이다. 이 때문에 문화가 순종의 형태를 유지하는 것은 물리적으로 고립되어 교류가 원천적으로 불가능한 경우에 국한된다. 그렇지 않은 상황에서 사람들이 의도적으로 문화의 교류를 봉쇄하는 것은 대개 일시적 현상으로 끝나고 만다.

인종과 문화에 대한 정체성은 집단의 생존 전략과 밀접히 연관되어 있다. 따라서 인간은 정체성을 설정하는 중요한 기준이 되는 순종과 잡종의 구분에 많은 관심을 갖게 된다. 그들은 필요에 따라 순종화와 잡종화의 방향과 내용을 설정하여 문화를 전체적으로 계획하고 실현하게 된다. 하지만 안팎의 원인들 때문에 순종화와 잡종화의 방향과 내용에 불일치가 발생하여 갈등과 혼란이 빚어지는 일이 많다. 특히 외부세력에 따라 인종, 종교, 언어 등이 강제적 방식으로 잡종화가 추진되는 경우에는 심각한 갈등과 혼란을 일으킨다. 이런 경우에 사람들은 민족, 종교, 언어 등에 기초한 순수성에 근거하여 외부 세력에 적극 저항하게 된다.

2. 생물의 세계와 종의 유형과 구분

自연에 존재하는 다양한 생물들은 성장과 번식의 과정에서 안팎의 원인들 때문에 많은 변이가 발생하는 것을 볼 수 있다. 이러한 변이가 생존에 유리하여 세대를 이어 전달되는 경우에는 변종으로 정착하게 되지만, 이러한 변이가 생존에 불리하면 일시적 현상으로 끝나기 때문에 변종으로 정착하는 것은 불가능하다. 이런 점에서 생물의 세계에서 볼 수 있는 진화는 변이와 변종의 결과로서 나타나는 현상이라고 말할 수 있다.

생물의 세계에서 종의 변이가 발생하는 것은 근본적으로 유전자에 변형이 일어나기 때문이다. 유전자의 변형은 교배로 개체가 형성될 때 발생하는 것과 개체가 성장하는 과정에서 발생하는 것으로 구분할 수 있다. 먼저 생물은 양성생식의 경우에 암컷의 유전자와 수컷의 유전자가 만나는 과정에서 유전자의 변형이 일어나 변이가 발생하게 된다. 이 때

문에 같은 부모에게서 태어난 형제들이 유전적으로 서로 다른 성질을 갖
는 변이를 보이게 된다. 이러한 변이가 세대를 이어 축적되면 서서히 종
의 변이가 일어날 수도 있다. 다음으로는 성장 과정에 유전자가 변형되
어 변이가 발생하는 경우가 있다. 방사선, 중금속, 약물 등의 원인으로
유전자의 변형이 일어나게 되고, 이러한 변형이 자녀세대를 통해 전달되
어 종의 변이가 이루어진다.

생물은 암수가 함께 하는 양성생식으로 번식하는 경우에 변이가 일어
날 가능성이 크다. 그리고 이러한 것은 교배하는 양성 사이에 존재하는
유전자의 차이에 따라 정도가 달라진다. 유전자의 차이가 적은 부모가
교배하는 경우에도 유전자의 결합에 따라 자녀세대에 다소의 변이가 나
타난다. 돌연변이와 같은 경우에는 유전자의 차이가 적은 부모 사이에서
부모의 유전자와 크게 다른 자녀가 생겨나는 것을 말한다. 이러한 돌연
변이는 별종이라고 말할 수 있다. 반면에 유전자의 차이가 큰 부모가 교
배하는 경우에는 자녀세대에 큰 변이가 나타난다. 따라서 유전자의 차이
가 큰 부모가 교배하는 경우에는 돌연변이의 방식을 취하지 않는 경우에
도 변이에 따른 변종이 생겨날 가능성이 크다.

인간은 일반적으로 유전자의 차이가 적은 부모가 교배하여 생겨난 자
녀세대를 순종이라고 부르고, 유전자의 차이가 큰 부모가 교배하여 생겨
난 자녀세대를 잡종이라고 부른다. 그리고 순종이나 잡종 가운데 특이한
성질을 갖는 것을 별종이라고 부른다. 이런 관계로 순종, 별종, 변종, 잡
종 등의 구분은 유전자의 차이에 따른 상대적인 구분이다. 따라서 인간
이 순종, 별종, 잡종을 구분하는 경계는 대단히 모호하다. 그런데 순종,
별종, 잡종의 구분은 대개 밖으로 드러난 겉모습을 좇아서 이루어진다.
이러한 구분은 실제적인 유전자의 차이와는 많은 거리가 있을 수 있다.
그러나 순종, 별종, 잡종 사이에서 볼 수 있는 각각의 극단에서 서로를
바라본다면, 이들 차이는 대단히 클 수도 있다.

순종, 별종, 잡종은 종의 안정성에 차이가 있다. 먼저 순종은 장기적으

로 오직 하나의 종으로 유지되어 온 관계로 매우 안정되어 있다. 순종은 순종교배의 방식을 통해서 계속 같은 성질을 유지하는 것이 가능하다. 반면에 별종은 형제들 가운데 특정한 개체에게 나타난 일시적인 특성이기 때문에 매우 불안정하다. 따라서 별종은 같은 개체를 반복해서 확보하는 것이 어렵거나 불가능하기 때문에 격리해서 관리하지 않으면 특이성이 집단 속에 흡수되어 소멸되어 버린다. 이런 이유로 사람들은 과일나무의 경우 특정한 가지에 우수한 별종이 나타나면 접붙이기와 같은 방법을 통해서 계속 유별난 성질을 유지하게 한다. 끝으로 잡종은 부모가 확실한 경우에는 대체로 종이 안정되어 있다. 잡종은 잡종교배 방식을 통해서 계속 같은 종을 확보하는 것이 가능하다. 이런 관계로 잡종은 하나의 종으로 성립할 수 있는 가능성이 크다. 즉 잡종은 순종화의 과정을 거치면 하나의 새로운 종으로 성립하게 된다. 이런 까닭에 자연상태로 존재하는 종의 변화에서 가장 중요한 것은 잡종화의 과정을 통해서 나타나는 새로운 종의 탄생이다.

생물의 세계에서 잡종이 생겨나기 위해서는 유전자 변이가 큰 변종들이 존재해야 한다. 이러한 변종들은 같은 집단 내부에서 발생하기도 하지만, 오랫동안 격리된 집단들 사이에서 흔히 볼 수 있다. 변종들이 만나서 자녀세대를 낳아 부모세대와는 다른 성질을 갖는 잡종이 생겨나게 된다. 이런 관계로 자연상태에서 잡종이 발생하는 빈도는 생식방법, 성장기간, 생태조건 등에 따라 큰 영향을 받는다. 식물의 경우에 꽃가루로 양성생식을 할 때, 잡종이 나타날 가능성이 크다. 꽃가루의 이동으로 다양한 결합이 가능하기 때문이다. 마찬가지로 동물의 경우에도 양성생식을 할 때 잡종이 나타날 가능성이 크다. 단지 동물에 따라 생활습관 등으로 말미암아 기질적으로 잡종이 잘 이루어지는 동물과 그렇지 못한 동물에 차이가 있다.

그런데 인간이 만든 인위적 환경으로 생물 사이에 잡종이 빈번히 발생하는 것을 볼 수 있다. 특히 인간이 먼 지역으로 동·식물을 옮겨감에 따라 잡종이 생겨나는 일이 많다. 이러한 것은 개의 경우에 잘 볼 수 있다. 사람들이 먼 곳으로 이사나 여행을 갈 때, 개를 데리고 가는 일이 많아서 세계의 곳곳에서 온갖 잡종들이 태어나게 된다. 우리가 흔히 '똥개'라고 부르는 것들은 이러한 형태의 잡종을 말한다. 이러한 잡종은 자연도태의 과정을 거쳐 환경에 적응할 수 있는 강인한 것들만 살아남기 때문에 섭생도 탁월하고 질병에도 강하다. 단지 그것들은 하나의 종을 고정하는 순종화의 과정을 거치지 않기 때문에 신종으로 정착하는 것이 불가능할 뿐이다. 사람들이 순종을 좋아하는 까닭에 잡종인 똥개를 천시하게 된다.

잡종화의 과정에서 유전자의 변이로 나타나는 특성 가운데는 생존에 유리한 것도 있고 불리한 것도 있다. 생존에 유리한 것을 잡종 강세라고 하고, 불리한 것을 잡종 약세라고 한다. 잡종이 일어나면 잡종 강세를 갖는 것은 계속 생존하고, 그렇지 못한 것은 도태한다. 이렇게 볼 때, 생물은 잡종 강세를 통해서 더욱 빨리 진화해왔다고 볼 수 있다. 그리고 잡종 강세를 통해서 나타난 변종이 안정화 과정을 거치게 되면 신종으로 자리하게 된다. 생물의 세계에서 볼 수 있는 진화는 대체로 잡종화의 과정에서 발생하는 종의 소멸과 탄생이 거듭된 결과라고 볼 수 있다. 잡종화의 과정을 통한 신종의 탄생은 진화의 세계에서 대단히 중요한 의미를 지니고 있다.

인간은 잡종화 과정에서 나타나는 잡종 강세를 활용하여 우수한 신종을 만들려고 노력해 왔다. 잡종 강세를 얻기 위해서 동·식물을 인위적 방법으로 잡종을 만들고, 그 가운데서 인간이 필요로 하는 것을 선택적으로 고르게 된다. 오늘날 인간이 기르는 식물이나 가축은 대부분 잡종화의 과정을 거쳐서 생겨난 신종들이다. 잡종 강세를 거쳐서 얻은 신종들 가운데 성질이 우수한 것을 개량종이라고 부른다. 하루에 수십 리터의 젖을 분비하는 소, 매일 하나씩 알을 낳는 닭, 씨가 없는 수박 등은 모두 개량종이다.

그런데 오늘날 인간은 실험실에서 유전자를 조작할 수 있는 기술을 갖게 되면서 손쉽게 다양한 잡종을 만들 수 있게 되었다. 이제는 유전자를 제거하고 삽입하는 등의 방식으로 자연상태에서는 도저히 불가능한 형태의 잡종까지 만들 수 있게 되었다. 즉, 사람들은 종류가 다른 생물의 유전자를 결합하여 괴상한 잡종을 만들게 된다. 인간과 돼지의 유전자는 물론이고, 식물과 동물의 유전자를 결합하여 잡종을 만드는 것도 가능하다. 인간은 이러한 형태의 잡종을 만들 수 있게 되어 신(神)의 뜻이나 자연의 섭리를 벗어나 인공의 극치에 서게 되었다.

그러나 사람들이 의도하는 잡종 강세는 인간의 입장에서 이해된 강세이다. 따라서 자연상태에서는 잡종 약세인 것이 도리어 인간에게는 잡종 강세로 인식될 수 있다. 즉 잡종화 과정을 거쳐서 줄기나 잎에 비해 열매가 유달리 많이 맺히는 채소나 과일이 생겨났을 경우, 자연상태에서는 생존에 매우 불리하다. 따라서 이런 종류의 변형은 잡종 약세라고 할 수 있다. 특히 식물의 경우에 열매를 지나치게 많이 맺으면 뿌리, 줄기, 잎, 열매 사이에 영양의 균형이 무너져 병충해에 매우 취약하게 된다. 그러나 인간의 입장에서 보면 생산성이 높기 때문에 잡종 강세로 이해된다. 인간은 농약을 사용하여 병충해를 인위적으로 방제하면서 필요로 하는 열매를 거두게 된다. 이런 관계로 인간이 잡종 강세를 통해 새로운 품종을 만들어낸 것들 가운데는 자연상태에서는 생존이 어려운 것들이 많다.

자연상태에서 생물의 세계는 잡종화 과정만 이루어지는 것이 아니라 순종화 과정도 이루어진다. 두 개의 종이 만나 잡종을 이루는 경우에도 처음에는 잡종화 과정이 일어나지만 잡종화 과정이 더 이상 일어나지 않는 한계상황에 이르면, 하나의 종으로 통합되는 순종화 과정이 일어나게 된다. 이에 따라 잡종을 통해서 획득한 좋은 성질을 순종화 과정을 통해 신종으로서 고정할 수 있게 된다. 반면, 인간은 특정한 종류의 생물이 잡종화 과정을 통해서 획득한 성질들을 의도적으로 제거하여 순종의 특징을 회복하는 경우도 있다. 예를 들면 인간이 멸종단계에 이른 삽살개의 잡종을 번식시키면서 순종화 과정을 통해 순종을 회복하는 경우가 있다.

그러나 이런 것은 자연상태에서는 거의 일어나지 않는다.

한편 인간이 생물학적 종의 기준에 따라 인류를 구분하는 것이 인종이다. 인종을 구분할 때 사용하는 가장 큰 범주는 세 가지, 즉 피부 색깔에 따라 황인종, 백인종, 흑인종을 구분하는 것이다. 사람들은 황인종, 백인종, 흑인종에 각각 순종이 존재하고, 이들의 결합으로 잡종인 혼혈이 생겨난다고 생각한다. 그리고 사람들은 일반적으로 인종의 하위집단인 민족을 단위로 순종, 별종, 잡종을 구분하는 경우가 많다. 같은 인종 가운데 어느 정도 이상의 동일성을 갖고 있는 순종을 단일민족이라고 한다. 단일민족은 장기간에 걸쳐 순종화 과정이 진행된 집단을 말한다. 반면에 서로 다른 인종이 결합하여 형성된 잡종을 혼혈민족이라고 한다. 혼혈민족은 잡종화 과정이 계속 진행되고 있는 집단을 말한다.

3. 문화 정체성의 준거로서 순종, 별종, 잡종 의식

인간의 문화는 수십만 년 동안 세대와 세대를 이어서 전해진 거대한 축적물이다. 이러한 문화는 전승의 과정을 거치면서 계속 변화하게 된다. 따라서 문화의 전승은 계승과 변화의 과정이 복합적으로 작용해서 이루어진다. 그런데 문화의 전승에서 중심이 되는 것은 변화보다는 계승이라고 할 수 있다. 문화가 계승이라는 기초에 근거하여 변화할 때 전승이 확실하게 이루어질 수 있다. 만약 계승이라는 기초가 튼튼하지 못한 상태에서 변화가 이루어지면 문화의 단절이나 붕괴를 불러올 수도 있다. 고려시대 청자의 예에서 볼 수 있듯이 도자기에 대한 지배층의 취향이 변화하는 과정에서 기술의 계승이 이루어지지 못하여 화려한 청자문화가 단절되고 말았다. 또한 아메리카인디언의 예에서 볼 수 있듯이, 외부세력이 일으킨 급격한 문화변동은 문화의 계승을 불가능하게 만들어 문명의 소멸을 불러오게 되었다.

문화의 전승은 세대와 세대를 이어 계통을 전하는 '전통(傳統)'에 근거하여 이루어진다. 사람들은 혈통(血統)에 근거하여 종족에 대한 정체성의 근거를 형성하듯이, 전통에 근거하여 문화에 대한 정체성을 형성한다. 전통은 과거에서 현재와 미래로 이어지는 정통성(正統性)의 준거로서 정체성의 기초를 제공한다. 이런 까닭에 일찍부터 전통에 대한 태도에 따라 문화 정체성을 순종, 별종, 잡종과 같은 방식으로 구분해 왔다. 순종 지향은 특정한 하나의 전통에 오로지 집착하는 것을 말하고, 별종 지향은 하나의 전통에 집착하는 것에 반발하여 새로운 변화를 시도하는 것을 말하고, 잡종 지향은 다양한 계통의 전통을 통합하여 새롭게 재구성하려는 것을 말한다. 그런데 사람들은 보통 순종의 방식에 바람직한 의미를 부여하는 반면에 별종이나 잡종의 방식에는 부정적 의미를 부여해 왔다. 이것은 인류가 오랫동안 순종의 방식이 지배하는 문화환경 속에서 살아온 결과이다. 인류가 별종이나 잡종적 방식에 관심을 갖게 된 것은 발전과 진보에 대한 믿음을 갖기 시작하면서였다.

오늘날 인간은 빈번한 문화교류와 급속한 문화변동을 경험하게 되면서 별종이나 잡종에 긍정적인 의미를 부여하게 되었다. 이것은 변화를 적극 수용해야만 생존을 담보할 수 있는 시대적 상황 때문이다. 따라서 인간은 별종 또는 잡종적 방법으로 생겨난 새로운 것을 '신종(新種)'이라고 부른다. 오늘날 신물질, 신품종, 신제품, 신세대, 신세계 등의 낱말에서 볼 수 있듯이 '신(新)'이라는 것은 대단히 중요한 의미를 갖고 있다. 이런 까닭에 당대를 뜻하는 '현대(現代)'가 '신대(新代)'와 같은 의미로 사용되는 일이 많다. 그래서 인간은 '신종'을 낳는 데 바탕이 되는 별종과 잡종을 문화 정체성을 형성하는 중요한 개념으로 받아들이게 된다. 많은 사람들이 가치로운 신종이 되기 위해서 먼저 별종과 잡종이 되어야 한다고 생각한다.

인간이 전통에 기반하여 문화변동을 이해하는 세 가지 방식, 즉 순종, 별종, 잡종의 방식은 문화 정체성을 구성하는 1차적 준거가 되고 있다.

인간은 이러한 준거를 좇아 문화에 대한 전체적인 태도를 형성하는 동시에 구체적인 사건을 이해하고 판단하는 기준으로 활용한다. 이런 점에서 순종, 별종, 잡종에 따른 구분과 이해는 개인이나 집단이 문화의식을 형성하고 실현하는 데 중요한 틀로 이용된다. 인간은 이러한 틀에 기초하여 문화를 바람직한 것과 그렇지 않은 것으로 구분하고, 이해와 실천의 방식을 달리하게 된다.

첫째, 문화에 대한 순종 지향적 태도는 문화의 본보기가 불변의 이념이나 사실로서 고정되어 존재한다고 본다. 사람들은 불변의 본보기가 전능한 신(神), 신성한 조상, 영원한 진리, 최초의 원형 등으로 존재한다고 본다. 그리고 이러한 불변의 본보기는 인간 안에 존재할 수도 있고, 인간 밖에 존재할 수도 있다. 사람들에게 문화생활의 목표는 불변의 본보기를 고수하거나 회복하는 것에 있으며, 이러한 불변의 본보기에 다가가면 갈수록 더욱 완전하게 문화를 실현하게 된다. 또 사람들은 문화의 본보기를 담고 있는 교과서를 절대적 가치를 지니는 '경전(經典)'으로 숭배한다. 따라서 사람들은 문화적 절대주의나 보편주의의 입장을 취한다. 사람들에게 문화는 인간이 본보기를 발견하고 창조하는 과정이 아니라, 그것을 이해하고 실현하는 과정으로 존재한다. 사람들에게 문화의 실현은 불변의 본보기에 대한 순수성을 추구하는 것으로 나타나게 되며, 순수한 것으로 이루어진 단일성을 추구하기 때문에 순수하지 못한 것, 즉 불순한 것을 사악한 것으로 이해한다. 사람들은 인간의 역사를 순수한 것과 불순한 것의 대결장으로 이해하여 순수한 것과 불순한 것을 엄격하게 구분하고, 잡박한 것을 배척하게 된다. 사람들은 불순한 것이 하나도 존재하지 않는 완전무결, 순수지선, 만장일치 등의 상태를 최선으로 생각하기 때문에 획일성은 완전함과 똑같은 의미를 갖는다. 따라서 절충과 타협은 불가능하다. 사람들은 절충과 타협을 비굴과 야합으로 인식하기 때문에 오로지 순종에 집착하여 별종이나 잡종을 불순한 것으로 따돌리며 배척하게 된다.

그런데 순종 지향적 태도는 불변의 본보기가 과거에 이미 사실로 드러나 있다고 생각하는 경우도 있고, 현 단계에서 발견되어 현재와 미래에 실현될 것으로 생각하는 경우도 있으며, 미래에 발견되어 실현될 것이라고 생각하는 경우도 있다. 이러한 차이에 따라 역사의 진행에 대응하는 방식은 달라지게 된다. 먼저 불변의 본보기가 과거에 이미 역사적 사실로서 실현된 적이 있다고 생각하는 경우에는 문화의 목표는 과거에 존재했던 본보기의 회복이다. 여기서는 과거에 존재했던 문화의 본보기에 다가가는 삶을 살게 된다. 반면에 불변의 본보기가 과거에 실현된 적이 없는 원리로 존재한다고 생각하는 경우에는 문화의 목표는 주어진 원리를 현재와 미래에 구체적 현상으로 실현하는 것이다. 이때는 과거 속에서 모범을 찾을 수 없는 새로운 문화를 건설하는 역사적 소명을 실현하는 삶을 살게 된다.

둘째, 문화에 대한 별종 지향적 태도는 불변의 것으로 설정되어 있는 기존의 본보기에 문제가 있다고 생각하여 부분적으로 변화해 보려고 한다. 이러한 태도는 본보기를 담고 있는 교과서를 다르게 이해할 필요가 있다고 생각하여 새로운 설명을 시도하고, 사람들이 기존의 본보기를 절대적인 것으로 추종하는 것을 강제와 억압이 개입한 것으로 보아 반발한다. 기존의 본보기를 묵수하는 사람들로부터 벗어나려고 노력하기 때문에 외톨이와 같은 고립된 형태의 삶을 추구한다. 이런 까닭에 기존의 본보기에 문제를 제기하고 저항하는 것은 개별적 양상을 띠게 된다. 그리고 이 사람들은 절충과 타협이 또 다른 강제와 억압을 낳을 수 있다고 보기 때문에 그것에 대해 유보적인 입장을 취하며, 다원성을 추구하는 잡종 지향적 태도 또한 개별성에 대한 위협이 될 수 있다고 보아 달갑게 생각하지 않는다. 하지만 기존의 것에 반발하고 저항하는 비슷한 유형의 별종에 대해서는 어느 정도 개방성을 보이기도 한다. 또 기존의 본보기를 대신할 수 있는 새로운 본보기를 갖고 있지 못하므로 대안을 바탕으로 구체적 변화를 이끌어 내는 것에 대해서 소극적이다. 이 때문에 그들은 혁명적 방법으로 모든 것을 교체하려고 시도하기보다는 변화에 대한 필요를 환기하는 선에서 머무는 것이 일반적이다. 따라서 그들은 본보기의 순수성에 반발하는 동시에 집착하는 이중적 성격을 보인다. 이로 말미암아 그들이 일으킨 변화는 일종의 해프닝과 비슷한 경우가 많다. 이런 까닭에 역사 속에서 별종이 수행하는 역할은 매우 제한적이다.

셋째, 문화에 대한 잡종 지향적 태도는 기존에 설정된 문화의 본보기를 시대적 필요에 따라 형성된 것으로 이해한다. 이러한 태도는 기존의 본보기를 참고하여 현재와 미래의 필요에 부응할 수 있는 더 나은 본보기를 만들어 나가야 한다고 보고, 문화에서 볼 수 있는 다양한 계통의 본보기를 모두 나름대로 가치를 지니고 있는 것으로 받아들인다. 그리고 한 계통의 본보기를 불변의 것으로 보는 입장에 반대하기 때문에 잡종 지향의 태도를 지닌 사람들에게 교과서는 절대적인 경전(經典)이 아니라 필요에 부응하는 참고자료이다. 그래서 다양한 계통의 교과서를 활용하여 현재와 미래의 요구에 부합할 수 있도록 재구성하려고 한다. 이런 관계로 과거의 전통은 현재와 미래를 설계하고 실현하기 위한 중요한 근거와 자료에 지나지 않는다. 또 이러한 태도에서는 새로운 종합을 위해 '우리'와 '남'의 경계를 매우 느슨한 형태로 유지하고, 열린 관계 속에서 미래를 새롭게 창조해 나가는 것을 가치 있게 받아들인다. 여기서 미래는 고정된 목표를 향해서 나아가는 것이 아니라 미지의 세계로 펼쳐진다. 그리고 잡종 지향적 태도를 지닌 사람들은 삶의 모든 과정에서 이루어지는 판단과 선택을 중요하게 생각한다. 그들은 절충과 타협을 당연한 것으로 받아들이기 때문에 순수한 것과 불순한 것을 이분법적으로 구분하는 것을 싫어한다. 또 인간에 의한 진보의 가능성을 믿고 새로운 변화를 불러올 수 있는 다양한 시도를 가치 있게 생각하고, 잡종화의 과정을 거친 신종의 탄생에 큰 기대를 갖고 있다. 잡종화의 과정에 뒤따르는 일정한 정도의 혼란과 무질서를 당연한 것으로 받아들인다. 이 사람들은 문제를 해결할 수 있는 유용성에 가치를 두는 실용주의적 성격을 지니게 된다. 이런 점에서 잡종 지향적 태도는 상대주의적이고 다원주의적이다. 이러한 태도는 다양한 것들이 상대적 가치를 지니며 공존할 수 있는 다원화를 지향하게 된다. 이것을 위해 획일적인 단일화에 저항하는 동시에 산만한 개별화에 저항하며, 개인의 요구를 중시하면서도 전체적 조화를 중시하는 다원화된 문화를 지향한다. 따라서 잡종 지향적 태도는 세계주의, 상대주의와 같은 입장을 선호하게 된다. 그러나 그들은 다원화를 추구하는 과정에 구심점이 모호해지면서 산만한 모습을 보일 때가 많다.

한편 개인이나 집단은 순종 지향 태도, 별종 지향 태도, 잡종 지향 태도에 기초하여 문화의 정체성을 형성하게 된다. 개인이나 집단은 이 세 가지 태도를 모두 갖고 있으면서 상황과 필요에 따라 적절히 활용하게 된다. 따라서 문화의식은 이 세 가지 태도가 어떠한 방식으로 전체적인 틀을 구성하고 있느냐 하는 것에 따라 성격을 달리하게 된다. 즉, 어떤 것이 중심에 위치하고, 어떤 것이 주변에 위치하느냐에 따라 문화의식의 성격이 달라지고, 문화의 전체적 방향을 좌우하게 된다. 사람들이 갖고 있는 문화의식의 성격에 따라 도전과 응전의 방법이 달라지면서 문화의 생성과 소멸, 발전과 퇴보가 결정된다고 볼 수 있다. 이렇게 볼 때, 개인이나 집단이 갖고 있는 문화의식의 성격을 이해하는 것은 과거와 현재의 이해는 물론이고 미래의 방향까지 이해할 수 있는 중요한 지침이 될 수 있다.

4. 문화 정체성과 문화발전

인간이 갖고 있는 순종, 별종, 잡종 의식은 문화 정체성을 설정하는 중요한 근거가 되어 왔다. 특히 문화교류가 가능한 상황에서 다른 문화를 수용하거나 거부하는 데 중요한 몫을 하는 것이 순종, 별종, 잡종의식이다. 예를 들면 19세기 중반 동아시아에 서구 자본주의문화가 밀려왔을 때, 한국·중국·일본이 순종, 별종, 잡종 의식에 기초하여 세운 쇄국정책과 개방정책은 민족문화의 전개에 결정적 영향을 미쳐 왔다. 오늘날에도 민족이 놓인 처지에 따라 순종, 별종, 잡종 의식에 기초하여 문화교류를 수용하거나 거부하는 가운데 역사 전개의 전체적 방향이 달라지는 것을 볼 수 있다.

먼저 어떤 집단이 외부와 벌이는 문화교류를 차단하게 되면 순종화의 과정을 거쳐서 문화의 동질성을 강화하게 된다. 이러한 동질화는 문화를 발전시킬 수도 있고, 퇴보시킬 수도 있다. 그러나 동질화의 과정이 지나치게 길어지면 문화의 정체를 면할 수 없게 되는데, 이는 문화발전에 필요한 새로운 활력을 공급받기 어렵기 때문이다. 예를 들면 수천 년이나 수만 년 동안 아마존 밀림지역에 고립되어 있던 부족들은 아직도 석기시대 단계를 벗어나지 못한 것을 볼 수 있다. 그들은 지리적 고립으로 어쩔 수 없이 극단적인 순종화의 길을 걷게 되었다.

반면에 어떤 집단이 문화교류를 통해 잡종화를 추진하는 경우에는 새로운 변화가 일어나게 된다. 이러한 변화는 파괴와 창조가 동시에 이루어지는 양상으로 전개된다. 창조가 우세하면 문화가 발전하지만 파괴가 우세하면 퇴보하게 된다. 이런 관계로 사람들은 잡종화가 불러오는 새로운 변화에 대해 긴장하게 된다. 특히 변화가 대폭적일 경우에는 더욱 그러하다. 이런 까닭에 기존의 질서에 집착하는 사람들은 잡종화를 통한 문화변동에 강하게 저항한다. 이에 반하여 기존의 질서를 변경하고자 하는 사람들은 잡종화에 따르는 새로운 변화를 선호한다. 그들은 잡종화를 통해서 일어나는 파괴와 창조의 과정을 적극 이용하려고 한다.

인간은 역사적으로 문화 정체성을 순종적 근거에서 찾으려는 경향을 보여왔다. 집단의 통합과 질서를 이룩하는 데 그것이 매우 효과적이기 때문이다. 특히 인간은 집단의 정체성이 흔들리는 경우에 순종에 근거한 문화적 고립주의를 선호하는 경향을 갖고 있다. 그들은 집단의 순수성에 호소하는 방식으로 단합된 힘을 결집하여 내외에서 불러온 위기를 극복하려고 한다. 이에 따라 위기에 빠진 많은 민족이나 국가가 자민족주의(自民族主義), 자문화주의(自文化主義), 자국가주의(自國家主義) 등에 의존하게 되었고, 그 결과 다른 민족이나 국가와 다양한 갈등과 분쟁을 일으켜 왔다. 더불어 인종·종교·영토 등에 대한 순종의식에 바탕하여 다른 민족이나 국가에 대해 침략과 약탈을 일삼는 일이 많았다. 오늘날에도 지상의 여러 지역에서 이러한 일로 분규와 전쟁이 계속되는 것을 볼 수 있다.

그런데 역사에서 잡종과 별종에 적극적인 의미를 부여한 것은 근대의 서구인이었다. 그들은 16세기를 전후하여 성서를 바탕으로 성(聖)과 속(俗)의 기준에 따라 천상과 지상을 엄격히 구분하고, 오직 천상의 세계만을 지향하는 가톨릭의 순종의식을 거부하기 시작하였다. 그리고 온갖 잡스러움이 섞여 있는 지상의 세속적 삶을 긍정하기 시작하였다. 근대 서구인은 르네상스, 종교개혁, 시민혁명, 산업혁명 등을 거치면서 신(神)의 품에서 해방된 개별자로 독립하게 되어, 인간이 스스로 문화의 본보기를 구성하여 살아가는 형태의 삶을 살게 되었다. 그들은 다양한 문화의 교류와 융합으로 생겨난 별종이나 잡종이 발전과 진보의 밑거름이 된다는 것을 깨달았다. 특히 1859년 다윈(Charles Darwin)의 《종의 기원》이 출판된 이후 생물과 문화의 진화와 발전을 열렬히 신봉하게 됨에 따라, 별종이나 잡종의 역할을 적극 긍정하게 되었다. 그들은 생물의 세계에서 별종이나 잡종을 통해 강력한 신종이 생겨나 진화가 이루어지는 것과 마찬가지로, 사회도 별종이나 잡종을 통해 강력한 신종이 생겨나 진보가 이루어진다고 보았다.

서구의 근대인에게 인류문화는 변화와 발전의 역사를 뜻하였다. 그들은 지식과 기술의 발전에 힘입어 혁신, 혁명, 개량, 개조 등의 방법으로 문화의 본보기를 계속 새롭게 만들어 나갔다. 그들에게 미래는 정해져 있는 것이 아니라 새롭게 드러나는 것으로 존재했다. 따라서 새로운 지식과 기술이 발견될 때마다 기존의 교과서를 계속 새롭게 고쳤고, 아직 교과서가 없는 분야는 새로운 교과서를 만들어냈다. 따라서 근대 서구인에게 교과서는 발전과 진보에 따라 계속 수정해야 할 가설들을 모아 놓은 자료집을 뜻하였다. 그들은 미래를 개척하여 문화를 새롭게 발전시키는 것에 관심을 집중해 왔으며, '상상에서나 가능했던 것'이나 '상상도 할 수 없었던 것'을 구체적 현실로서 창조해 냈다. 그 결과 인류는 별종이나 잡종의 방법으로 새로운 것을 창조해 내는 일을 무엇보다 가치 있게 생각하게 되었다.

19세기 중반 이후 서구의 제국주의 침략이 본격화하는 것과 더불어 근대문화가 세계적으로 확산되면서 많은 민족들이 근대화에 대한 열망을 갖게 되었다. 서구의 도전에 직면한 많은 민족들은 근대화를 통한 부국강병으로 국가의 독립과 민족의 생존을 지키려고 하였다. 그들은 이것을 위해 외부에서 선진문화를 받아들여 잡종 강세의 방법으로 문화능력을 높이려고 하였다. 그러나 대부분의 민족들은 근대화를 시작하는 단계에서 외침과 내분에 휩싸여 근대화의 꿈을 본격적으로 펼칠 수가 없었다. 그들은 한 세기가 지난 20세기 중반 이후에야 근대국가의 기틀을 마련하고 적극 근대화를 추진할 수 있게 되었다. 이런 점에서 오늘날과 같이 세계가 하나의 지구촌으로 통합되어 다양한 문화가 자유롭게 경쟁하는 상황에서는 잡종 강세를 지속적으로 이룩하지 못하면 문화적으로 도태되어 버린다. 이런 까닭에 문화적 잡종 강세는 일시적으로 새로운 힘을 불어넣는 계기로 작용할 수 있음은 물론이고, 장기적으로는 우수한 신종으로 발전하여 강력한 변화의 토대를 구축할 수도 있다.

오늘날 인간은 새로운 변화에 따른 발전이라는 개념을 정당한 것으로 수용하게 되면서 잡종화의 과정을 필요하거나 당연한 것으로 받아들이게 된다. 왜냐하면 그러한 과정을 거쳐서 발전을 가능하게 하는 우수한 신종이 탄생하는 것을 알고 있기 때문이다. 따라서 사람들은 잡종화의 과정을 거쳐서 강력한 잡종 강세를 얻어내려고 노력하게 되고, 이것을 위해 다양한 요소를 종합하여 새로운 것을 통합해 내려고 한다. 이런 까닭에 문화적 잡종 강세는 잡종화와 순종화가 긴장관계 속에서 통합적으로 이루어지는 것을 말한다. 즉, 문화적 잡종 강세는 잡종화를 거쳐서 새로운 능력을 개발하고, 그것을 순종화를 거쳐서 새로운 종으로 확립해 나가는 것을 말한다. 이런 관계로 잡종화와 순종화가 균형 속에서 이루어져야 잡종 강세가 가능해진다. 두 개 사이의 균형이 무너져 잡종화가 지나치게 되면 문화 정체성을 상실하여 혼란과 붕괴가 일어날 수 있고, 순종화가 지나치게 되면 문화 정체성이 고착되어 지체와 퇴보가 일어날 수 있다.

그런데 특정한 문화집단이 잡종 강세를 거쳐서 문화를 발전시키기 위해서는 그것에 필요한 다양한 여건들이 갖추어져야 한다. 즉, 잡종 강세를 효과 있게 추진할 수 있는 안정된 주도세력이 형성되어 있어야 하며, 잡종 강세에 필요한 자생적 문화능력이 배양되어 있어야 한다. 또한 잡종화에 적합한 다원적 세계관과 가치체계가 형성되어야 하고, 잡종화의 결과로서 나타난 우수한 변종을 순종으로 고정해 나갈 수 있는 순종화 과정이 순조롭게 이루어질 수 있어야 한다. 이 때문에 문화집단이 잡종 강세에 기초하여 문화 발전을 시도하더라도 성공을 거두는 것은 쉽지 않다. 이런 점에서 문화 발전에 필요한 여건들을 좀더 구체적으로 살펴보면 다음과 같다.

첫째, 잡종 강세가 효과적으로 일어나기 위해서는 문화를 이끄는 주도세력이 잡종 강세를 적극 수용할 수 있는 태도와 능력을 갖고 있어야 한다. 그러한 태도와 능력을 갖고 있는 사람들은 현실에 바탕한 실용주의적 생각을 견지하며 유연하고 강력한 주도세력 구실을 할 수 있어야 한다. 그리고 문화적 개방성과 다원성에 기초하여 타협과 절충의 방식으로 이해관계를 조정해 나갈 수 있어야 한다. 그렇지 못하면 잡종화의 과정에서 발생하는 혼란과 무질서를 효과적으로 극복하지 못한다. 따라서 문화를 전체적으로 통합할 수 있는 정체성을 계속 확립할 필요가 있으며, 그것에 근거하여 잡종화의 과정에서 일어날 수 있는 어려움을 창조적 방식으로 극복해 나가야 한다.

둘째, 잡종 강세가 효과적으로 일어나기 위해서는 잡종화를 추진할 수 있는 자생적 기반으로서 토착적 순종의 계보를 확보하고 있어야 한다. 따라서 토착적 순종을 적극 보호하고 육성할 필요가 있다. 만약 토착적 순종의 계보를 확보하고 있지 않은 상태에서 잡종화를 시도하면, 잡종 열세가 이루어지거나 문화의 이종화(異種化)가 이루어지게 된다. 문화의 이종화는 새롭게 들어온 문화가 기존의 문화를 모두 교체하는 과정을 통해서 다른 종으로 바뀌는 것을 말한다. 문화의 이종화가 심화하면 개인이나 집단이 문화 정체성을 상실하게 되어 잡종화의 기반 또한 상실하게 된다. 예를 들면 중원을 정복하여 청나라를 건설한 여진족은 문화적 이종화의 과정을 통해 자신의 토착문화를 상실하고 중국문화 속에 흡수되어 버렸다. 그 결과 문화 정체성을 상실하게 되면서 민족 자체가 사라지고 말았다.

셋째, 잡종 강세가 효과적으로 일어나기 위해서는 문화의 바탕이 되는 세계관이나 가치체계가 잡종 강세를 유지할 수 있는 형태로 형성되어야 한다. 이것을 위해서 세계관과 가치체계가 현세에서 이루어지는 발전과 진보를 가치 있게 받아들여야 한다. 때문에 어떤 집단이 내세에 설정된 불변의 본보기에 완고하게 매달리는 경우에는 잡종 강세가 이루어지기 어렵다. 또한 세계관과 가치체계가 다른 문화를 수용할 만한 포용성을 가지고 있어야 한다. 다른 문화에 대해 배타적인 성격을 가지는 세계관과 가치체계는 잡종화를 저항하고 거부한다. 예를 들면 특정한 유일신을 믿는 종교적 독선주의에 빠져 있으면 잡종 강세는 불가능해진다. 따라서 세계관이나 가치체계에 내재하는 독선주의적 성격을 완화해 나갈 필요가 있다.

넷째, 잡종 강세가 효과적으로 일어나기 위해서는 잡종의 방식으로 생겨난 변종을 우수한 순종으로 고정하는 순종화 과정이 필요하다. 그런데 이러한 잡종화 과정에서 이루어지는 순종화는 크게 두 가지로 구분될 수 있다. 먼저 잡종화의 기초가 되는 기존의 문화를 종자의 형태로 보존하는 식의 순종화가 있다. 전래의 순종을 적절한 상태에서 종자로 계속 보존해야 잡종 강세를 추진할 수 있다. 이것은 잡종화 과정에서 순종까지 모두 버리는 것은 아님을 뜻한다. 다음으로 잡종화를 통해서 획득한 능력을 순종화 과정을 통해서 하나의 종자로 정착해 나가는 형태의 순종화가 있다. 이러한 순종화는 잡종으로 나타나는 성질 가운데 필요한 것을 선택하는 과정이기 때문에 어떤 것을 취하고, 어떤 것을 버릴 것인지 정확하게 판단해야 한다. 이러한 순종화 과정을 통해 우수한 종자를 확보할 수 있어야 잡종 강세를 효과적으로 추진할 수 있다.

그런데 문화집단이 잡종화와 순종화 과정을 통해 잡종 강세를 추진할 때, 문화의 부문에 따라 잡종화와 순종화의 성격은 달라진다. 어떤 부문은 잡종화가 우세하게 전개되는 반면에 어떤 부문은 순종화가 우세하게 전개되는 일이 생긴다. 이런 까닭에 잡종화와 순종화가 전체적으로 조화와 균형을 이룰 수 있어야 잡종 강세를 효과적으로 이룩할 수 있다. 예를 들면 변화과정에서 어떤 부문은 본보기의 교체가 중심을 이루는 반면에 어떤 부문은 수정이나 변용이 중심을 이루고, 어떤 부문은 접합이 중심을 이룰 수 있다. 부문마다 변화의 내용과 속성을 달리하기 때문에 이러한 일이 일어난다. 따라서 각 부문에서 일어나는 잡종화 과정이 집단에게 유리한 방향으로 이루어지도록 조정해야 한다. 이런 까닭에 잡종 강세를 효과적으로 추진하기 위해서는 잡종화와 순종화가 필요한 부분을 전략적으로 선택할 수 있어야 한다.

역사에서 광대한 영토를 지배한 제국들은 다양한 문화요소를 통합하기 위해 잡종 지향적 성격을 갖게 되었는데, 로마제국, 당제국, 원제국, 청제국, 대영제국, 미합중국 등이 대표적인 예이다. 그들은 다양한 문화를 수용하여 종합하는 능력을 발휘해서 제국을 통합할 수 있는 강대한 힘을 형성할 수 있었다. 그리고 이러한 문화를 주변국들에 전파하여 보편문화를 형성하였고, 문화통합의 기초가 되는 표준적 본보기를 제공하여 세계문화의 흐름을 주도하였다. '모든 길은 로마로 통한다.'는 속담이 바로 그것이다. 그러나 그들은 잡종화 과정에서 얻어진 힘을 소진하는 단계에서 새로운 본보기를 창조한 세력에게 제국의 지위를 넘겨주고 쇠망의 길을 걸었다.

잡종 지향에 대한 긍정적 태도를 사회적 신념으로 강력하게 확립한 것이 실용주의이다. 실용주의는 산업혁명과 더불어 변화와 발전에 대한 신념이 보편화하면서 경험주의, 상대주의, 민주주의, 과학주의 등이 결합하여 생겨난 사상이다. 실용주의는 진보에 대한 믿음을 바탕으로 구체적 문제해결에 필요한 유용성에 1차적 가치를 부여한다. 따라서 실용주의는 변화와 발전을 가로막는 불변의 본보기를 거부하고, 상황과 필요에 적합한 새로운 본보기를 만들어 나가려고 한다. 실용주의는 문제해결에 필요한 더욱 나은 방법을 찾는 수단으로서 잡종을 당연한 것으로 받아들이고, 적극 이용하는 까닭에 잡종주의처럼 보일 때도 있다. 그러나 실용주의는 실용성에 대한 증명을 과학적 검증 방법을 통해서 정밀하게 논증할 수 있는 단계로 나아가면서 단순한 잡종주의와 명확히 구분될 수 있었다. 이러한 실용주의는 문제해결을 최우선으로 생각하는 잡종 지향적 삶의 태도가 20세기로 접어들어 중요한 철학 사조로 정착한 것을 뜻한다. 실용주의의 본산인 미국이 실용적 문제해결 능력에 기초하여 세계 강국으로 등장한 것은 당연한 결과라고도 할 수 있다.

오늘날 세계는 시장을 매개한 자본주의 상품문화에 기초하여 하나의 지구촌으로 통합되어 있다. 개인, 기업, 국가 등은 상품경쟁에서 우위를 차지하고자 무한경쟁을 펼치며 끊임없이 상품을 쏟아내고 있다. 이러한 경쟁에서 살아남기 위해서는 유용한 변화를 이끌어낼 수 있는 신종을 개발할 수 있어야 한다. '신상품', '신물질', '신지식', '신기술' 등에서 볼 수 있듯이 신종은 변화의 핵심에 자리하고 있다. 이러한 변화를 앞서가는 개인이나 집단이 인류문화를 주도하는 것은 당연한 일이다. 하지만 문화적 고립주의를 선호하는 개인이나 집단은 아직도 전통적인 순종의식에 강하게 매달린다. 그런데 그들은 오직 모든 것을 순종에만 매달리는 것은 아니고, 잡종화를 통한 변화의 결과를 부분적으로 채택하는 어정쩡한 모습을 보인다. 현대문명의 결실은 채택하면서도, 그것의 바탕이 되는 잡종화의 과정은 경시하거나 거부하는 모순된 태도로 말미암아 역사의 전면으로 나설 수 없다는 것이 문제이다.

제 6 장

문화권의 중심 본보기와 세계관의 유형

1. 사회를 이해하는 방식

오늘날 인간을 설명하기 위해 사용하는 핵심적인 낱말의 하나가 '사회 (society)'이다. 인간을 '사회적 동물'로 규정하고 사회 관계 속에서 인간의 특성을 설명하려고 하며, 이것을 대표하는 것이 인간의 삶을 사회적 관점에서 분석하고 설명하는 사회과학이다. 그런데 한국인이 사용하는 사회라는 낱말은 19세기 말엽 일본 학자들이 서구에서 통용되던 society, societe 등을 번역하여 사용하는 것을 한국, 중국 등이 공유하여 일반화시킨 말이다.[1] 따라서 한 세기 전만 하여도 이 낱말은 대단히 낯선 것에 지나지 않았다.

서구에서 society는 라틴어 societas, socius 등에 어원을 두고 있는 낱말로서 social, sociable, associate 등과 연관된 명사이다. society는 사람들이 친목, 교제, 이익, 동맹 등의 목적으로 관계를 유지하는 집단이나 단체를 뜻한다.[2] 따라서 이 낱말이 사용되던 초기에는 이런 방식을 따르지 않고서도 관계가 유지된다고 인식되었던 집단, 즉 가정, 교회, 국가와 같은

---

1) 梁啓超, 《飮冰室文集》 권 4, 尺牘類, 155쪽. 《飮冰室全集》(臺南 : 復漢出版社, 民國79년).
2) *Oxford English Dictionary*, 1978. 'society', 'social', 'sociable' 항목 참조.

것은 society의 개념으로 이해되지 않았다고 볼 수 있다. 이런 점에서 society는 처음부터 오늘날과 같이 인간으로 이루어진 모든 사회조직을 뜻하는 것은 아니었다.

그런데 서구인은 근대적 개인주의가 발달하는 것과 함께 인간으로 이루어진 다양한 조직들을 'society'라는 하나의 개념으로 통합하여 이해하기 시작하였다. 그들은 사회의 기초로서 '개인(individual)'이라는 개별화된 주체를 전제하고, '개인들(individuals)'이 친목, 교제, 이익, 동맹 등의 목적을 위해 구성한 집단이나 단체로서 사회를 설명하였다. 그리고 그들이 이러한 사회의 개념에 가정, 교회, 국가까지 포괄시키게 되자, 사회의 이해는 인간의 이해와 같은 정도로 중요한 의미를 갖게 되었다.[3] 그들은 이러한 입장에서 사회를 분석하고 설명하는 다양한 이론들을 개발하여 오늘날과 같은 세분화한 사회과학을 성립 발전시키게 되었다.

한편 오늘날 동아시아인이 society의 번역어로 사용하고 있는 '사회(社會)'는 글자 그대로 풀이하면 집단을 뜻하는 '사(社)'와 모임을 뜻하는 '회(會)'가 합친 말이다. 이것은 중국의 고제(古制)에 이사(里社)의 사람들이 봄과 가을로 절일(節日)에 토지(土地)의 신(神)을 모신 사(社)에 모여 풍년을 기원하는 제사를 올리던 집회에서 비롯되었다.(《中文大辭典》, '社' 조) 그래서 society가 사회로 번역되자 사회의 의미는 '사람들이 공동의 관심이나 이익을 증대할 목적에서 친목, 사업 등을 추진하는 집단이나 단체'와 같은 뜻으로 받아들여졌다. 그리고 이러한 사회를 대표하는 것이 당시에 새롭게 생겨나기 시작한 회사(會社)라는 조직이었다. 회사(會社)는 '사람들이 모여 사(社)라는 단체를 만들어 사업을 통해 이익을 추구하는 것'을 뜻하였다.

---

3) 오늘날 국어사전에 나와 있는 사회의 개념이다. 사전에서 사회는 "모든 형태의 인간의 집단적 생활을 일컬음. 가족, 촌락, 길드(guild), 교회, 군집, 계급, 국가, 회사, 정당 등은 그 주요한 형태로서 자연적으로 발생한 집단과 인위적으로 특정한 利害와 목적 같은 것에 따라 만들어지는 것이 있음."으로 설명되어 있다.

그러나 동아시아인이 서구에서 수입한 사회라는 개념으로 다양한 조직들을 통합하여 설명하자, 기존에 사회를 이해해 오던 방식과 차이가 나 혼란이 생겼다. 동아시아인은 전통적으로 가족, 가문, 국가와 같은 전체는 개인들에 앞서 전제되는 것으로 설명해 왔다. 하지만 사회라는 입장에서는 그것들을 개인에 의해 구성된 것으로 설명하게 되자, 그들은 갑작스런 관점의 변화에 어리둥절해졌다. 이로 말미암아 사회를 이중의 관점으로 바라보게 되어 개념의 혼란이 일어나는 동시에, 사회라는 차원에서 새롭게 설정된 규범과 질서의 내면화에도 어려움이 따랐다.

오늘날 사회과학은 '개인(individual)'에 기초한 서구 사회학의 영향으로 말미암아 사회를 개인적 차원으로 환원해서 분석하고 설명하는 것이 중심을 이루고 있다. 즉, 사회를 개인의 욕망, 요구, 의향, 계획 등의 결과에서 나온 전체로 이해하는 방법론이 중심을 이루고 있다. 이러한 것은 전체주의적 관점을 견지해 오던 공산주의의 몰락으로 더욱 강화되어, 사회를 이해하는 유일한 방법론처럼 인식되는 경향도 있다. 그래서 동·서양 모두 오랜 시간 동안 사회를 이해하는 데 주로 사용된 방법론—즉 사회가 개인들에 의해 구성되는 것이 아니라 개인들에 앞서 전제되는 것으로 이해하는 방법론—이 과학과 학문의 세계에서 관심 밖으로 밀려나게 되었다.

필자는 사회를 이해하는 데 크게 두 개의 관점, 즉 개체에 전제를 두고 개체들에 따라 사회가 규정된다는 관점과, 전체에 전제를 두고 전체에 따라 개체들이 규정된다는 관점이 있다는 것을 상정하고, 이러한 두 개의 관점이 갖는 성격을 비교 분석한 다음, 그것에 기초하여 역사적으로 존재했던 중요한 문화권의 특성을 분석하여 개체와 전체의 관계와 유형을 검토해 보려고 한다. 이러한 시도를 하게 된 까닭은 오늘날 인류가 당면하고 있는 중요하고 심각한 문제들을 이해하고 해결하기 위해서 사회를 바라보는 관점 자체에 대한 비판적 고찰이 필수라고 생각하기 때문이다.

2. 개체 중심적 관점과 전체 중심적 관점

'사회(society)'는 사람들로 이루어진 가정, 회사, 단체, 국가 등과 같이 다양한 조직들을 개별적 또는 전체적으로 가리키는 말이다. 이와 같은 다양한 조직들은 일정한 공통성을 갖고 있기 때문에 사회라는 하나의 개념으로 포괄하여 이해하게 된다. 이런 관점에서 이들 조직의 공통성에 기초하여 사회를 정의한다면 '개체들을 전체로 묶어주는, 일정한 관계가 유지되는 집단'이라고 할 수 있다. 만약 이러한 정의가 타당성을 갖는다면 사회를 이해하는 것은 개체와 전체의 관계를 이해하는 것과 거의 같다고 말할 수 있다.

개체와 전체의 관계는 무엇을 전제로, 또 무엇을 결과로 놓고 논의를 전개하느냐에 따라 두 가지로 구분할 수 있다.

하나는 개체를 전제로 설정해 놓고 개체들을 통해 전체가 규정되는 방식으로 이해하는 것이다. 이것은 사회와 관련된 모든 것을 최대한 개체로 환원해서 설명하는 개체 중심의 관점이라고 말할 수 있다. 따라서 이러한 관점으로 사회를 설명하게 되면 삶의 주된 목적은 전제인 개체의 욕구, 욕망, 의도, 요구, 주장, 계획 등을 실현하는 것에 있다. 개체는 이러한 목적을 실현하기 위한 수단으로서 모이거나 흩어지는 방식으로 전체인 사회를 구성하거나 해체하게 된다. 이 때문에 사회는 개체들을 통한 구성과 해체의 결과로서 존재할 뿐 독자성을 갖지 못한다. 그리고 이런 사회에서는 개체가 모든 것의 출발점인 동시에 종착점으로, 시간과 역사는 개체를 중심으로 구성되고 이해된다.

다른 하나는 전체를 전제로 설정해 놓고 전체를 통해 개체들이 규정되는 방식으로 이해하는 것이다. 이것은 사회와 관련된 모든 것을 최대한 전체로 환원해서 설명하는 전체 중심적 관점이라고 말할 수 있다. 따라서 이러한 관점으로 사회를 설명하게 되면 삶의 주된 목적은 전제인 전체의 욕구, 욕망, 의도, 요구, 주장, 계획 등을 실현하는 것에 있다. 전체가 이러한 것들을 실현하는 과정에서 개체들은 전체에 대한 동의와 반대에 따라 참여하거나 이탈하게 된다. 따라서 개체는 참여와 이탈의 가능성만 가질 수 있을 뿐 독자성을 갖지 못한다. 이런 사회에서는 전체가 모든 것의 출발점인 동시에 종착점이 되어, 시간과 역사는 전체를 중심으로 구성되고 이해된다.

그런데 사람들이 개체와 전체를 놓고 서로 관점을 달리하게 되는 것은 개체와 전체의 성격에 차이가 있기 때문이다.

개체는 현상적으로 구분이 가능한 것에 기초를 두고 있는 개념이라고 할 수 있다. 따라서 개체는 다른 것과 물리적으로 구분되는 독립적 실체로서 확실성을 강하게 지니고 있으며, 개체는 더 이상 나누어지거나 합치는 것이 불가능한 상태를 가리키기 때문에 경계가 분명하여 명확하게 구분할 수 있다. 이러한 개체는 사라지거나 부정될 때까지 해체나 이탈이 불가능한 상태에서 최소한의 동일성을 유지하기 때문에 독자적 단위로서 파악될 수 있고, 이에 근거하여 계량화를 통한 조작과 분석이 쉽다. 하지만 개체는 그들 사이에 존재하는 내용의 차이로 속성을 하나로 일반화시키기가 어렵다. 낱낱의 개체는 서로 내면의 자질에서 다양할 수 있고, 또한 시간의 변화에 따라 스스로 자질이 변화될 수 있다. 따라서 개체는 특수성을 지닐 수밖에 없을 뿐더러, 개체의 자질을 일반화한다고 하더라도 완벽한 형태로 일반화하는 것은 불가능하다.

반면에 전체는 개체들로 이루어져 있는 집단으로 처음부터 관계에 바탕하여 규정된 추상적 관념의 형태로 존재한다. 이러한 전체는 개체들의 참여와 이탈이 가능하기 때문에 경계가 명확하게 구분되기 어렵다. 또한 전체의 경계가 구분되더라도 발생과 소멸 과정에서 소장, 성쇠 등의 변화가 계속 나타나기 때문에 경계가 유지되기 어렵다. 따라서 계속 변화하는 전체는 독립적으로 존재하는 실체로서는 확실성이 떨어져 계량화를 통한 조작과 분석이 쉽지 않다. 그렇지만 전체는 추상적 성격에 바탕하여 일반성을 확대할 수 있기 때문에 하나의 완벽한 전체를 이상적 형태로 규정하는 것이 쉽다. 이렇게 일반화한 이상적 전체는 현상으로 존재하는 구체적 전체와는 상관없이 완벽한 기준으로서 조작과 분석의 편리한 준거가 될 수 있다.

그런데 사회가 기초하고 있는 개체와 전체의 관계는 어느 하나를 전제로, 어느 하나를 결과로 놓고 설명하기 어려운 상호의존적이고 복합적인 성격을 띠고 있다. 개체와 전체는 달걀과 닭의 관계처럼 보는 관점에 따라 전제와 결과로 달라질 수 있다. 한 예로 가정이라는 집단의 이해도 가족의 위치에 따라 전제와 결과가 달라지게 된다. 즉, 부부는 결혼과 이혼을 통해 가정의 구성과 해체가 가능하기 때문에 남편과 아내라는 개체를 가정이라는 전체의 전제로 놓을 수 있지만, 자녀의 경우에는 가정이라는 전체가 전제가 되어 출생하기 때문에 개체의 입장에서 가정을 구성하고 해체하는 것이 불가능하다. 자녀에게 가정은 전제로서 주어진 것으로 가족으로 참여해 있느냐 이탈해 있느냐만 가능할 뿐이다. 이처럼 가정이라는 전체는 가족이 놓인 처지에 따라 전제로 이해할 수도 있고, 결과로 이해할 수도 있다.

인간은 보통 사회를 이해할 때, 개인 중심적 관점과 전체 중심적 관점을 모두 사용한다. 인간은 상황과 필요에 따라 두 가지 관점 가운데 어느 하나를 골라서 준거로 활용하게 된다. 그리고 이때 시대나 문화적 특성에 따라 어느 방식을 주로 활용하느냐 하는 차이를 볼 수 있는데, 이는 삶을 질서 있게 살아가기 위해서는 논리적 준거를 통일하거나 단순화할 필요가 있기 때문이다. 따라서 가정에 대해서도 어떤 문화집단은 개체들이 전제가 되어 관계를 맺은 결과로서 나타난 전체로 이해하는가 하면, 어떤 문화집단은 전체가 전제가 되어 개체들의 관계가 규정된 것으로 이해한다. 그리고 이러한 관점의 차이는 가정의 목표와 구성, 구실 설정 등에 큰 차이를 낳게 되고, 사회의 전체적 성격에도 큰 영향을 미치게 된다.

3. 사회인식의 논리적 기초로서 세계관

인간은 세계를 하나의 일관된 논리체계에 기초하여 통일된 질서체계로 이해하려는 욕망을 갖고 있다. 그래서 인간은 거대한 우주에서 일상의 사소한 사물에 이르는 모든 것을 하나의 일관된 논리체계, 즉 하느님의 뜻, 음양의 이치, 물질의 법칙, 효용의 원칙 등에 바탕하여 통일적으로 설명하려고 하고, 이것을 위해 개체와 전체의 관계를 중심으로 시공, 인과, 선악 등을 설명하는 논리적 기초를 전제한다. 이러한 논리적 기초는 집단적 산물로 문화의 바탕을 이루는데, 흔히 세계관이라고 한다. 각각의 문화가 정연한 세계관의 기초를 갖는 것은 문화집단이 세계를 질서 있게 이해하고 살아가기 위한 것이다. 세계관은 무엇보다도 인간이 도달하고자 하는 윤리적 이상을 내포하고 있다. 즉, 인간이 세계관을 통해서 지향하는 것은 모든 것을 뛰어넘는 최고의 단계에 이르는 것이며, 단순히 인습의 수준에 머무르는 것이 아니라 인습 그 다음의 단계로 나아가는 것이다.

역사에서 세계관은 대부분의 경우 종교가 제공해 왔다. 특히 근대 이전의 사회에서는 모두 그러하다고 말할 수 있다. 고대사회에서 볼 수 있는 애니미즘은 모든 문화에서 공통으로 볼 수 있는 종교적 특성이다. 애니미즘은 모든 사물을 살아있는 생명체와 같은 활물적 존재로 이해한다. 이것은 생명체의 몸이 갖고 있는 사물의 성격에 근거하여 생명체가 아닌 사물도 생명체처럼 이해하는 방식을 말한다. 인간은 구체적 사물로 존재하는 몸을 매개로 식물이나 동물은 물론이고, 바위와 같은 무생물을 하나의 전체로 엮어서 마음이 통할 수 있다고 보았다. 애니미즘은 토템으로 발전하여 특정한 물건을 종족의 상징으로 생각하고 종교적으로 숭배하는 단계로 나아가게 되었다.

인간이 애니미즘과 토템의 단계에서 고등종교의 단계로 나아가면서,

각각의 종교들은 독자성을 지니게 되었다. 문화의 교류와 발달이 촉진되는 것과 함께 종교적 통합이 이루어지면서 중세에는 보편종교를 중심으로 거대한 지역문화권들이 형성되었다. 즉 기독교, 불교, 이슬람교, 유교, 힌두교를 바탕으로 형성된 몇 개의 거대한 지역문화권들이 문명을 주도하였다. 특히 서구의 기독교문화권과 중동의 이슬람문화권은 문화의 주도권을 놓고 여러 세기에 걸쳐 종교전쟁을 벌였다. 그리고 중세를 벗어나 근대사회로 들어오면서 문화권의 통합과 확대는 가속적으로 이루어졌다. 서구의 근대문화가 세계의 곳곳으로 전파되어 압도적 우세를 차지하게 되자, 서구문화의 근간인 기독교 또한 세계적인 전파가 이루어지게 되었다.

서구가 이끈 근대문화는 욕망을 형성하고 실현하는 수단을 과학과 기술에 의존하여 종교의 역할을 조금씩 축소해 왔다. 그럼에도 아직도 중세에 형성된 종교적 영향이 중요한 역할을 수행하고 있기 때문에 오늘날 대개 문화권을 구분할 때 종교에 따라 기독교문화권, 이슬람문화권, 힌두교문화권, 유교문화권 등으로 구분한다. 그러나 종교만이 세계관을 제공해 온 것은 아니었다. 근대사회로 접어들면서 정치와 종교가 분리되어 세속적 삶의 탈종교화가 크게 진척되자 정치, 경제, 학문, 과학 등이 세계관을 제공하는 일이 많아졌다. 서구의 근대문화에 뿌리를 둔 자본주의, 공산주의, 과학기술주의 등은 종교와는 다른 형태의 세계관을 바탕에 깔고 있다.

오늘날 인간은 지구촌시대를 맞아 다양한 세계관들이 복잡한 양상으로 공존하거나 갈등하고 있다. 종교적 신조, 정치·경제적 체제, 과학적 지식체계 등에 근거한 다양한 세계관들이 섞여 있는 가운데, 서로 다른 문화권에서 형성된 각종 세계관들이 영향을 주고받으며 경쟁과 갈등을 일으키고 있다. 이에 따라 모든 것을 하나의 관점에서 포괄하여 획일적으로 설명하는 세계관은 존재하기 어려워졌으며, 따라서 특정한 종교를 교조적으로 신봉하는 경우에도 오로지 그것에 의존하여 모든 것을 설명하는 것은 불가능해졌다. 특히 종교적 교리와 과학적 지식이 일치하지 않아서 '나'와 '세계'에 대한 이해와 실천이 혼란 속에 놓이는 경우가 일상화되었다. 이런 까닭에 대부분의 사람들은 오로지 하나의 세계관에 바탕하여 살아가기보다는 다양한 것을 종합하여 살아가는 형태를 취하고 있다.

하지만 사람들이 갖고 있는 다양하고 복잡한 세계관들도 사회 인식의 방식이라는 측면에서 개체와 전체라는 기본구조를 벗어나지 않고 있다. 왜냐하면 인간이 논리적 상관성을 이해하는 인식의 근거가 개체와 전체의 관계에 근거하고 있기 때문이다. 이런 까닭에 학자들은 사회나 문화의 특징을 설명할 때 흔히 개체 중심적 세계관과 전체 중심적 세계관의 구분에 근거하여 분석과 설명을 시도하는 경우가 많았다. 그들은 개체 중심적 관점이 우세한 사회를 개인주의 사회(또는 문화)로, 전체 중심적 관점이 우세한 사회를 집단주의 사회(또는 문화)로 구분하여 비교연구를 전개해 왔다.

그러나 개인주의와 집단주의에서 말하는 개체와 전체는 성격에 큰 차이가 있기 때문에 그러한 전체와 개체를 개념적으로 구분해서 지칭할 수 있다면 논의가 한층 정밀해질 수 있다. 그렇지만 아직 이러한 것은 제대로 시도되지 못하고 있다. 이것은 서구인이 형성해 놓은 '근대적 편견', 즉 서구인이 근대적 개인주의의 관점에서 이해한 개체나 전체의 성격을 보편적 진리와 같게 보려는 학문 태도에 1차적 원인이 있다고 말할 수 있다. 서구의 학자들은 전제로서 설정한 'individual'과 결과로서 끌어낸 'society'의 성격을 벗어나 존재하는 개체와 전체를 경험하거나 이해하는 것이 쉽지 않기 때문에 오직 그러한 개념 위에서 모든 사회를 설명하려고 노력해 왔다.[4] 다른 문화권의 학자들 또한 서구 학자들의 입장을 추

---

4) 이런 점에서 서구인들이 중세시대를 개체(individual)가 존재하지 않는 '중세적 암흑시대'라고 말하는 것처럼, 오늘날의 서구를 전체(whole)가 존재하지 않는 '근대적 암흑시대'라고 말할 수 있다.

종해 왔기 때문에 개체와 전체의 성격을 새롭게 검토하는 일에 관심을 가질 수 없었다.

개체 중심적 관점과 전체 중심적 관점에서 말하는 개체와 전체를 독자적 용어로 구분하여 논의를 세분화하기 위해서 먼저 개체 중심적 관점에서 모든 것의 전제가 되는 낱낱의 개체를 개별자(個別子 : individual)로 규정하고, 그 집합으로 만들어지는 결과인 전체를 합체(合體 : assemblage)로 규정하고자 한다. 다음으로 전체 중심적 관점에서 말하는 모든 것의 전제가 되는 하나의 전체를 통체(統體 : whole)로 규정하고, 통체에 포함되어 있는 낱낱의 개체를 소속자(所屬子 : belonging)로 규정하고자 한다. 이렇게 구분하게 되면 일단 개인주의는 개별자(個別子)-합체(合體)의 구조로 설명될 수 있으며, 집단주의는 통체(統體)-소속자(所屬子)의 구조로 설명될 수 있다.

개체와 전체의 관계를 개인주의와 집단주의의 차원에서 개별자-합체의 구조와 통체-소속자의 구조로 구분하면 분석과 설명이 좀더 정밀해질 수 있지만, 역사에서 나타났던 다양한 문화권들의 설명은 기존의 수준에서 크게 벗어나기 어렵다. 집단주의라고 하더라도 인도문화에서 볼 수 있는 집단주의와 한국문화에서 볼 수 있는 집단주의에는 큰 차이가 있으며, 또한 한국문화의 집단주의라고 하더라도 오늘날 북한에서 볼 수 있는 집단주의와 남한에서 볼 수 있는 집단주의에는 큰 차이가 있다. 이러한 차이를 설명하기 위해서는 문화적 특성에 기초하여 세계관의 구조를 한층 세분화하여 논의할 필요가 있다. 이런 점에서 문화권의 특징과 연관하여 세계관의 구조를 통체-소속자의 구조를 통체(統體)-종속자(從屬子), 통체(統體)-연기자(緣起子), 통체(統體)-부분자(部分子)로 세분화하여 논의해 보려고 한다.

4. 문화권의 특징과 세계관의 유형

인간이 사회를 어떠한 방식으로 이해해 왔는가에 대한 경험적 자료는 역사적 사실에서 얻을 수 있다. 인간이 사회에 대해 갖고 있던 다양한 생각들을 구체적 현실로서 실천한 결과를 역사적 사실로 말할 수 있다. 이런 관점으로 세계사의 중심에서 많은 영향력을 발휘해 왔던 문화권들을 세계관의 구조라는 측면에서 분석하여 개체와 전체의 관계에 관한 이론적 일반화를 시도해 보는 것도 가치 있는 일이다.[5] 이것이 가능하다면 문화변동을 '세계관의 구조와 변동'으로 설명할 수 있다. 이런 차원에서 역사적으로 두드러졌던 몇 개의 중요한 문화들, 즉 기독교와 이슬람교가 이끈 유럽과 중동의 중세문화, 유럽의 근대적 개인주의 문화, 힌두교가 바탕을 이루고 있는 남아시아 문화, 유교, 도교, 불교가 바탕을 이루고 있는 동아시아문화를 대상으로 삼아 세계관의 유형화를 시도해 보았다.

1) 유럽과 중동의 중세문화와 통체-종속자 세계관

오늘날 유럽으로 불리는 지역이 하나의 문화권으로 통합된 것은 중세라는 긴 터널을 지나면서였다. 4세기 무렵부터 북쪽에 위치한 게르만족이 남쪽으로 이동하여 유럽의 중남부에 새로운 거주지를 찾아 정착하게 되자 민족과 문화의 접촉과 융합이 활발해졌다. 이것을 계기로 그리스·로마에서 발달한 고전문화와 새롭게 성장하는 기독교문화가 전체 유럽으로 확산되면서 문화의 통합이 크게 증대하기 시작하였고, 이때부터 그리스·로마의 고전문화, 기독교문화, 게르만문화가 하나로 융합되어 거대

---

5) 이런 일을 일찍이 막스 베버나 탈코트 파슨즈가 시도한 바 있다. 베버는 《종교사회학논집》을 통해 세계관의 특성에 주목하여 서구문화와 비서구문화, 그리고 서구문화 내부에 자본주의화한 문화와 그렇지 못한 문화를 비교-분석하였고, 파슨즈 또한 《사회의 유형》에서 로마문화, 이슬람문화, 힌두교문화, 중국문화를 사회진화론적 관점에서 비교-분석하였다.

한 문화적 통합체를 형성해 나갔다.

중세 유럽이 하나의 문화적 통합체로 정체성을 확립하는 데 바탕이 된 것은 기독교였다. 기독교는 나사렛 출신 예수가 유대교의 전통에 뿌리하여 창시한 것으로 제자들이 로마제국으로 전파하여 세력을 확대해 나갔다. 기독교는 기존의 다신교적 종교 전통과 마찰을 빚으면서 거듭되는 박해로 시련을 겪기도 했으나, 계속 세력을 확대하여 4세기 초에는 로마제국의 공인을 얻어내었고, 4세기 말에는 국교로 자리잡았다. 이러한 과정에 기독교는 로마제국의 지배영역을 따라 조금씩 세력을 넓혀 나갔다. 그러나 로마제국이 동서로 분열하고, 이어 서로마제국이 멸망하자 유럽의 중심부에 여러 왕조가 나타나고 사라지는 가운데 노르만인의 침입으로 유럽 전체가 혼란에 빠졌다. 이로써 통합체제로서 왕조의 권위가 유명무실해지자 로마가톨릭에 바탕한 종교조직과 영주를 중심으로 한 지방권력이 종교·정치의 연합 형태로 유럽을 실질적으로 지배하게 되면서 중세로 진입하였다.

로마제국이 공인한 기독교는 보편종교라는 뜻에서 가톨릭으로 불렸는데, 지역과 민족에 따른 문화적 차이를 통합해 나가는 용광로와 같은 역할을 수행하였다. 각 지역에 봉건제도가 뿌리를 내리는 것과 함께 가톨릭의 교구제도가 확립되자 기독교를 통한 문화적 통일이 완성되었고, 그 결과 유럽인은 성서와 교회에 기초하여 공통문화를 호흡하며 살아가게 되었다. 그들은 민족과 지역의 차이에도 불구하고 출생에서 죽음에 이르는 모든 것을 기독교에 의존하는 획일화한 삶을 살아가게 되었다. 기독교에 대한 신념과 열망이 조금씩 유럽을 지배하게 되자, 성지 예루살렘을 이교도인 이슬람 세력에게서 해방시킨다는 목적으로 십자군원정이 감행되었다. 그들은 1096년에 제1차 원정을 시작한 이후 200년에 걸쳐 8차례나 수천, 수만의 군대를 파견하여 이슬람 세력과 피비린내 나는 전쟁을 치렀다.

중세 유럽에서 기독교는 세계를 하나의 통체, 즉 천주(God)를 중심으로 설명하였다. 천주는 유일신으로서 모든 것의 원인이자 천지만물의 창조자로서 전체를 규정하고 대표한다. 만물은 피조물로서 천주에 예속된 사물의 상태로 존재하고, 시간과 공간은 천주의 영역에 속하는 천상의 영원한 시공과 피조물의 영역에 속하는 지상의 유한한 시공으로 이원화되어 있다. 또한 만물은 지상의 유한한 시공에 구속되어 있는 불완전한 존재이다. 하지만 인간은 천주가 창조한 만물 가운데 천주를 모상으로 만들어진 특별한 능력과 지위를 갖고 있었다. 이러한 인간이 살아가는 지상의 유한한 삶은 천상의 영원한 삶을 준비하기 위한 수단으로 존재한다. 지상의 삶이 지향하는 궁극적 목적은 구원을 통해 천상의 삶을 획득하는 것에 있다. 이러한 구원은 천주의 아들이자 대리자의 역할을 수행하는 예수를 매개로 이루어진다. 사람들은 예수를 통한 구원을 확신하고 순종하여 은총의 결과로 구원에 이르게 된다고 본다. 사람들에게 신앙의 핵심은 천주의 말씀을 기록한 성경과 대리자인 예수에 대한 절대적인 믿음과 실천에 있다.

이와 같이 천주라는 통체(whole)에 예속되어 있는 개체를 종속자(從屬子 : subordinator)라고 부를 수 있고, 이러한 형태의 세계관을 통체-종속자 세계관이라고 할 수 있다.[6] 이런 관점에서 유럽의 중세사회는 통체-종속자 세계관에 기초한 사회라고 말할 수 있다. 이 경우에 사회는 전체가 통체로서 전제되고, 개체는 통체에 의존하여 존재한다. 그리고 개체의 본질은 종속성에 있기 때문에 개체의 실현은 종속성의 완전한 실현을 뜻하며, 이것은 다시 통체에서 주어진 명령이나 역할에 대한 순종과 헌신을 뜻한다. 만약 개체가 이러한 명령이나 역할에 순종하지 않을 경우에는 죄를 짓는 행위가 되어 처벌을 받는다. 이러한 처벌 가운데 가장 큰

---

6) 통체-종속자 세계관의 성격은 바울이 말한 다음의 말, 즉 "But now that you have been set free from sin and have become slaves of God, the return of you get is sanctification and its end, eternal life. For the wages of sin is death, but the free gift of God is eternal life in Christ Jesus our Lord."(*The New Testment*, Romans, 6장 22~23절)에 잘 드러나 있다.

처벌은 종속자의 자격을 부정하고 추방하는 파문이다. 그리고 아직 통체의 존재를 알지 못하는 사람들은 이교도로서, 감화나 정복의 대상이다.

기독교에서 인간은 존재의 근거를 절대자에 둠으로써 일상에서 벗어나기 어려운 삶의 모습들을 역동적으로 변화할 수 있는 강력한 힘을 갖는다. 인간은 회개(悔改 : repentance)를 통해 절대자의 은총을 입어 손쉽게 거듭날(rebirth) 수 있다. 인간은 사랑을 통한 용서와 미래에 대한 소망으로 어렵거나 불가능한 일들, 즉 죄를 용서받는 것, 원수를 사랑하는 것, 불치병이 치유되는 것, 죽었던 자가 살아나는 것 등을 가능한 것으로 욕망한다. 인간은 이러한 욕망에 바탕하여 내세는 물론이고 현세에서도 계속 새로운 세상을 꿈꾼다. 이로써 인간은 기존의 사회관계를 변혁할 수 있는 혁명적 논리의 구성과 실천 또한 가능하다.

중세 유럽사회는 통체-종속자적 세계관에 기초하여 가톨릭교회의 영향력이 막강했음에도 종교와 정치가 이원화되어 있었기 때문에 종교가 모든 것을 주도하지는 못하였다. 가톨릭교회와 세속적 정치세력이 언제나 긴장관계를 유지하며 상황에 따라 협조와 갈등을 계속하였기 때문에, 이들의 틈바구니에서 새로운 변화를 추구하는 세력들, 즉 자유도시, 대학공동체, 제3계급과 같은 부류들이 생겨날 만한 여지가 많았다. 그들을 통해 근대적 개인주의가 싹을 틔워 점차 강력한 세력으로 성장해 나갔다.

한편 유럽에서 가톨릭을 중심으로 하나의 문화권이 형성되고 있을 때, 중동에서는 7세기 초에 마호메트가 유대교의 전통을 바탕으로 이슬람교를 창시하여 새로운 문화를 건설해 나갔다. 그는 예언자로서 백성들에게 신의 계시를 전하는 사명을 수행하며 신앙에 근거한 이슬람공동체를 형성해 나갔다. 그가 이끈 신앙공동체는 처음부터 종교와 정치가 일체를 이룬 신정국가를 지향하였다. 그래서 마호메트는 신정국가의 통치에 필요한 법과 군대를 정비하는 동시에 전쟁을 통해 신앙공동체의 영역을 넓혀 나갔다. 그가 생존해 있을 때 이슬람 세력은 아라비아반도를 거의 통일할 정도로 확대되었다. 그가 전한 신의 계시가 '코란(Quran)'이라는 성전으로 확립되어 신앙공동체가 삶의 근거로서 공유하게 되었다. 이로써 민족과 문화의 차이에도 하나의 통합된 문화권으로서 정체성을 확립해 나갔다.

이슬람교는 기독교와 마찬가지로 세계를 하나의 통체, 즉 알라(Allah)를 중심으로 설명하였다. 알라는 유일신으로 모든 것의 원인이자 천지만물의 창조자로서 전체를 대표하였다. 천지만물은 피조물로서 알라에 예속된 상태로 존재하였고, 시간과 공간은 알라의 영역에 속하는 천상의 영원한 시공과 피조물의 영역에 속하는 지상의 유한한 시공으로 이원화되어 있다. 천지만물은 지상의 유한한 시공에 구속되어 있는 불완전한 존재였다. 그런데 인간은 알라가 창조한 천지만물 가운데 알라를 모상으로 만들어진 특별한 능력과 지위를 갖고 있었다. 이러한 인간이 살아가는 지상의 유한한 삶은 천상의 영원한 삶을 준비하기 위한 수단으로 존재하였다. 지상의 삶이 지향하는 궁극적 목적은 구원을 통해 천상의 삶을 획득하는 것에 있었고, 이러한 구원은 알라의 계시를 전하는 최후의 예언자인 마호메트의 가르침을 철저하게 믿고 따르는 것으로 이루어졌다. 그들에게 신앙은 코란의 가르침에 근거하여 기도(Salah), 희사(Zakh), 금식(Ramadhan), 순례(Hajj) 등의 철저한 실천을 뜻하였다. 그들은 이러한 실천에 따르는 은총의 결과로 구원이 이루어진다고 보았다.

이와 같이 알라라는 통체에 예속되어 있는 개체를 종속자라고 부를 수 있고, 이러한 형태의 세계관을 통체-종속자 세계관이라고 할 수 있다. 이런 관점에서 이슬람 사회는 중세 기독교 사회와 마찬가지로 통체-종속자 세계관에 기초한 사회라고 할 수 있다. 이 경우에 사회는 전체가 통체로 전제되고, 개체는 통체에 의존하여 존재한다. 그리고 개체는 본질이 종속성에 있기 때문에 개체의 실현은 종속성을 완전하게 실현하는 것을 뜻하며, 이것은 통체에서 주어진 명령이나 역할에 대한 순종과 헌신을 뜻한다.

그런데 기독교와 이슬람에서 말하는 종속자는 성격에 차이가 있었다. 기독교는 신의 대리자인 예수를 통해 신을 만나고 구원을 받는 반면에,

이슬람교는 마호메트가 계시한 코란을 통해 신을 만나고 구원을 받았다. 신의 만남과 구원이라는 점에서 이슬람교는 종교개혁 이후의 기독교와 비슷하다고 말할 수 있다. 하지만 이슬람 사회는 기독교와는 달리 종교와 정치가 완전히 일체를 이루는 사회였기 때문에, 전체인 사회체제에 대한 개체의 순종과 헌신을 극도로 강조하였다. 그들은 계명에 대한 절대복종을 신성한 의무로 생각하여 알라를 위해 개인의 생명을 희생하는 것을 대단한 영광으로 생각하였다.

이슬람 사회는 마호메트가 죽은 뒤에 신정의 원리에 바탕한 칼리프제도를 가지고 강력한 이슬람제국으로 발전하여 사방으로 세력을 확장해 나갔다. 이러한 과정에서 이슬람 세력이 유럽의 기독교 지역을 침공하여 스페인, 남프랑스, 북아프리카 등을 지배하였고, 이로써 이슬람 세력과 기독교 세력은 계속 충돌하였다. 두 세력은 모두 자신들이 숭배하는 통체에 대한 절대적 순종과 헌신을 신성한 의무로 생각했기 때문에 타협이나 공존이 어려웠다. 초기에는 이슬람 세력이 강성하여 기독교 세력을 위축시켰으나, 10세기를 지나면서 기독교 세력이 강성해지자, 성지 예루살렘의 회복을 명분으로 앞에서 본 것처럼 십자군원정을 시작하여 200여 년에 걸쳐 대립 항쟁하게 되었다.

2) 유럽의 근대문화와 개별자 - 합체 세계관

중세 말기에 유럽은 교회에 예속되어 있는 종속자가 독자적인 '개인(individual)'으로 해방되어 나오는 새로운 변화가 일어나기 시작하였다. 개인은 계약의 주체로서 갖는 권리를 사회제도를 통해 확립해 나갔다. 이러한 것은 자유도시의 발생과 시민계급의 대두, 학문자치체인 대학의 발생, 농노제의 점진적 이완, 초기적 국민국가의 형성과 의회의 등장과 같은 현상으로 나타났다. 그러나 기존의 가톨릭교회와 봉건영주가 갖고 있는 강력한 힘에 눌려 개인의 해방이라는 새로운 변화의 물결은 15세기까지 분명하게 드러나지 못하였다.

이러한 상황에서 이탈리아 반도의 지중해 연안에 위치한 피렌체, 베네치아, 제노바, 피사와 같은 상업도시에서 시작된 문예부흥(Renaissance)은 중세적 세계관에 새로운 변화를 가져오는 전환점이 되었다. 문예부흥이 지향하고 있는 것은 그리스 고전의 재생을 통해서 '인간과 세계의 발견(the discovery of man and world)'을 이룩하는 것이었다. 문예부흥은 고전의 복원과 연구를 통해서 중세 속에 종속자의 위치로 매몰되어 있던 인간의 의미를 새롭게 발견하였다. 이때의 인간이란 개성적 존재인 인간, 즉 더 이상 나누어질 수 없는 독자적인 개인을 말하였다. 문예부흥은 이러한 개인을 모든 것의 출발점으로 전제함으로써 근대라는 전혀 새로운 역사의 무대로 나아갔다.

문예부흥을 통한 개인의 발견이 알프스 이북으로 파급되자 개인주의적 흐름이 태동하게 되었다. 이러한 흐름은 종교개혁을 통한 신앙적 개인주의, 자본주의의 발달을 통한 경제적 개인주의, 민주주의의 발달을 통한 정치적 개인주의로 확대되어 나갔다. 이러한 변화를 주도한 세력은 자유도시의 자본가 계급이었다. 그들은 정치적 자유를 확대해 가면서 세속적 부에 대한 부정적 견해를 극복하고 긍정적이고 적극적인 뜻을 부여하였다. 이것을 위해 그들은 천직의식과 금욕주의로 세속의 부를 합리화할 수 있는 근거를 찾았고, 부에 대한 개인의 이기적 욕망을 해방해서 정당한 것으로 자리잡게 하였다.

서구의 근대적 전환은 신의 대리자인 교회와 봉건적 신분제도에 예속되어 있던 인간이 개인으로 해방되어, 신 중심의 사회에서 인간 중심의 사회로 이행하는 과정으로 나타났다. 그래서 서구에서는 인간이 구체적으로 호흡할 수 있는 현세적 시공만을 인정한 상태에서 모든 것의 전제로서 개인을 설정해 놓고, 사회를 개인의 의사에 따라 구성되거나 해체될 수 있는 집합체와 같은 것으로 설명하고자 하였다. 여기서 사회를 개인들이 맺은 약속의 결과로 설명하는 사회계약설이 생겨났다. 이러한 태도는 단순히 개인의 해방에 머물지 않고, 모든 사물의 본질을 개체를 통해서 설명하는 것으로 확대되어 나갔다. 그들은 사물의 궁극적인 의미가 개체를 통해서 구명될 수 있다고 전제하고, 더 이상 나누어지지 않는 최소단위의 개체를 바탕으로 세계를 설명하려고 하였다. 이러한 분석과 종합의 방법으로 개체의 성격을 구명하는 과정에서 근대과학이 성립되고 발전을 가져올 수 있었다.

이와 같이 모든 것의 전제로 설정해 놓은 개체나 개인을 개별자(個別子 : individual)로 부를 수 있고, 이러한 형태의 세계관을 개별자(individual)-합체(assemblage) 세계관이라고 할 수 있다. 이런 점에서 서구의 근대사회는 개별자-합체 세계관에 기초한 사회라고 할 수 있으며, 이때 사회는 개체가 개별자로서 전제되고, 전체는 개별자에 의존하여 존재한다. 개체의 본질이 개별성에 있기 때문에 개체의 실현은 개별성의 완전한 실현을 뜻한다. 이것은 개별자가 욕망, 요구, 계획 등을 자유롭게 표현하고 실현하는 것을 뜻한다. 이러한 개별자의 실현을 위해서는 다른 개별자를 침해하지 않는 범위에서 모든 생각과 행동이 허용될 수 있어야 하며, 이러한 요구에 부응하여 생겨난 개념이 개별자의 자유와 평등이었다. 합체로서 사회는 개별자의 의사에 반하여 간여하는 일이 최대한 적게 일어나도록 역할을 최소화해야 한다.

서구는 개별자-합체 세계관에 바탕하여 개별자적 욕망을 해방하는 데 필요한 다양한 형태의 혁명적 변화, 즉 자본주의혁명, 민주주의혁명, 과학혁명, 산업혁명 등을 거치면서 세계를 주도할 수 있는 강력한 힘을 갖게 되었다. 서구는 이러한 힘을 이용하여 다른 문화권을 침략하고 정복하여 개별자적 욕망 충족에 필요한 수단을 확보해 왔다. 이러한 과정에서 서구와 다른 문화권 사이에 세계관의 충돌과 갈등, 전쟁과 파괴와 같은 혼란과 고통이 계속 발생하고 있다. 그러나 서구는 개별자적 욕망의 해방과 충족을 선으로 생각하기 때문에 이러한 것들을 역사 발전에 따르는 당연한 것들로 생각한다. 중세에 십자군원정을 기독교문화의 수호와 전파를 위한 신성한 전쟁(holy war)으로 생각하고 추진했듯이, 근대에 접어들어 제국주의 침략을 근대문화의 수호와 전파를 위한 신성한 전쟁으로 생각하고 추진해 왔다. 서구는 지금도 상품과 원료 시장을 확보하기 위해 다른 문화권에 대한 제국주의적 침략을 신성한 전쟁이라는 이름으로 계속하고 있다.

3) 남아시아문화와 통체-연기자 세계관

인도를 중심으로 한 남아시아 문화는 기원전 17세기 무렵 서쪽에서 이주해 온 아리안족의 문화와 토착세력인 드라비다족의 문화가 결합하여 형성되었다. 아리안족은 다신교적 전통을 갖고 인도 서북부에 이주하여 지배세력으로 정착해 나갔다. 그들은 부족사회를 왕조국가로 성장시켜 가는 가운데 브라만교를 중심으로 통일적 질서체계를 형성해 나갔다. 또 베다(Veda)를 경전으로 정립해 나가는 동시에 브라만계급을 정점으로 하는 카스트제도를 수립해 나갔다. 이 무렵에 힌두교, 불교, 자이나교 등의 기초가 된 브라만, 아트만, 업, 윤회, 각성, 해탈 등과 같은 개념들이 형성되었다.

하지만 기원전 6세기를 전후하여 브라만교의 폐쇄성에 반기를 드는 사상가들이 배출되기 시작하면서 불교와 자이나교 등이 생겨났다. 불교와 자이나교는 브라만적 전통에 뿌리를 두고 있으면서도 카스트제도를 부정하고 평등과 해탈을 강조하여 브라만교와 대립하였다. 이렇게 불교와 자이나교가 세력을 확대하게 되자 브라만교가 위축되면서 다양한 종교가 공존 갈등하는 상황에 놓였다.

불교는 기원전 3세기에서 기원후 2세기에 걸쳐 마우리아왕조의 아소카왕, 쿠산왕조의 카니시카왕 등의 보호에 힘입어 크게 융성하였다. 불교가 융성하던 무렵에 브라만교가 힌두교로 모습을 바꾸어 부흥을 시도하는 새로운 변화가 일어났다. 베다에 바탕한 기존의 문화가 붕괴되는 가운데 브라만교에 토착의 비아리안적 민간 신앙, 습속 등이 흡수되어 힌두교가 생겨났다. 힌두교는 출발부터 다양한 교의와 습속이 공존하는 느슨한 형태를 갖게 되었는데, 지배계급은 카스트제도를 종교적 방식으로 제도화하는 효과적 수단으로 이용했다. 지배계급이 힌두교를 선호하자 불교와 자이나교는 자연히 쇠퇴의 길을 걷게 되어, 불교는 인도에서 자취를 감추게 되었고, 자이나교는 상인계급의 일부를 중심으로 명맥을 유지하였다. 그런데 이와는 대조적으로 일찍부터 아시아 각지로 전파되기 시작한 불교는 남아시아와 동남아시아에서 소승불교로, 동북아시아에서는 대승불교로 크게 융성해 나갔다.

힌두교는 세계를 하나의 통체, 즉 브라만(Brahman : 梵天)을 중심으로 설명하였다. 브라만은 천지만물이 발생하고 전개되는 궁극적 원인이다. 브라만의 현신으로서 초월적인 신의 세계와 감각적인 현상의 세계가 우주를 구성하고 있다. 시공은 신의 세계가 전개되는 이상적 시공과 현상의 세계가 전개되는 세속적 시공으로 이분화되어 있다. 그런데 이러한 두 개의 세계는 불멸의 영혼으로 연결되어 있어 인과의 법칙에 따라 경계를 넘나든다. 윤회는 생과 사를 매개로 두 개의 시공을 오가며 전개되는 존재의 영원한 이어짐을 말한다. 그리고 인연의 결과로 생겨난 천지만물 가운데 인간은 특별한 능력과 지위, 즉 인연의 법칙을 깨달아 윤회의 고통에서 벗어날 수 있는 가능성을 갖고 있다. 이것을 실현하기 위해 결과에 대한 이기적 집착을 두지 않는 방식으로 주어진 의무를 수행하여 과보를 낳지 않는 삶을 살아야 하고, 참다운 자아인 아트만(Atman)을 통해서 보편자인 브라만에 이르는 지혜의 길로 나아가야 하며, 인격신에 대한 헌신과 사랑을 통해 구원의 길로 인도받을 수 있어야 한다. 그렇지 않으면 인과의 결과로서 주어지는 삶을 숙명처럼 영원히 받아들여야 한다.

이와 같이 인과법칙에 따라 존재하는 개체를 연기자(緣起子 : destinater)라 부를 수 있고, 이러한 형태의 세계관을 통체(whole)-연기자(destinater) 세계관이라고 말할 수 있다. 이런 관점에서 힌두교의 전통에 바탕하고 있는 남아시아 사회는 통체-연기자 세계관에 기초한 사회라고 할 수 있다. 이 경우에 전체로서 사회는 본질과 현상이라는 측면에서 이중적 성격을 갖고 있다. 전체는 본질로서는 안정되어 있지만 현상으로서는 극히 불안정한데, 이는 개체가 윤회를 통해 신의 세계와 현상의 세계를 넘나들며 무상하게 변화하기 때문이다. 그러나 개체는 영원한 시간 속에 존재하므로 불안정한 것을 안정한 것으로 만들기 위해 서두를 필요가 적다. 왜냐하면 모두에게 각자의 문제를 해결할 수 있는 충분한 시간이 제공되어 있기 때문이다. 이런 까닭에 '나' 이외의 다른 것에 대한 적극적인 관심은 불필요한 간섭이나 구속이 될 수도 있다. 그 결과 행업(行業, karma)에서 비롯하는 연기적 관여와 해탈(解脫, nirvana)을 지향하는 초월적 이탈이 삶 속에서 모순과 통일의 관계로 공존한다.

힌두교나 불교에서 인간은 인과의 법칙에 얽매여 신음하고 있는 고통스런 존재이다. 그래서 인간은 수행과 참회를 통해 인과의 장애를 극복하여 해탈을 추구하고, 이러한 과정에서 일상적 삶을 뒤집는 극단적 변화가 일어날 수도 있다. 즉 전생의 제왕이 현생에 쥐가 될 수도 있고, 현생의 거지가 내생에 해탈을 이룰 수도 있다. 힌두교나 불교에서 인간은 이러한 변화가 개인에 기초하여 일어나는 것으로 생각하기 때문에 사회관계를 변화하는 것에는 관심이 적다. 그래서 수행과 참회를 통한 개인적 혁명을 열렬히 추구하지만 더불어 살아가는 사회의 전체적 변화에 대해서는 무관심하다. 그리고 기존의 사회체제를 인과관계로 엮인 불가피한 숙명처럼 받아들이는 일이 많으며, 사회적 불평등에서 빚어지는 고통들을 개인적 희사(喜捨)나 보시(布施)와 같은 방식으로 완화하려고 한다.

4) 동아시아문화와 통체-부분자 세계관

중국, 한국, 일본을 중심으로 한 동아시아는 진한(秦漢) 이후 한문(漢文)과 한학(漢學)이 점차 공동의 문자와 학문으로 구실을 하게 되면서 세계관의 접촉과 교류가 증대하기 시작하였다. 세 나라는 비슷한 형태의 범신론을 공유하고 있었기 때문에 문화의 교류가 쉬웠다. 7세기를 전후하여 요동지역의 패권을 놓고 한족의 수·당과 동이족의 고구려가 치열하게 다툰 이후, 국제관계가 점차 안정되어 가면서 문화의 교류와 통합이 급속하게 진전되어 유교, 도교, 불교와 같은 학문과 종교를 공유하는 단계까지 이르렀다.

동아시아문화는 인간을 중심으로 관계의 본질을 밝혀 선으로 실천하는 것을 학문과 종교의 중심으로 삼아왔다. 사람들은 관계의 본질이 완전히 실현되는 '지극히 자연적인 상태[無爲自然]'를 모든 것의 전제가 되는 하나인 전체가 완벽하게 실현된 이상적 상태로 설정하고, 그것에 이르는 방법을 연구하였다. 이런 점에서 유교, 도교, 불교 등의 차이는 '지극히 자연적인 상태'에 대한 관점의 차이 정도라고 말할 수 있다. 유교에서는 '지극히 자연적인 상태'에 이르기 위해 세속에서 이루어지는 개체의 의도적 활동을 강조한 반면에, 도교는 이러한 활동이 도리어 방해가 될 수 있다고 보아 그것을 축소하려고 하였다. 한편 불교는 세속의 무상한 관계에 대한 집착에서 완전히 벗어나야 이러한 상태에 도달할 수 있다고 보았다.

동아시아에는 서로 다른 관점들이 보완적 관계 속에서 공존하는 일이 많았다. 한대(漢代) 이후로 유교와 도교가 양과 음처럼 상호보완적 관계에서 공존하였고, 불교가 도입되어 유포되자 유교, 도교, 불교가 다시 상호보완적 관계에서 공존하였다. 가끔 중간에 심각한 충돌과 갈등이 발생하는 경우도 있었으나 근본적인 부정과 배척으로 나가는 경우는 드물었다. 이 때문에 공존의 과정에서 자연스럽게 습합이 이루어지면서 더욱 발전된 새로운 관점이 형성되어 나왔다. 당대에 유교, 불교, 도교가 습합하여 새로운 형태의 불교인 선불교가 형성되어 나왔고, 마찬가지로 송대에는 유교, 불교, 도교가 습합하여 새로운 형태의 유학인 성리학이 형성되어 나왔다. 성리학은 동아시아문화의 특징을 가장 정밀한 형태로 체계화한 것이라 말할 수 있다. 성리학은 유교에 도교, 불교적 요소를 통합하여 정치, 종교, 학문 등을 포괄하는 천하의 학문으로 그 역할을 할 수 있도록 재구성한 것이다. 이런 관계로 성리학은 수백 년 동안 동아시아문화의 사상적 기초로 역할을 해왔으며, 중국의 원·명·청은 물론이고 한국의 조선, 베트남의 여조, 일본의 막부에도 막대한 영향을 끼쳤다.

성리학은 세계를 하나의 통체, 즉 태극(太極)을 중심으로 설명하고 있다. 태극은 천지만물이 생성 전개되는 원리인 동시에 현상으로 드러난 천지만물의 총체이다. 이처럼 원리와 현상이 일체적 관계에 있기 때문에 시공은 인간이 살아서 호흡하는 현세에 국한되어 있다. 그리고 태극과 천지만물의 관계는 '하나이면서 둘이고, 둘이면서 하나인 관계'에 있다. 개체는 전체인 태극에서 성분(性分)을 본분(本分)으로 부여받아 직분(職分)으로 실천하는 분적(分的) 존재이다. 더불어 태극은 계속적인 생성과 전개를 통해 영원한 반면에 분적 존재인 개체는 일회적 존재로서 유한하다. 그런데 인간은 천지만물 가운데 태극의 원리를 깨닫고 실천할 수 있는 특별한 능력을 지닌 존재이다. 개체에게 중요한 것은 이러한 능력을 계발하여 본분을 직분으로 실천해서 생명과 문화의 전승에 기여함으로써 유한한 생명을 영원한 생명으로 전환한다. 성리학은 이러한 과정을 입신(立身)해서 행도(行道)하고 양명(揚名)하는 것으로 말하였다.

이와 같이 태극이라는 통체(whole)의 분신으로 존재하는 개체를 부분자(部分子 : positioner)로 부를 수 있고, 이러한 형태의 세계관을 통체-부분자 세계관이라고 말할 수 있다. 통체-부분자 세계관은 성리학, 선불교, 도교 등에서 공통으로 볼 수 있다. 예를 들면 선불교에서 다양한 현상이 하나의 원리로 수렴되는 과정을 '만법귀일(萬法歸一), 일귀하처(一歸何處), 생사불이(生死不二)'라고 말하는 것을 성리학에서는 방향을 반대로 하여 하나의 이치가 다양한 현상으로 전개되는 과정을 '일리만수(一理萬殊), 만수하상(萬殊何相), 종종부동(種類不同)'으로 말할 수 있는 것과 같다. 만법귀일과 일리만수는 관점의 방향과 내용의 성격을 달리하지만 하나와 전체의 관계라는 점에서 같은 구조를 갖고 있다.

이런 점에서 동아시아문화는 통체-부분자 세계관에 기초한 사회로 말할 수 있으며, 이때 사회는 통체로서 전제되지만 개체가 통체의 분신이기 때문에 통체와 개체는 동등한 지위를 갖는다. 개체가 남녀노소나 존비귀천 등에 따라 각각으로 구분되는 것은 통체에게 부여받은 분수(分數)가 다르기 때문이다. 이와 같이 통체와 부분자가 근본적으로 일체적 관계에 놓여 있는 까닭에 서구의 자유, 해방, 평등 등의 개념은 생겨나기 어려웠다. 성리학에서 자유는 관계의 이탈을, 해방은 관계의 단절을, 평등은 관계의 무력화를 뜻할 수도 있었다. 사회에 대한 성리학의 관심은 등급과 서열에 따른 관계의 조정과 화합에 집중되었고, 극단적인 방식보다는 온건한 방식으로 관계의 내용을 꾸준히 새롭게 변화하는 것을 선호해 왔다.

성리학은 만물의 근거가 되는 '도(道)'를 일상의 삶에 기초한 원리와 방법으로 보았다. 그리고 일상에 기초한 사회관계를 인간의 본질로 보아 '인륜'으로 말하였다. 인륜은 사회관계에 기초하여 인간을 등급과 서열로 구분해 놓은 것으로, 인륜에 바탕하여 정교한 명예제도(honour system)를 구성하고 이를 운영하였다. 또 인간이 명예를 지키기 위해 좇아야 할 예절을 상세하게 규정하여 칭찬과 비난의 기준으로 삼았다. 옳고 나쁜 일에 대한 보상과 처벌을 엄격히 하여 명예와 불명예를 구분하였다. 특히 나쁜 일을 저지르는 경우에는 회계나 참회를 거쳐 용서를 구할 수 있는 초월적 대상이 존재하지 않았기 때문에 나쁜 일로 불명예에 빠지지 않도록 세심하게 주의를 기울였다. 그 결과 몸과 마음을 다스려 잘못을 저지르지 않도록 사전에 조심(操心)하고 조신(操身)하는 동시에, 저질러진 잘못에 대해서는 두고두고 반성(反省)해야 했다.

5. 세계관의 존재 양상

문화권의 중심에 자리한 세계관의 구조를 비교하여 적어도 네 가지의 세계관의 구조, 즉 통체-종속자, 개별자-합체, 통체-연기자, 통체-부분자의 구조를 유형화하여 각각의 문화가 갖고 있는 다양한 특징들을 설명해 보았다. 이러한 것을 통해서 일반적으로 '집단주의'로 부르는 경우에도 종속자에 기반한 집단주의, 연기자에 기반한 집단주의, 부분자에 기반한 집단주의가 존재할 수 있음을 알 수 있다. 이것은 집단을 이루는 개체의 성격이 종속자, 연기자, 부분자 등으로 차이가 나기 때문이다. 이렇게 볼 때, 집단이나 개체는 하나의 유형만이 아니라 다양한 유형이 존재할 수 있다.

앞에서 살펴 본 네 가지 세계관의 구조는 인류가 발전시켜온 모든 문화에 공통적으로 존재하는 속성이라고 말할 수 있다. 그런데 문화권에 따라 각각의 문화가 성격을 달리하는 것은 네 가지 유형 가운데서 어떤 것이 주도적 위치에 있고, 어떤 것이 보조적 위치에 있으며, 어떤 것이 잠재적 위치에 있는가에 따라 조합의 정도가 달라지기 때문이다. 예를 들면 오늘날 미국문화는 일반적으로 개별자-합체 세계관에 기초를 두고 있는 대표적 문화로 이해되고 있으나, 생활 속에서 네 유형의 세계관이 공존하고 있음을 알 수 있다. 미국인은 개별자-합체 세계관에 바탕하여 사회관계의 근간을 개별자의 계약에 따른 권리와 의무에 두고서, 대부분의 문제를 법률과 규정을 중심으로 해결하려고 한다. 그러나 미국문화의 전통적 뿌리인 기독교는 통체-종속자 세계관에 바탕하고 있으면서 미국인의 삶에 큰 영향을 미치고 있다. 미국인은 언제나 가장 큰 권위를 신에게 돌리는 습관이 있다. 또한 그들은 산업사회 속에서 복잡하게 얽혀 있는 사회의 분업관계를 통체-부분자 세계관의 관점에서 이해하는 일이 많다. 이는 분업관계에 있는 사람들이 문제를 해결하기 위해서는 부분자적 관점이 요구되기 때문이다. 또한 가족이나 집단 내부에서 얽혀 있는 피할 수 없는 운명적 관계들은 통체-연기자 세계관의 관점에서 이해하는 일이 많다. 그럼에도 미국문화를 개별자 중심의 문화로 이해하는 것은 개별자-합체 세계관이 다양한 세계관을 통합하는 중심체의 역할을 하고 있기 때문이다.

　마찬가지로 한국문화는 통체-부분자 세계관에 기초를 두고 있는 대표적 문화로 이해되나 생활 속에서 네 유형의 세계관이 공존함을 알 수 있다. 한국인은 통체-부분자 세계관에 바탕하여 사회관계의 근간을 부분자의 분수에 따른 직분과 역할에 두고서, 대부분의 문제를 도리와 인정을 중심으로 해결하려고 한다. 한국인은 법률과 규정도 도리와 인정에 기초하여 운용하려는 경향이 있다. 그러나 개인주의 문화가 확산되면서 개별자-합체 세계관에 바탕하여 '정은 정이고, 법은 법'이라는 논리를 점점 강조하고 있다. 이와 함께 한국인은 필요에 따라 불교, 기독교, 무속 등을 좇아서 인연, 숙명, 해탈, 극락 등을 강조하는 통체-연기자 세계관, 소명, 순종, 내세, 영생 등을 강조하는 통체-종속자 세계관 등을 활용하고 있다. 그럼에도 한국문화를 부분자 중심의 문화로 이해하는 것은 통체-부분자 세계관이 다양한 세계관을 통합하는 중심체의 역할을 하고 있기 때문이다.

　인간이 상황과 필요에 따라 네 가지 유형의 세계관을 옮아다니기 때문에 세계관의 전환이 일어난다. 통체 속에 존재하는 종속자와 연기자, 그리고 부분자는 서로 손쉽게 탈바꿈을 할 수 있는 까닭에 종속자가 부분자로, 부분자가 연기자로, 연기자가 종속자로 전환되는 등의 일이 예사롭게 일어난다. 극단적인 경우에는 종속자나 연기자, 부분자가 개별자로 탈바꿈하거나, 그 반대로 탈바꿈하는 일도 벌어진다. 이처럼 인간은 세계관의 전환을 자연스럽게 이룰 수 있기 때문에 삶에서 빚어지는 다양한 국면을 원만히 처리해 나갈 수 있다.

　이렇게 볼 때, 상이한 문화권에서 볼 수 있는 세계관의 성격에 기초하여 전체와 개체의 관계를 유형화하고, 그것을 토대로 세계관의 구조를 다양하게 조합해낼 수 있다면 문화와 사회를 분석하는 정밀한 이론적 틀을 구성할 수도 있다.

제 7장
서구문화와 동아시아문화의 사물 인식

1. 사물 인식을 주목하는 이유

19세기 이래로 많은 학자들이 서구와 동아시아에서 볼 수 있는 문화 차이를 설명하려고 노력해 왔으나, 아직도 만족할 만한 성공을 거두지 못하고 있다. 대부분의 논의가 현상 차원에서 드러난 문화의 차이를 피상적으로 설명하는 데 그치고 있다. 문화현상의 바탕에 깔려 있는 본질적 차이를 설명하지 못하기 때문에 세계관이나 가치체계를 조직적으로 비교하고 설명하는 것도 불가능하다. 이로 말미암아 서구의 개인주의 경향과 동아시아의 집단주의 경향, 서구의 합리주의 경향과 동아시아의 자연주의 경향과 같은 범상한 잣대로 두 문화를 전체적으로 재단해 버린다. 필자는 이러한 상황을 타개하기 위해서, 사물 인식이라는 차원에서 두 문화의 차이를 설명해 보려고 하였다.

먼저 인간의 사물 인식이 어떻게 이루어지는지 이해하기 위해서 인식 대상인 사물, 인식 수단인 언어, 그리고 주체와 대상과의 관계를 차례로 분석하고자 한다. 이에 따라 사물에 전제된 시공의 성격, 사물을 규정하는 논리 형식의 성격, 주체와 사물을 관계짓는 상관적 관계와 조작적 관계 등을 분석하여, 요소 2분법을 바탕으로 한 조작적 사물 인식과 속성 2분법을 바탕으로 한 상관적 사물 인식이 구분될 수 있음을 밝혔다. 다음으로 이러한 결과를 바탕으로 서구문화와 동아시아문화에서 어떠한 방식으로 사물 인식이 이루어져 왔는지 역사적으로 개관하여 두 문화가 사물 인식에서 큰 차이가 있음을 밝혀 보았다. 즉 전통적으로 서구문화가 요소 2분법에 바탕한 조작적 사물 인식을 중시하여 형식논리를 강조해온 반면에, 동아시아문화가 속성 2분법에 바탕한 상관적 사물 인식을 중시하여 상황논리를 강조해온 것을 알 수 있었다.

2. 인간의 사물 인식

인간이 삶을 통해 세계를 이해하고 대응하는 것은 대상에 대한 인식을 바탕으로 이루어진다. 따라서 인간이 대상을 어떻게 인식하느냐 하는 것이 삶의 전체적 방향과 내용을 결정하는 중요한 변수로 작용하게 된다. 이 때문에 인간은 어떻게 하면 대상을 더욱 정밀하게 인식할 수 있을 것인가에 대해 많은 관심과 노력을 기울여 왔다. 이런 관계로 학문에서도 대상 인식에 관한 문제가 언제나 중심적 위치를 차지하였다.

인간이 대상을 인식하는 것은 지각작용과 생각작용으로 이루어진다. 지각작용과 생각작용은 모두 대상을 비교하고 구분하여 차이를 변별하는 기호체계에 근거하여 이루어지는 공통성을 갖고 있다. 그러나 지각작용은 물질과 몸에 기초한 구체적 기호에 의존하고, 생각작용은 물질과 몸에서 분리된 상징적 기호에 의존하는 차이가 있다. 이런 까닭에 지각작용은 언제나 물질의 형태로 존재하는 구체적 대상을 좇아서 이루어지게 되어, 대상과 기호체계를 분리하는 것이 불가능하다. 예를 들면 영아나 유아가 지각작용을 통해서 색깔을 구분하는 기호체계는 색을 띠고 있는 구체적 대상에서 분리하는 것이 불가능하다. 반면에 생각작용은 상징적 기호를 사용하기 때문에 대상과 기호체계를 분리하는 것이 가능하다. 그 결과 인간은 추상적 방식으로 기호체계를 자유롭게 조작하고 소통하는 것이 가능해진다.

인간이 대상을 인식하는 것은 감각하는 몸을 통해서 물질로부터 얻은 감각자료들을 지각하는 마음으로 분석하고 종합하는 것에서 시작한다. 이러한 사물 인식에서 인식대상은 감각하는 몸으로 관계를 맺을 수 있는 구체적 사물로 한정되고, 인식 내용은 사물들 사이에 존재하는 구체적 관계들로 한정되어 있다. 이 때문에 지각하는 마음에 따른 사물 인식은 조작과 소통이 대단히 어렵다. 그러나 인간은 생각하는 마음을 통해서 지각하는 마음에 따른 사물 인식을 상징적 기호로서 자유롭게 조작하고 소통할 수 있게 되면서, 사물 인식을 더욱 정밀하게 만들어 나가는 것은 물론이고, 구체적 사물의 범위를 벗어난 비물질적 대상을 인식하는 것도 가능하다. 이로써 인간은 물질적 대상과 비물질적 대상을 넘나들며 조작과 소통을 통해서 인식의 세계를 무한정으로 확대해 나간다.

인간의 사물 인식은 세 가지의 기본 요건, 즉 인식대상으로서 사물, 인식의 방법으로서 기호체계, 인식의 주체로서 인간으로 이루어진다. 따라서 사물 인식에 관한 논의는 인식대상으로서 사물이 어떠한 성격을 갖고 있으며, 인식에 사용되는 수단으로서 기호체계가 어떠한 성격을 갖고 있고, 인식의 과정에서 주체인 인간과 대상인 사물이 어떠한 방식으로 관계를 맺는가에 대한 분석과 설명으로 집약될 수 있다. 이러한 점에서 인간이 어떠한 방식으로 사물을 인식해 왔는지 살펴보면 다음과 같다.

1) 인식대상으로서 사물

인간이 인식대상으로 삼고 있는 사물은 공간적 성격과 시간적 성격을 아울러 갖고 있는 4차원의 시공체(時空體)이다.[1] 따라서 인간이 사물을

---

1) 이 글에서 '인간이 인식대상으로 삼고 있는 사물은 공간적 성격과 시간적 성격을 갖고 있는 4차원의 시공체이다'라고 할 때 '사물'은 물리적 시공과 직접적인 연관을 맺고 있는 것에 국한하며', '4차원'은 시공이 통합된 형태로 존재하는 세계의 양상을 말하며 '시공체'는 4차원의 시공이라는 전체적 성격에 규정을 받는 존재를 말한다. 이러한 입장은 동아시아에서 事物을 시간

정확하게 인식하는 것은 그것을 4차원의 시공체로서 인식하는 것이라 말할 수 있다. 하지만 인간이 사물을 4차원의 시공체로 인식하는 것은 두 가지 점에서 근본적인 어려움이 가로놓여 있다.

먼저 인간의 사물 인식은 사물에서 얻어진 자료를 바탕으로 구성된 기호체계를 통해서 이루어진다. 이 때문에 기호가 구성되지 않거나 상실되거나 하는 등의 경우에는 인식이 불가능하다. 예를 들면 초음파라는 사물이 계속 존재해 왔지만 인간은 그것을 기호로 전환할 수 있는 감각적 능력을 갖고 있지 않았기 때문에 인식하지 못했다. 하지만 과학기술의 발달로 초음파를 기호로 전환할 수 있는 정밀한 기기를 갖게 되자 인식이 가능하게 되었다.

그러나 인간의 사물 인식은 기호체계를 통해서 이해된 사물의 특정한 측면에 국한된다. 따라서 인간이 사물을 있는 그대로 인식하는 것은 처음부터 불가능하다고 볼 수 있다. 이런 까닭에 사람들은 일찍부터 인식의 과정에서 사물과 기호의 분리로 빚어질 수 있는 문제점을 거론해 왔다. 특히 인간이 기호의 세계를 사물의 세계와 같게 보거나 비슷하게 봄으로써 빠져들 수 있는 오류에 대해 많은 지적이 있었다. 그럼에도 불구하고 인간은 흔히 사물의 세계와 기호의 세계를 같게 보거나 비슷하게 보는 경우를 볼 수 있다. 이 때문에 선불교에서는 이러한 오류를 경계하기 위해 '문자를 세우지 않는다[不立文字]'는 것과 같은 극단적 주장을 펴게 되었다. 여기에는 문자로 씌어진 기호의 세계와 있는 그대로의 사물의 세계를 같게 보거나 비슷하게 봐서 기호의 세계를 본질로서 집착하는 일이 있어서는 안 된다는 경계의 뜻을 담고 있다.

인간은 사물을 더 정밀하게 이해하기 위해서 언어라는 특수한 기호체

적 성격의 事件(event)과 공간적 성격의 物件(thing)이 통합된 형태로 보아온 것, 宇宙를 공간적 성격의 宇(上下四方曰宇)와 시간적 성격의 宙(往古來今曰宙)가 통합된 형태로 보아온 것, 그리고 현대물리학에서 상대성의 원리에 기초하여 사물과 우주를 시간과 공간, 질량과 에너지가 통합된 형태로 보는 것과 기본적으로 같다.

계를 사용해 왔다. 인간은 언어를 사용하여 인식의 심화와 확대가 가능할 뿐만 아니라, 인식한 내용을 시공을 뛰어넘어 소통하는 것이 가능하게 된다. 이런 까닭에 인간이 형성해온 집단적 산물로서 문화는 글자 그대로 '문(文)의 화(化)', 즉 언어에 따른 삶의 변화를 뜻한다. 인간은 언어에 따른 삶의 변화를 통해서 다른 동물과는 구별되는 인간이 된다.

언어가 인간이 사물을 더욱 정밀하게 인식할 수 있도록 해주더라도, 결국 완벽한 도구는 되지 못한다. 개념 구성이 구분에 따른 분석과 연관에 따른 종합의 방식으로 이루어지는 까닭에 분석과 종합의 과정에서 '봉합의 틈새'가 발생하여 논리적 완벽을 기하기 어렵다. 한 가지 예로 인간은 사물을 인식할 때, 4차원의 사물을 시간적 측면과 공간적 측면으로 구분하여 분석하고, 다시 그것을 시간과 공간의 통합체로 종합하는 과정을 통해서 '사물'이라는 개념을 구성한다. 이때 이미 분리된 시간적 측면과 공간적 측면을 하나의 시공으로 통합하는 과정에 봉합의 틈새가 발생하여 사물의 실재를 있는 그대로 드러낼 수 있는 완벽한 개념 구성이 어렵게 된다. 이로써 '뒤에서 달려가는 발빠른 아킬레스가 앞서 출발한 느림보 거북이를 영원히 추월할 수 없다'는 제논의 패러독스가 생겨나게 된다. 이러한 사태가 발생하는 것은 4차원 속에서 이루어지는 연속적 운동을 3차원의 기하학적 공간으로 분할하여, 급수(級數)로 설명하기 때문이다. 그래서 일찍부터 사람들은 사물이 갖고 있는 시공체적 성격을 시간적 차원과 공간적 차원으로 분리하고 종합하는 과정에서 발생할 수 있는 문제점을 지적해 왔다. 그럼에도 인간은 인식의 한계나 편의로 말미암아 공간적 차원을 중심으로 사물을 이해하거나, 시간적 차원을 중심으로 이해하는 것과 같은 편향에서 벗어나기 어려웠다.

인간이 인식대상인 사물을 4차원의 시공체로 인식할 때 발생하는 차이는 사물을 구성하고 있는 '원질(原質:4차원의 시공체로서 성질을 유지하고 있는 최소단위)'을 어떻게 이해하느냐 하는 것에 영향을 받는다. 즉, 인간이 원질을 시간적 성격과 공간적 성격의 통합체로 전제하느냐, 아니면 시간적 성격과 공간적 성격의 결합체로 전제하느냐에 따라 사물에 대한 인식의 방향과 내용이 크게 달라진다고 할 수 있다.

첫째, 인간이 시간적 성격과 공간적 성격을 원질의 속성(attribute)[2]으로서 원질에 통합되어 있다고 보는 입장이 있을 수 있다. 이때 원질의 속성으로 존재하는 시간과 공간은 상호의존적 관계에 놓여 있다. 즉, 시간이 존재하지 않는 공간이 독자적으로 존재하는 것은 불가능하고, 공간이 존재하지 않는 시간이 독자적으로 존재하는 것도 마찬가지이다. 그럼에도 시간적 속성과 공간적 속성이 구분되는 것은 성질이 다르기 때문이다. 이처럼 원질이 4차원의 시공체로 존재하게 되면 원질로 구성된 사물을 인식하는 것 또한 당연히 4차원의 범위 안에서 이루어지게 된다. 따라서 4차원의 시공체로서 사물이 갖고 있는 성격을 설명하는 데는 비4차원적 요소가 끼여들 수 없다.

둘째, 인간이 시간적 성격과 공간적 성격을 원질의 요소(element)[3]로서 원질에 결합되어 있다고 보는 입장이 있을 수 있다. 이때 원질의 요소로서 존재하는 시간과 공간은 분리가 가능하다. 원질에서 분리된 시간과 공간은 4차원의 세계를 벗어난 비4차원적 존재로서 각각 독자적으로 존재하게 된다. 이처럼 4차원의 시공체로서 원질이 비4차원적 요소를 통해 구성되기 때문에 사물이 4차원의 시공체로서 갖고 있는 성격 또한 비4차원적 요소에 근거하여 설명된다.

이와 같이 원질을 시간적 성격과 공간적 성격의 통합체로 보느냐, 아니면 결합체로 보느냐에 따라 사물을 이해하는 방식이 크게 달라진다.

먼저 인간이 사물을 구성하고 있는 원질을 시간적 성격과 공간적 성격

---

2) 속성(attribute)은 통합체 속에서 상호의존적 관계로 통합되어 있기 때문에 분리되어 독자적으로 존재할 수 없다. 예를 들면 몸과 마음을 인간의 속성으로 보는 경우에는 인간의 속성으로서 '몸은 마음을 떠나서 존재할 수 없고, 마음은 몸을 떠나서 존재할 수 없는 것'과 같음을 말한다.
3) 요소(element)는 결합체 속에서 결합의 상태로 있지만 분리할 경우에는 독자적으로 존재할 수 있다. 예를 들면 영혼과 육신을 인간의 요소로 볼 경우에는 '육신이 없는 영혼이 존재할 수 있고, 영혼이 없는 육신이 존재할 수 있는 것'과 같음을 말한다.

의 통합체로 이해하는 것은 시간과 공간이 사물의 본질로서 내재함을 말한다. 이것은 시간과 공간이 원질의 속성에 따라 드러남의 형식으로 존재하는 것을 뜻한다. 사물은 원질을 바탕으로 공간적 속성에 따라 일정한 공간을 차지할 뿐만 아니라, 시간적 속성에 따라 서로 관계를 맺어가면서 영원한 시간과 무한한 공간이 사물의 속성과 더불어 존재한다. 이와 같이 사물을 시공적 속성의 통합체로 이해하게 되면 시간적 성격과 공간적 성격은 개념의 구분만 가능할 뿐 실질적 분리는 불가능하다. 따라서 사물의 속성을 시간적 요소와 공간적 요소로 분리하여 이해할 필요가 있는 경우에도 그것이 쉽지 않게 된다. 왜냐하면 분리가 불가능한 것을 억지로 분리하는 것에 대한 저항이 걸리기 때문이다. 때문에 사물을 시간적 요소와 공간적 요소로 분리하는 것과 같은 일은 이해의 편의나 궤변의 전개를 위해서 잠정적으로 이루어질 뿐이다.

다음으로 인간이 사물을 구성하고 있는 원질을 시간적 성격과 공간적 성격의 결합체로 이해하는 것은 독자적으로 존재하는 시간적 요소와 공간적 요소가 결합하여 사물을 구성하는 것을 말한다. 이것은 사물 이전에 시간과 공간이 요소로서 먼저 존재하는 것을 전제하게 된다. 따라서 사물이 갖고 있는 시공체로서 성격은 사물이 놓여 있는 시간적 요소와 공간적 요소가 사물 속에 특정한 방식으로 결합되어 있는 것을 말한다. 이런 까닭에 사물이 구성되고 변화하는 원인은 사물 밖에 존재하게 된다. 따라서 시간적 요소와 공간적 요소가 어떠한 방식으로 사물에 결합되어 있느냐에 따라 사물의 성격이 달라진다. 즉, 사물이 무한한 시간적 요소와 무한한 공간적 요소로 결합되어 있는 경우, 유한한 시간적 요소와 유한한 공간적 요소로 결합되어 있는 경우, 유한한 시간적 요소와 무한한 공간적 요소로 결합되어 있는 경우, 무한한 시간적 요소와 유한한 공간적 요소로 결합되어 있는 경우에 사물의 성격이 달라진다.[4]

---

4) 첫째, 사물을 구성하는 원질이 무한한 시간적 요소와 무한한 공간적 요소로 결합되어 있는 경

2) 인식수단으로서 언어

인간이 사물을 인식하는 것은 지각하는 마음이 감각자료를 분석하고 종합하는 것에서 시작한다. 그런데 이러한 사물 인식은 언제나 감각을 유발하는 구체적 사태에 묶여 있는 까닭에 조작과 소통이 극히 제한적이다. 인간이 지각한 내용을 전달하는 것은 간단한 신호의 범위를 벗어나지 못한다. 그러나 인간은 생각의 단계로 나아가면서 지각한 내용을 문장을 통해서 자유롭게 조작하고 소통할 수 있게 되어, 인간의 사물 인식은 감각을 유발하는 구체적 사태를 넘어서게 된다. 이로써 인간은 물질적 대상과 비물질적 대상을 넘나들며 인식의 세계를 무한으로 확대해 나간다. 이런 까닭에 인간의 사물 인식은 통상적으로 생각하는 마음에 기초한 사물 인식을 말한다.

인간이 생각하는 마음을 바탕으로 사물을 인식할 때, 반드시 문장으로 된 개념 조작에 필요한 논리 형식을 사용한다. 그런데 인간이 사용하는 논리 형식은 인식대상의 성질을 어떻게 전제하느냐에 따라 달라진다. 왜냐하면 인간이 논리 형식에 인식대상의 성질을 꿰어 맞추기보다는, 인식

우에는 사물은 끝없이 열려진 공간 속에서 영원히 생성과 소멸을 계속하게 된다. 그런데 생성과 소멸이 이루어지는 원인은 사물의 내부에 있는 것이 아니라 사물 밖에 있다. 이러한 사물의 예로서 아리스토텔레스가 말하는 형상과 질료로 구성된 사물의 세계를 들 수 있다. 둘째, 사물을 구성하는 원질이 유한한 시간적 요소와 유한한 공간적 요소로 결합되어 있는 경우에는 사물은 유한히 닫혀진 공간 속에서 유한한 시간 동안 생성과 소멸을 지속하다가 마지막에 완전한 없음에 이르게 된다. 이러한 사물의 예로 기독교에서 말하는 지상의 세계를 들 수 있다. 심판의 날에 지상의 세계는 종말을 고하고 완전한 없음에 이르게 된다. 셋째, 사물을 구성하는 원질이 유한한 시간적 요소와 무한한 공간적 요소로 결합되어 있는 경우에는 사물은 무한히 열린 공간 속에서 유한한 시간 동안 생성하고 소멸하다가 마지막에 정지상태에 이르게 된다. 따라서 사물은 무한히 열려진 공간 속에서 오로지 공간적 존재로서 남게 된다. 이러한 사물의 예로써 기하학에서 전제하는 절대공간의 세계나 열역학 제1법칙을 따르는 세계를 들 수 있다. 넷째, 사물을 구성하는 원질이 무한한 시간적 요소와 유한한 공간적 요소로 결합되어 있는 경우에는 사물은 유한하게 닫힌 공간 속에서 영원히 생성과 소멸을 계속하게 된다. 이러한 사물의 예로서 원시사회에서 흔히 지구를 중심으로 한 유한한 공간과 무한한 시간으로 우주를 설명하는 것을 들 수 있다.

대상의 성질에 부합하도록 논리 형식을 끌어대기 때문이다. 이런 까닭에 인간의 사물 인식은 사물의 성질을 어떻게 전제하느냐 하는 것에서 출발한다. 이런 점에서 인간이 사물을 인식할 때 사용하는 논리 형식은 사물의 성질을 전제하는 방식, 즉 사물을 속성의 관점에서 파악하느냐, 아니면 요소의 관점에서 파악하느냐에 따라 크게 달라짐을 알 수 있다.

첫째, 인간이 사물을 속성의 관점에서 파악하는 것은 '사물(O : object)은 X(b * d)를 속성(A : attribute)으로 한다'[이하 줄여서 O=A(b * d)]와 같은 논리 형식으로 나타낼 수 있다. 사물의 속성 A의 내용을 (b * d)로 나타낸 것은 속성은 두 개 이상의 측면을 내포하고 있어야 의미가 성립하기 때문이다. 만약 속성이 하나로 설정되는 경우에는 사물이 속성이고, 속성이 사물이기 때문에 사물과 속성의 구분은 뜻을 갖지 못한다. 이처럼 사물을 속성의 관점에서 파악하면 사물에 대한 인식은 속성을 b와 d로 구분하고, 그것의 성격을 규정하는 것에서 시작된다. 하지만 b와 d는 독자적으로 규정될 수 없는 상호의존 관계에 있기 때문에 b와 d는 각각 'b는 d에 대해서 ～이다', 'd는 b에 대해서 ～이다'의 형식으로 규정된다. 결국 b와 d는 'b에 대비된 d', 'd에 대비된 b'로서만 존재할 수 있다. 따라서 사물을 속성으로 구분하여 인식하는 경우에는 개념적 구분과 종합의 과정이 연속성에 근거하게 되어 속성의 상관 관계를 이해하는 것이 쉬워진다.

둘째, 사물을 요소의 관점에서 파악하면 '사물(O)은 X(b+d)를 요소(E : element)로 한다'[이하 줄여서 O=E(b+d)]와 같은 논리 형식으로 나타낼 수 있다. 사물의 요소 E의 내용을 (b+d)로 나타낸 것은 요소는 두 개 이상을 내포하고 있어야 의미가 성립하기 때문이다. 만약 요소가 하나로 설정되는 경우에는 사물과 요소의 구분이 뜻을 갖지 못한다. 이처럼 사물을 요소의 관점에서 파악하면 사물에 대한 인식은 요소를 b와 d로 분리하고, 그것의 성격을 규정하는 것에서 시작된다. 하지만 b와 d는 독자적으로 존재하기 때문에 b와 d는 각각 'b는 ～이다', 'd는 ～이다'의 형식으로 규정된다. 이러한 형식이 논리학에서 사용하는 명제 형식이다. 이러한 명제 형식은 2분법적 기준에 따라 '～인 것'과 '～ 아닌 것'을 참과 거짓으로 명확하게 구분해 준다. 따라서 사물을 요소로 분리하여 인식하는 경우에는 완벽한 형식적 조작을 가능하게 하여, 개념 사이에서 발생할 수 있는 모순, 중복 등의 회피가 용이하다.

이와 같은 논리 형식에 기초하여 사물을 구성하고 있는 원질을 통합체와 결합체로 구분하게 되면, 인간이 사물과 세계를 인식하는 기초로서 시공이 갖는 전체적 성격을 더욱 정밀하게 이해할 수 있다.   -

첫째, 원질이 시간적 성격과 공간적 성격을 속성으로 하는 통합체인 경우에는 원질=P(시간 * 공간)로 나타낼 수 있다. 이때 시간과 공간은 상호의존 관계로 존재하게 된다. 따라서 4차원으로 존재하는 원질이 똑같이 4차원으로 존재하는 속성, 즉 (시간 * 공간)의 범위 안에서 설명되고, 그 결과 원질이 4차원으로 닫혀 있다고 말할 수 있다. 때문에 원질을 이해하는 데 4차원을 벗어난 다른 차원의 개념은 도입될 수 없다. 논의에 사용되는 모든 개념은 4차원의 범위로 닫혀진 것에 국한된다. 그리고 원질의 성격이 시간과 공간 사이에 존재하는 상관성을 뜻하기 때문에 원질을 이해하는 것은 시간적 성격과 공간적 성격의 상관성에 대한 이해와 같아지며, 이것은 원질로 구성된 사물의 경우에도 그대로 적용된다. 따라서 사물에 대한 논의는 4차원의 범위 안에서 닫혀진 개념들로 국한된다. 이것은 아무리 초월적 성격이 강한 개념이라고 하더라도 4차원의 사물에서 얻어진 구체적 지각과 일정한 연관을 갖고 있어야 함을 뜻한다. 그리고 사물의 성격에 대한 이해는 각각의 사물들이 갖는 상관성의 이해를 뜻한다. 이것으로 4차원으로 닫혀진 사물의 세계가 4차원을 벗어날 수 있는 언어의 세계를 규정하는 상황이 전개된다. 곧 사물의 세계가 언어의 세계에 대해 우위에 서게 된다. 도교나 선불교에서 '지자불언(知者不言), 언자부지(言者不知)', '불립문자(不立文字)'와 같은 주장을 펴는 것은 이러한 경향을 반영한다고 말할 수 있다.

둘째, 원질이 시간적 성격과 공간적 성격을 요소로 하는 결합체인 경우에는 원질=E(시간+공간)로 나타낼 수 있다. 이때 시간적 성격과 공간적 성격은 독자적인 요소로 분리될 수 있다. 이러한 시간과 공간은 4차원의 세계를 벗어나 있는 존재이다. 4차원의 세계를 벗어나 있으면서 4차원의 원질을 구성하는 근거가 되기 때문에 '원근(原根 : 원질이 바탕하고 있는 외부적 근거)'이라고 부를 수 있다. 따라서 원근에 근거하여 원질이 생겨나는 것은 '원근에 전제(P : premise)하여 원질이 생겨난다.[이하 줄여서 X=P(원근→ 원질)] 이런 까닭에 원질의 이해는 오직 개념으로만 존재하는 비4차원적 세계에 의존하게 된다. 따라서 원질은 원근을 통해 비4차원적 개념의 세계로 열려지게 된다. 이것은 원질로 구성된 사물의 세계에도 똑같이 적용된다. 따라서 시공체로서 사물의 이해는 구체적 지각과 전연 관계가 없는 비4차원적 개념이 도입된다. 따라서 사물과 세계의 설명은 비4차원적 차원에서 설정된 초월적 개념에 의존하게 된다. 그래서 4차원을 벗어나 있는 언어의 세계가 4차원으로 닫혀 있는 사물의 세계를 규정하는 상황이 전개된다. 즉, 언어의 세계가 사물의 세계에 대해 우위에 서게 된다. 피타고라스학파가 사물의 근원을 수(數)로 이해한 것이나, 플라톤이 이데아의 세계를 더욱 본질적으로 것으로 이해한 것은 이러한 경향을 반영한 것이라고 볼 수 있다.

3) 주체와 대상의 관계

인간의 사물 인식은 주체와 대상의 관계 속에서 이루어진다. 이 때문에 주체와 대상이 어떠한 형태로 관계를 맺는가에 따라 인식에 많은 차이가 발생할 수 있다. 이러한 차이는 근본적으로 인간이 사물을 인식할 때 주체인 인간과 대상인 사물 사이에 본질적인 상관성이 존재하는 것으로 보느냐, 아니냐에 따라 발생하게 된다.

먼저 인간이 사물을 인식할 때 주체(subject)와 대상(object)이 전체의 속성으로 연관된 상태에서 이루어지는 경우가 있을 수 있다. 이러한 형태의 인식을 =A(주체 * 대상)로 표시할 수 있다. 이때 주체와 대상은 통합체의 속성으로서 상호의존 관계에 있다. 따라서 주체의 사물 인식은 주체와 대상 사이에 존재하는 상관성에 기초하여 이루어진다. 이 때문에 주체가 대상을 인식하는 방법 또한 주체와 대상 사이에 존재하는 상관성에 기초하여 설정된 방식에 따라 이루어진다. 이런 까닭에 비록 주체가 대상과 대상 사이에 존재하는 상관성의 인식을 목적으로 하는 경우에도, 주체와 대상을 포괄하고 있는 전체적인 상관성의 범위를 벗어날 수 없다. 따라서 주체가 대상과의 상관성을 부정한 상태에서 주체와 대상과의 관계나 대상과 대상과의 관계를 조작하는 것과 같은 일은 불가능하다. 그럼에도 주체와 대상이 구분되는 것은 주체가 인식이 이루어지는 관점의 주인이기 때문이다. 주체는 관점의 주인을 말하고, 대상은 관점의 대상을 말한다. 이런 점에서 대상과 완전하게 분리된 주체는 설정될 수 없다.

이러한 예로 인간이 생태계라는 전체적 상관성 속에서 연못에 놀고 있는 개구리를 대상으로 인식하는 것을 들 수 있다. 이때 인식의 주체인 인간은 생명으로서 또 다른 생명인 개구리와 상호의존 관계에 있다. 따라서 인간과 개구리는 상관적 방식으로 영향을 주고받는 상호주체 관계에 있다. 인간이 주체가 되는 것은 인식이 이루어지는 관점의 주인이다. 그러므로 인간이 개구리를 인식하는 것은 생태계라는 전체적 상관성에 기초하게 되고, 따라서 인식의 방법 또한 이러한 상관성에 근거하여 설정된다. 때문에 인간이 개구리라는 대상을 인식할 때, 개구리가 생명체로서 갖고 있는 전체적 상관성을 훼손하는 방식으로 개구리를 다루는 것은 허용되지 않는다. 따라서 인간이 관점의 주인으로서 대상인 개구리에게 미칠 수 있는 영향력은 제한된 범위에 국한된다. 이와 같이 주체와 대상이 전체적 상관성 속에서 주체가 오로지 관점의 주인으로서 대상을 인식하는 것을 상관적 인식이라고 부를 수 있다.

상관적 인식에서 주체는 대상과의 상관성을 자각하고 실천하여 주체성을 발휘하게 된다. 이것이 강화되면 될수록 주체성 또한 강화되기 때문에 주체는 대상과 상관성을 자각하고 실천하려는 욕망을 갖게 된다. 따라서 주체가 상관성을 자각하고 실천하기 위한 수단으로서 실험과 같은 조작적 방법을 사용할 수는 있지만, 역시 이는 상관성을 훼손하거나 파괴하지 않는 범위로 국한해야 한다. 그리고 이러한 상관적 인식에서 얻은 지식은 상관성을 자각하고 실천해서 얻은 체득의 결과이다. 이러한 체득의 결과가 지식이 되기 위해서는 논리에 근거하게 되지만, 단순히 형식논리에 국한될 필요는 없으며 이 때문에 지식을 성립하는 논리가 다양해질 수 있다. 예를 들면 논(論), 시(詩), 잠(箴), 게(偈) 등과 같은 것은 지식을 성립하는 논리 형식이 될 수 있다. 그리고 이와 같이 이해와 실천이 통합된 체험과 체현의 과정에서 얻어진 지식은 삶의 과정에 직접 적용될 수 있기 때문에 지혜와 특별히 구분되지 않는다. 지혜는 전체적 상관 속에서 삶과 연관된 낱낱의 관계를 이해하고 실천하는 지침을 말한다.

다음으로 인간이 사물을 인식할 때 주체와 대상을 분리하여 인식하는 경우가 있을 수 있다. 이러한 형태의 인식을 =E(주체+대상)로 표시할 수 있다. 이때 주체와 대상은 결합체의 요소로서 각각 독자적으로 존재한다. 이 때문에 주체가 대상과 전체의 요소로서 관계를 맺고 있는 경우에도 대상에서 주체를 분리하는 것이 가능하다. 즉, 주체 자체의 대상화도 가능해진다. 결국 어떠한 전체와도 아무런 상관을 갖지 않는 주체가 설정될 수 있다. 이때 주체의 사물 인식은 대상을 요소로 분리하고, 조합하는 방법으로 이루어진다. 주체는 분리와 조합을 행하는 조작의 주체이므로 임의로운 조작의 주인을 말하며, 대상은 수동적인 피조작의 지위에 있는 객체를 말한다. 때문에 주체는 일체의 구속을 받지 않는 완전한 자유의 상태에 있는 반면에 대상은 객체로서 완전한 구속의 상태에 놓여 있다.

이러한 예로 인간이 실험실에서 살아 있는 개구리를 해부하여 심장의 박동을 관찰하는 것을 들 수 있다. 실험자가 심장의 박동을 관찰하기 위해 개구리를 고통과 죽음으로 끌고 갈 수 있는 것은 주체인 인간과 대상인 개구리 사이에 아무런 본질적 상관성도 전제하지 않기 때문이다. 따라서 실험의 주체로서 인간이 대상에 가하는 행위를 제한할 수 있는 어떠한 근거도 존재하지 않는다. 그러므로 조작의 주체로서 실험자는 완전한 자유의 상태이고, 피조작의 객체로서 개구리는 완전한 구속의 상태이다. 그렇기 때문에 해부를 당하는 개구리가 죽음의 고통 속에서 보여주는 심장의 박동은 실험자의 입장에서는 즐거운 관찰의 대상이 될 수 있다. 이처럼 주체가 의도하는 바에 따라 대상을 객체로 조작하면서 이루어지는 형태의 인식을 조작적 인식이라고 말할 수 있다.

조작적 인식에서 주체는 대상에 대한 조작성을 이해하고 실천하면서 주체성을 발휘하게 된다. 대상에 대한 조작성이 강화되면 될수록 주체성 또한 강화되기 때문에 주체는 대상을 조작하려는 열망을 갖게 된다. 그리고 이러한 조작적 인식에서 지식은 조작의 결과로 얻어진 논리를 말한다. 이러한 지식은 조작의 과정에 대한 형식적 엄밀성에 근거하여 성립한다. 왜냐하면 주체가 대상을 임의로 조작한 것이 모두 지식이 될 수는 없기 때문이다. 그러므로 지식이 성립하기 위해서는 조작의 방법이 정확하게 규정되어야 한다. 이것은 인식대상에 대한 조작의 조건, 과정, 결과를 형식논리에 기초하여 기술하는 것을 뜻한다. 이러한 것에 기초하여 성립된 지식 가운데 대표적인 것이 논리학, 수학, 자연과학의 지식이다. 이런 분야에서는 지식의 근거로서 실험적 자료와 형식적 논증이 1차적 중요성을 갖는다. 그리고 이와 같이 형식적 조작에 의존하는 지식은 이해와 실천이 분리되어 있다. 지식은 '지식을 위한 지식'으로 존재하고, 실천은 삶의 요구에 발생하는 필요성으로 존재한다. 따라서 '지식을 위한 지식'을 삶에 필요한 지혜로 전환하기 위해서는 또 다른 형태의 형식적 조작이 필요해진다.

이렇게 볼 때, 인간이 사물을 속성의 통합체로 이해하느냐 아니면 요소의 결합체로 이해하느냐에 따라 사물을 인식하는 논리 형식, 주체와 대상의 관계, 주체성을 발휘하는 방법 등이 달라지는 것을 알 수 있다. 하지만 일상 차원에서 모든 개인이나 집단은 사물을 인식할 때 두 가지 방식을 모두 사용하고 있다고 볼 수 있다. 그럼에도 문화적 차이가 나타나는 것은 두 가지 가운데 어떤 것이 중심적 위치에 있고, 어떤 것이 부차적 위치에 있는지가 다르기 때문이다.

3. 사물 인식의 방법과 문화적 차이

인간이 사물을 인식할 때 인식 대상, 인식 수단, 인식 주체를 어떠한 방식으로 설정하느냐에 따라 인식의 방법과 내용에 큰 차이가 발생한다. 그런데 이러한 차이는 인식에 사용되는 기제가 다르기 때문이 아니라, 그것을 활용하는 방법이 다르기 때문에 발생한다고 할 수 있다. 그리고 이러한 차이는 개인의 선택이라기보다는 언어나 문화를 공유하고 있는 집단의 선택 때문으로 보아야 한다. 그 속에서 살아가는 개인이나 집단은 대개 그러한 것을 삶의 전제처럼 받아들이게 된다.

이런 점에서 학자들은 일찍부터 사물에 대한 인식에 기초하여 문화권의 차이를 설명하려고 시도해 왔다. 특히 세계를 동서로 양분하고 있는 서구문화와 동아시아문화가 사물 인식에 어떠한 차이를 갖고 있는지 설명하려고 노력해 왔다. 베버(M. Weber), 니담(J. Needham), 카프라(F. Capra), 양적(楊適) 등과 같은 학자들이 문화 비교의 관점에서 그러한 작업을 전개하였다. 그러나 사물을 인식하는 방법에서 두 문화가 어떠한 차이를 보이고 있는지 비교하고 설명하는 것은 아직도 많은 부분이 숙제로 남아 있다.

필자는 서구문화와 동아시아문화에서 볼 수 있는 중요한 차이는 사물을 요소의 결합체를 중심으로 이해하느냐, 아니면 속성의 통합체를 중심으로 인식하느냐에 달려 있다고 생각한다. 서구문화는 사물과 세계를 결합체의 관점에서 요소를 분리하고 조합하는 기계적 방식으로 설명하려고 노력해온 반면, 동아시아문화는 통합체의 관점에서 속성을 구분하고 종합하는 유기적 방식으로 설명하려고 노력해 왔다고 볼 수 있다. 이러한 차이는 두 문화가 근거하고 있는 자연적 조건과 사회적 환경, 언어와 문자의 성격, 문화를 주도한 지배층의 성격 등이 복합적으로 작용하여 생겨난 것으로 볼 수 있다.

1) 서구문화와 사물 인식

서구문화는 고대 그리스문화에서 연원을 찾을 수 있다. 그리스시대의 학자들이 사물과 세계에 대해 전개한 다양한 논의들은 서구문화의 형성과 발전에 기틀을 제공하였다. 이러한 그리스문화를 계승한 로마문화가 유대지역에서 전파된 기독교 신앙과 결합하여 중세 기독교문화를 낳았다. 그리고 15세기에 그리스·로마문화의 재발견이라는 형태로 르네상스가 전개되면서 근대문화가 형성되기 시작하여 오늘의 서구문화로 이어지고 있다.

먼저 그리스시대의 학자들이 사물과 세계에 대해 전개한 다양한 논의들은 사물의 근거가 되는 원질(原質)이 무엇인가에 대한 탐구가 중심을 이루었다. 어떤 학자들은 원질을 속성의 통합체로 이해하였고, 어떤 학자들은 요소의 결합체로 이해하였다. 원질을 속성의 통합체로 이해한 경우에는 경험적으로 이해할 수 있는 원질의 속성에 근거하여 사물을 설명하려고 한 반면, 원질을 요소의 결합체로 이해한 경우에는 요소의 근거가 되는 원근(原根)에 바탕하여 설명하려고 하였다. 이러한 과정에서 학자들은 신(神), 수(數), 존재(存在), 실체(實體), 관념(觀念), 현상(現象), 사물(事物), 질료(質料), 형상(形象), 범주(範疇) 등과 같은 다양한 개념들을 발전시키게 되었다.

그리스시대에 학자들이 사물과 세계에 대해 다양한 논의를 전개할 수 있었던 데는 여러 가지 원인이 있다. 정치·경제적 원인으로 토지와 노예의 사적 소유에 따른 새로운 계급의 발생, 지배층과 피지배층의 분화에 따른 육체노동과 정신노동의 분리, 상품생산의 증가에 따라 활발해진 교역, 국가의 형성과 발전에 따른 법체계의 확립, 특권적 사제계급이 존재하지 않는 가운데 다신교 전통의 유지, 하나의 문화권 속에서 다양한 도시국가들의 공존과 경쟁 등을 꼽아볼 수 있다.

또한 이러한 정치·경제적 요인과 더불어 그리스인은 외부에서 다양한 학문과 기술을 들여와 창조적으로 발전시키는 기질을 지니고 있었다. 그들은 기원전 8세기경에 페니키아에서 표음문자인 알파벳을 수입하여 자국어에 적합하도록 모음 표기를 위한 새로운 기호를 개발함으로써 편리한 문자생활의 시대로 나아가게 되었다. 이와 더불어 그들은 이집트나 바빌로니아에서 수입한 천문학, 기하학, 대수학 등을 발전시켜 나가면서 언어, 문학, 연극, 조각 등에 관한 새로운 지식도 함께 발전시켜 나갔다. 이러한 과정에서 그리스인들은 철학(Philosophia)의 전통, 즉 '지식(Philos)을 사랑하는(Sophia) 전통'을 낳게 되었다. 그들에게 철학은 인간과 세계를 논리적으로 이해해 나가는 지적 탐험을 뜻하였고, 소크라테스와 같은 학자는 이러한 지적 탐험에 대한 대가로 죽음을 맞기도 하였다.

그리스시대의 학자들이 사물과 세계에 대해 전개한 논의들은 원질의 성격에 따라 몇 가지 유형으로 구분해볼 수 있다.

첫째, 어떤 학자들은 원질을 물, 불, 공기, 흙과 같이 4차원의 시공 속에서 감각적으로 지각할 수 있는 구체적 사물로 파악하였다.

흔히 그리스시대에 사물과 세계에 대해 체계적 설명을 최초로 시도한 철학자로 일컫는 탈레스(Thales)는 사물을 구성하는 원질을 4차원 세계에 존재하는 물이라고 보았다. 그는 물을 질료와 영혼의 속성을 아울러 지니고 있는 활물로 보았고, 물의 결합과 분리를 통해서 사물의 생성과 소멸이 이루어진다고 생각했다. 따라서 탈레스가 생각한 사물과 세계는 원질인 물=A(질료 * 영혼)와 물에 근본하고 있는 사물=E(물+물′)로 표시할 수 있다.

헤라클레이토스(Herakleitos)는 탈레스와 비슷하게 사물을 구성하는 원질을 4차원 세계에 존재하는 불이라고 생각하고, 불은 속성으로서 질료와 영혼의 성격을 아울러 지니고 있는 활물로 보았다. 그는 사물이 생성하는 과정은 불→공기→물→흙의 단계로 이루어지며, 소멸하는 과정은 흙→물→공기→불의 단계로 이루어진다고 생각했다. 따라서 헤라클레이토스가 생각한 사물과 세계는 원질인 불=A(질료 * 영혼)와 불에 근본하고 있는 사물=P(불→공기→물→흙)로 표시할 수 있다.

또 엠페도클레스(Empedokles)는 사물을 구성하는 원질을 물, 불, 공기, 흙으로 보았고, 이것들은 속성으로서 사랑과 미움의 성질을 갖고 있다고 생각했다. 그는 사물의 생성과 소멸은 네 종류의 원질이 사랑과 미움의 성질에 바탕하여 결합하고 분해하는 과정으로 이루어지는 것으로 보았다. 따라서 엠페도클레스가 생각한 사물과 세계는 원질=A(사랑 * 미움)와 사랑과 미움에 근본하고 있는 사물=E(물+불+공기+흙)로 표시할 수 있다.

아낙시메네스(Anaximenes)는 사물을 구성하는 원질을 공기라고 보았고, 공기는 농후함과 희박함을 성질로 갖고 있으며, 그 정도에 따라 사물이 생성하고 소멸하는 것으로 생각했다. 사물이 달라지는 것은 농후함과 희박함에서 차이가 나기 때문이다. 그러므로 사물은 공기의 농도, 즉 공기의 양에 따라 계량적으로 계산하고 이해할 수 있다. 따라서 아낙시메네스가 생각한 사물과 세계는 원질인 공기=A(농후 * 희박)와 공기에 근본하고 있는 사물=E(공기+공기′)로 표시할 수 있다.

둘째, 어떤 학자들은 원질을 4차원 속에 존재함에도 불구하고 감각적으로 지각이 불가능할 정도로 매우 미세한 실체로 보았다.

아낙사고라스(Anaxagoras)는 사물을 구성하는 원질을 감각할 수 없는 다양한 종류의 스페마르타(spermata)로 보았다. 그는 스페마르타가 질적으로 서로 다른 불생불멸의 미세한 물질로 분리와 혼합의 속성을 갖고 있다고 생각했다. 사물은 같은 속성을 갖는 스페마르타로 구성되어 있기 때문에 기계적인 법칙에 따라 생성하고 소멸하게 된다. 아낙시고라스는 이러한 기계적인 법칙을 이성으로 보았다. 따라서 그가 생각한 사물과 세계는 다양한 원질들이 갖는 공동의 속성=A(분리 * 혼합)에 기초하여 사물=E(스페마르타+스페마르타′+&)로 표시할 수 있다.

데모크리토스(Demokritos)는 사물을 구성하는 원질을 감각할 수 없는 원자(atom)라고 보았다. 그는 원자가 불가분하고 영원하며 항구적이지만 크기에서 차이가 있다고 생각하였다. 원자는 속성으로 질량과 운동을 갖고 있는데, 사물은 원자들의 결합으로 생겨나게 되며, 사물들 사이에서 볼 수 있는 차이는 원자들이 결합하는 형태, 크기, 위치, 배열 등에 따라 나타나게 된다. 따라서 그가 생각한 사물과 세계는 원질=A(질량·운동)과 사물=E(원자+원자')로 표시할 수 있다.

셋째, 어떤 학자들은 원질을 4차원을 벗어나 있는 초시공적 원근에 바탕하여 성립하는 것으로 파악하였다.

아낙시만드로스(Anaximandros)는 사물을 구성하는 원질이 4차원의 시공을 벗어나 있는 아페이론(apeiron)에 근거하여 발생한다고 보았다. 아페이론은 원근으로서 모든 유한자를 낳는 무한자이고, 모든 한계를 벗어나 있는 무제약자이며, 모든 것을 규정하는 무규정자이다. 그는 아페이론이 한난과 건습의 성질을 갖고 있는 것으로 보았다. 그래서 이러한 속성에서 찬 것, 따뜻한 것, 건조한 것, 습한 것이 분리되어 나와서 4차원의 원질이 생기고, 그것에 기초하여 사물이 생성하고 소멸한다. 따라서 그가 생각한 사물과 세계는 원근인 아페이론=A(한 * 난 * 건 * 습)와 원질과 사물의 생성=P(아페이론→원질→사물)로 표시할 수 있다.

피타고라스(Pythagoras)는 사물을 구성하는 원질이 4차원의 시공을 벗어나 있는 수에 근거하여 발생하는 것으로 보았다. 원근으로서 수는 그 속성으로 무한과 유한, 우수와 기수와 같은 양적인 상반성을 갖고 있다. 그는 수에 기초하여 4차원의 원질이 생기고, 그것에 기초하여 사물의 세계가 전개된다고 생각했다. 그 결과 모든 것은 수를 통해서 계량적 계산이 가능해진다. 따라서 그가 생각한 사물과 세계는 원근인 수(數)=A(우수+기수 &)와 원근에서 원질이 생겨나고 사물이 발생하는 것=P(수→원질→사물)로 표시할 수 있다.

플라톤(Platon)은 사물을 구성하는 원질이 4차원의 시공을 벗어나 있는 이데아에 근거한다고 보았다. 이데아의 세계에는 현상의 세계에서 볼 수 있는 사물의 종류에 상응하는 각각의 이데아가 존재하고 있다. 플라톤은 사물이 원형인 이데아를 모방하여 존재한다고 생각했다. 그리고 같은 이데아에 근거한 사물들 사이에서 볼 수 있는 차이는 모방의 불완전함 때문이라고 보았다. 따라서 세계는 두 개의 세계, 즉 이데아의 세계와 현상의 세계로 구성되어 있다. 이데아의 세계는 기하학과 같은 완벽한 법칙의 세계로서 수학의 세계와 밀접히 연관되어 있다. 인간은 현상의 세계를 이성을 통해서 분석하여 그 배후에 있는 이데아의 세계를 이해할 수 있다. 따라서 플라톤에게 이성은 이데아의 세계로 나아가는 통로이며, 인간은 이성을 통해서 올바른 논리와 지식을 획득하여 이데아의 세계를 이해할 수 있게 된다. 따라서 그가 생각한 사물과 세계는 현상의 세계=P(이데아의 세계→현상의 세계)와 현상의 세계를 구성하는 원질=E(질료+질료′), 그리고 구체적 사물=E(질료+영혼)로 표시할 수 있다.

넷째, 어떤 학자들은 사물을 4차원 속에 존재하는 원질과 그것을 벗어나 있는 원근의 결합체로 파악하였다.

아리스토텔레스(Aristoteles)는 사물이 4차원 속에 존재하는 질료가 4차원을 벗어나 있는 원근인 형상과 결합하여 구성되는 것으로 보았다. 질료는 형상을 짓게 하는 속성을 가능태로 갖고 있고, 형상은 4차원의 시공을 벗어나 있는 목적인과 동력인을 내재하고 있다. 질료와 형상이 결합해서 1차적 사물이 생겨나게 되고, 이것이 다시 질료가 되어 2차적 형상이 생겨나게 되며, 이러한 과정이 반복되어 마지막 단계로 나아가게 된다. 따라서 질료와 형상은 단계가 있어 제1질료에서 제10질료, 제1형상에서 제10형상으로 나아가게 된다. 세계는 사물 자체에 목적과 동력이 내재되어 있어 자연의 변화는 질료가 최고 형상을 향하여 움직이는 합목적적 과정으로 드러난다. 최고의 형상은 내재의 신이라고도 말할 수 있다. 그렇기 때문에 그에게 자연은 목적을 갖고 있는 하나의 유기체와 같다. 그는 관념론과 유물론의 중간에서 그것을 조화시키려고 한 경험론자이며, 일원론적인 현실주의자이다. 따라서 아리스토텔레스가 생각한 사물과 세계는 사물＝E(형상＋질료)와 형상＝E(목적＋동력)로 표시할 수 있다.

　이렇게 볼 때 그리스시대에 전개된 사물과 세계에 관한 다양한 논의는 사물을 구성하는 원질을 4차원의 세계에 근거하여 설명하느냐, 아니면 4차원의 세계를 벗어난 원근에 근거하여 설명하느냐에 따라 구분할 수 있다. 원질을 4차원의 세계에 근거하여 설명하는 경우에는 다시 감각적으로 지각될 수 있는 것으로 보느냐, 아니면 감각을 뛰어넘는 것으로 보느냐에 따라 구분될 수 있다. 반면에 원질을 4차원의 세계를 벗어난 원근에 근거하여 설명하는 경우에는 원근으로 전제된 수(數), 신(神), 이성(理性), 관념(觀念), 형상(形象) 등에 따라 원질의 성격이 달라진다. 이처럼 어느 관점에 서서 가설과 추론을 전개하느냐에 따라 사물과 세계에 대한 설명이 다양한 방식으로 이루어진다.

　그리스시대에 사물과 세계에 대해 전개된 다양한 가설과 추론은 논리학, 기하학, 대수학 등의 발전과 관련되어 있었다. 학자들은 이러한 학문들이 보편적 지식체계를 구성하기 위해 사용하는 분리와 조합의 방법을 사물과 세계에 대한 이해에 적용하여 보편적 지식체계를 수립하려고 노력하였다. 그래서 그들은 분리와 조합의 방법에 근거하여 가설과 추론을 형식논리에 맞게 전개할 수 있도록 명제, 공준, 공리, 연역, 동일, 모순 등과 같은 개념을 명확히 하였다. 이런 관계로 원질을 물, 불, 공기와 같은 하나의 물질로 상정해서, 요소로 분리하고 조합하는 것이 불가능한 경우에는 그것을 양적인 형태로 전환하여 가능하도록 만들었다. 또한 분리와 조합의 방식으로 설명하기 어려운 것까지 분리와 조합의 방법으로 설명하려고 하였다. 곧, 학자들은 몸과 마음이 인간이라는 통일체의 두 측면임에도 불구하고 몸을 육신의 세계, 마음을 영혼의 세계로 근거를 달리하여 분리와 조합의 방법으로 설명하였다. 이처럼 형식논리에 근거하여 사물과 세계에 대한 보편적 지식체계를 구성하려는 노력이 전개되면서 형이상과 형이하를 포괄하는 다양한 것들에 대한 정밀한 논의가 활발하게 이루어지게 되었다.

그러나 그리스 멸망 이후, 로마가 방대한 제국으로 성장하여 통일적 질서를 확립하게 되자, 서구문화에서 세계와 사물에 대한 활발한 탐구는 쇠퇴하였다. 로마제국의 지식인들은 강대한 권력과 지배에 관심을 집중한 반면에 그리스적인 Philosophia의 전통에는 관심이 적었다. 이러한 것은 유대적 전통에 기초하여 발생한 기독교가 전파되고, 제국의 국교로 자리하면서 더욱 강화되었다. 이에 그리스-로마적 전통과 유대적 전통이 결합한 형이상학적 신학이 학문의 중심에 자리하게 되었고, 따라서 지상 세계에 대한 관심보다 천상 세계에 대한 관심이 지배하게 되었다.

하지만 로마제국이 동서로 분리되고, 이어서 게르만족의 침입으로 서로마제국이 멸망하자 서구문화는 격변의 과정에 놓이게 되었다. 남쪽으로 이동한 게르만족이 유럽의 중남부에 새로운 거주지를 찾아 정착하게 되자 민족과 문화의 접촉과 융합이 활발해졌다. 그리고 여러 왕조가 나타나고 사라지는 가운데 노르만인의 침입으로 유럽 전체가 혼란에 빠지자 가톨릭에 바탕한 종교조직과 영주를 중심으로 한 지방권력이 종교·정치의 연합 형태로 유럽을 실질적으로 지배하게 되면서 드디어 중세시대로 들어서게 되었다. 이것을 계기로 기독교문화는 전체 유럽으로 확산되면서 거대한 문화적 통합체를 형성해 나가게 되었다.

중세 기독교문화는 사물과 세계를 유일신인 하느님에 근거하여 설명하였다. 그리고 시공을 초월한 하느님에 근거하여 모든 것이 존재한다고 보았다. 중세 기독교문화에서 세계는 영원한 천상의 세계와 유한한 지상의 세계로 2분되어 있었다. 지상의 세계는 하느님이 창조한 피조물의 세계로서 모든 것은 하느님에 근거하여 생성하고 소멸하는 것으로 생각했다. 따라서 피조물로서 사물은 오로지 창조주에 의존하게 되어 사물은 '~은 ~이다'와 같은 방식으로 성격이 규정된다. 이러한 피조물로서 사물은 유한한 시간적 요소와 유한한 공간적 요소가 결합되어 있으며, 하느님의 심판을 통해 이러한 요소들이 종말을 고하게 되면 지상의 세계는 사라지는 운명에 처한다.

중세 기독교문화에서는 창조주와 피조물의 관계를 밝히는 신학이 학문의 중심을 이루었고, 신학을 체계화하는 작업은 주로 플라톤과 아리스토텔레스의 전통에 기반하여 이루어졌다.

중세 초기에는 관념적 보편 세계와 실제의 현상 세계를 엄격히 구분하는 플라톤적 세계관을 따르는 교부철학이 유행하였다. 교부철학을 대표하는 신학자가 아우구스티누스(C. Augustinus)였다. 그는 신의 세계와 지상의 세계가 엄격히 구분된 가운데 서로 갈등한다고 보았다. 따라서 그는 갈등을 해소하기 위해 지상의 세계를 신의 세계에 철저하게 종속하려고 하였다. 아우구스티누스는 인간이 감각적 쾌락을 절제하고 세속적인 선을 멸시하는 삶을 통해서 먼지와 원죄로 무거워진 인간의 도시에서 신의 도시의 신비로운 영광으로 이를 수 있다고 주장했다.

반면에 중세 후기에는 형상과 질료가 결합되어 사물을 구성한다는 아리스토텔레스적 세계관을 따르는 스콜라철학이 유행하였다. 스콜라철학을 대표하는 신학자는 토마스 아퀴나스(Thomas Aquinas)였다. 그는 현상 속에 존재하는 형상적 요소를 매개로 신의 세계와 지상의 세계를 조화롭게 연결하려고 하였다. 그는 지상의 세계가 단순히 피조물로 존재하는 것이 아니라, 신의 원리가 적극 구현된 세계라고 보았다. 그는 지상의 세계에 존재하는 자연의 법칙을 신의 원리로 보아 그것을 이성적으로 파악해서 인간이 신의 세계에 가까이 나아갈 수 있다고 생각하였다.

서구문화는 15세기를 전후하여 로마가톨릭교회에 예속되어 있던 인간이 독자적인 '개인(individual)'으로 해방되어 나오는 새로운 변화를 맞기 시작하였다. 피렌체, 베네치아, 제노바, 피사와 같은 상업도시에서 시작된 문예부흥(Renaissance)은 그리스 고전의 재생을 통해서 신과 교회의 속박에서 벗어난 새로운 인간과 세계를 건설하고자 하였다. 문예부흥이 알프스 이북으로 파급되자 종교개혁을 통한 신앙적 개인주의, 자본주의의 발달을 통한 경제적 개인주의, 민주주의의 발달을 통한 정치적 개인주의로 확대되어 나갔다. 이러한 변화를 주도한 자본가계급은 'city(도시)'에 거주하는 'citizen(시민)'으로서 시장을 매개로 지역을 통합하여 새로운 'civilization(문명)'을 건설해 나가는 주역이었다. 그들은 경제력을 바탕으로 정치적 자유를 확대해 가면서 천직의식과 금욕주의를 무기로 중세로부터 물려받은 재부에 대한 부정적 견해를 극복해 나갔다.

서구의 근대 개인주의는 인간이 구체적으로 호흡할 수 있는 현세적 시공만을 인정한 상태에서, 모든 것의 전제인 개별자를 설정해 놓고 사물과 세계에 대한 새로운 이해와 실천을 추구하게 되었다. 이러한 것은 사회와 자연의 두 측면에서 각각 근대사회와 근대과학을 형성 발전시키게 되었다.

먼저 서구의 근대 개인주의는 개인이라는 낱낱의 요소가 결합하여 사회를 구성한다고 보았다. 1회적 존재인 개인은 사회가 존재하는 근거이고, 사회는 개인의 의사에 따라 구성되거나 해체되는 집합체이다. 따라서 사회는 개인 사이에 이루어진 계약의 결과이며 그렇기 때문에 사회는 개인의 자유를 실현하기 위한 수단에 지나지 않는다. 그러므로 개인의 생각과 행동에 대한 사회의 관여는 최소화될수록 더욱 좋다. 이러한 집합체로서 사회의 모습은 전제인 개인을 어떻게 규정하느냐에 따라서 성격이 달라진다. 이 때문에 개인이 무엇인가에 대한 탐구는 인문·사회과학의 기초를 이룬다.

다음으로 서구의 근대 개인주의는 사물의 궁극적 의미를 더 이상 나누어지지 않는 개체를 통해서 구명될 수 있다고 보았다. 이러한 개인주의는 분리와 조합의 방법을 사용하여 개체의 속성을 분석적으로 구명하는 과정에서 근대 자연과학을 수립하게 되었다. 뉴턴과 갈릴레오 등이 일으킨 근대 자연과학은 사물과 세계를 기계적 방식으로 설명하려고 하였다. 모든 것을 역학적 운동법칙을 좇아서 설명하게 되면서, 자연과학과 수학이 밀접한 연관을 맺게 되었다. 그리고 더 이상 나누어지지 않는 개체에 대한 탐구의 결과로 분자, 원자 등의 존재를 발견하게 되었다. 근대 자연과학은 물리학, 화학, 생물학, 지질학 등과 같은 다양한 분야로 나누어지면서 가속적으로 발전하였다.

그런데 서구는 근대과학의 발달에 힘입어 사물과 세계를 분리·조합의 방식으로 더욱 정밀하게 이해해 나가게 되자, 도리어 사물과 세계를 속성의 관점에서 통합적으로 이해하는 것에 눈을 뜨게 되었다. 원자물리학, 상대성이론, 생태계이론 등이 발전함에 따라, 그들은 사물들이 상관적 관계로 통합되어 있다는 것을 이해하게 되었다. 질량과 에너지가 사물의 속성으로 서로 의존관계로 통합되어 있으며, 시간과 공간이라는 것도 전체의 속성으로 서로 의존관계로 통합되어 있다는 것을 이해하게 되었다. 이와 함께 자연과 생태계의 문제가 지구라는 전체 속에서 서로 의존관계로 통합되어 있음을 이해하게 되었다.

역사적으로 서구문화는 16세기 이래로 자본주의적 생산체제와 과학기술의 발전에 힘입어 세계를 이끌어오고 있다. 서구인들은 근대문화의 전도사를 자처하며 다른 문화권을 침략하고 지배하는 일에 몰두해 왔다. 다른 문화권들은 서구의 위력에 압도당한 상태에서 서구를 근대화의 모범으로 추종하게 되었다. 서구문화는 산업생산과 지식개발에 혁명적 발전을 이룩하며 사회변화를 가속화하고 있는 가운데, 내부적으로 사물과 세계를 이해하는 다양한 입장들이 복잡하게 얽혀서 공존과 갈등의 양상을 아울러 드러내고 있다. 곧 유물적 세계관, 과학적 세계관, 관념적 세계관 등이 공존과 갈등 속에서 혼란스럽게 뒤엉켜 있다.

그럼에도 서구문화는 사물과 세계를 이해하는 방법에서 아직도 강한 공통성을 갖고 있다. 첫째, 그들은 인식대상인 사물과 세계를 요소의 결합체로 보아 분리와 조합의 방법으로 이해하려고 한다. 이 때문에 서구문화는 더 이상 분리할 수 없을 때까지 계속 사물의 분리를 시도하게 되고, 이러한 분리와 조합에서 얻어진 분석적 지식을 타당한 지식으로 인정하고 있다.

둘째, 서구문화는 사물과 세계에 대한 조작적 인식이 가능할 수 있는 논리 형식을 논리학과 수학에 기초하여 구하였다. 따라서 서구문화는 논리학과 수학을 방법론의 핵심 자리에 놓았다. 논리학과 수학은 형식적 조작을 통해서 사물을 계량화할 수 있도록 만드는 까닭에 지식의 계량화가 촉진되었다. 그런데 이러한 형태의 지식은 조작적 인식에서 얻어진 조작의 결과로서 주어진 논리를 말한다. 따라서 이러한 지식은 이해와 실천이 분리되어 있다. 지식은 '지식을 위한 지식'으로 존재하고, 실천은 삶의 요구에 발생하는 필요성으로 존재한다. 따라서 '지식을 위한 지식'을 삶에 필요한 지혜로 전환하기 위해서는 또 다른 형태의 형식적 조작이 필요해진다.

셋째, 서구문화는 인식의 주체인 인간의 주체성을 실현하는 것이 사물과 세계를 분리와 조합의 방법으로 이해하고 실천하는 것으로 이루어진다고 생각한다. 따라서 서구문화에서 주체는 분리와 조합을 수행하는 조작의 주체를 뜻한다. 그리고 인간은 대상에 대한 조작성을 이해하고 실천하는 과정에서 주체성을 발휘하게 된다. 그 결과 대상에 대한 조작성이 강화되면 될수록 주체성 또한 강화되기 때문에 주체는 대상을 조작하려는 강한 열망을 갖는다.

2) 동아시아문화와 사물 인식

고대 동아시아에서는 황화유역을 근간으로 농경을 바탕으로 한 한족 계통의 문화와 몽고지역을 근간으로 유목을 바탕으로 한 몽고족 계통의 문화가 독자적으로 발전해 왔다. 그러다가 몽고족 계통의 일부가 만주, 한반도, 일본으로 남하하여 동이족 문화를 형성하는 것과 함께 한족, 몽고족, 동이족이 세력 확대를 위해 영역 다툼을 벌이면서 충돌과 교섭의 과정을 통해 문화적 영향을 주고받게 되었다. 그러나 한족 계통의 상(商) 왕조가 한자(漢字)를 발명하여 기록으로 문화를 축적해 나가게 되자, 점차 중원이 동아시아문화의 중심으로 떠오르게 되었다.

상왕조는 모든 것을 신에 의존하는 신 중심의 사회였다. 그들은 중요한 일은 반드시 복서(卜筮)로서 신의 뜻을 물어서 결정하였다. 그러다가

상왕조가 망하고 주(周)왕조로 넘어오면서 신 중심에서 인간 중심의 사회로 발전하였다. 주왕조는 일상 행위의 규범인 예(禮)에 바탕하여 모든 문제를 조정하고 해결하는 인간 중심의 문화를 건설하였고, 신과 관련하여 발생하는 문제도 예(禮)로서 포섭하여 인간의 능력으로 조정하고 해결하려고 하였다. 또한 종법(宗法)에 기초하여 봉건적 국가체제를 정비하는 동시에, 무사적 귀족들이 익혀야 할 학문체계로서 육예(六藝), 즉 예(禮), 악(樂), 사(射), 어(御), 서(書), 수(數)를 확립해 나갔다. 더불어 문자를 통한 학문체계의 수립과 함께 문화의 축적이 가속화되자 문화의 중심인 화(華)와 변방인 융(狄), 만(蠻), 적(荻), 이(夷)를 구분하게 되었다.

주왕조가 제후들의 성장으로 봉건적 국가체제를 주도할 수 없게 되자 제후들이 패권을 다투는 춘추전국시대가 전개되었다. 이때부터 국가적 혼란을 사상적으로 극복해 보려는 다양한 시도가 생겨났다. 도가(道家), 유가(儒家), 묵가(墨家), 음양가(陰陽家)를 비롯한 제자백가가 출현하여 사물과 세계에 대한 새로운 이해를 통해서 혼란을 극복하려고 노력하였다. 이들은 사물의 성격, 인간의 본성, 정치의 성격, 이상적 세계 등에 대해 활발한 논의를 전개하였다. 이에 따라 도(道), 기(氣), 역(易), 음양(陰陽), 인(仁), 의(義), 예(禮), 법(法), 겸애(兼愛), 자연(自然)과 같은 개념들이 생겨나고 발전하였다.

그런데 춘추전국시대에 제자백가들이 전개한 논의들은 사물과 세계를 상관성의 관점에서 유기적 통합체로 설명하는 공통성을 갖고 있었다. 그들은 '스스로 그러한 모습을 갖는' 자연적 상태를 모든 것의 기초로 생각하였다. 제자백가들에게 자연적 상태는 '관계를 조화롭게 실현하여 질서를 구현하는 것'을 뜻하였고, 이러한 자연적 상태를 이상적 상태로 생각하여 '무위자연(無爲自然)'으로 불렀다. 그래서 제자백가들은 모든 것이 본질적 상관성을 전제한 상태에서 자연이라는 전체 속에서 유기적 관계로 통합되어 있다고 보았다. 이 때문에 그들은 사물의 성격을 유기적 관계를 나타내는 속성으로 이해하였으며, 사물과 세계를 천지(天地), 음양

(陰陽), 강유(剛柔), 소장(消長), 성쇠(盛衰), 치란(治亂)과 같은 속성으로 설명하였다.

춘추전국시대에 제자백가들이 사물과 세계를 상관성의 관점에서 유기적 통합체로 설명하게 된 데는 여러 가지 원인이 있을 수 있는데, 가장 먼저 표의문자인 한자에서 중요한 단서를 찾아볼 수 있다. 한자는 사물의 속성을 구체적으로 나타내는 방법을 바탕으로 추상적 개념을 형성하는 문자체계이다. 이런 까닭에 문자의 뜻은 먼저 사물이 갖는 속성에 따라 규정된다. 즉, 인(仁)은 '두 사람이 마주 보고 있는 것을 가리키고[仁＝A(人＊人)]', 역(易)은 '해와 달의 변화를 가리키는 것[易＝A(日＊月)]'과 같다. 그리고 문자가 갖고 있는 상형적 성격은 제자백가가 활약하던 춘추전국시대까지만 하여도 대단히 강하였다. 따라서 한자로서 사물과 세계를 이해하는 것은 속성의 관점에서 이해하는 것과 별다른 차이가 나지 않았다.

다음으로 춘추전국시대의 사회적 환경에서 중요한 단서를 찾아볼 수 있다. 천(天)을 대리하는 주왕실이 이름뿐인 천자(天子)로서 자리하고 있는 상황에, 제후들이 분수를 벗어난 방식으로 패권경쟁을 벌이게 되면서 혼란과 무질서를 불러오게 되었다. 따라서 제자백가들은 혼란과 무질서가 끝나는 것은 천명(天命)에 바탕하여 천하를 통일함으로써 가능하다고 보았다. 이 때문에 그들은 천하의 통일이라는 관점에서 전체적 통합에 기초한 질서와 안정을 추구하였다. 따라서 제자백가들은 천(天), 천자(天子), 천하(天下)라는 통일적 관계에 기초하여 사물과 세계를 설명할 수 있는 유기적 상관성에 관심을 집중하게 되었다고 볼 수 있다.

진왕조가 천하를 평정하여 제국으로 통합하자 봉건제도를 폐지하고, 군현제도를 실시하였다. 시황제가 사상의 통일을 위해 분서갱유(焚書坑儒)를 단행하였으나, 제국이 단명하면서 결과적으로 실패하였다. 진왕조를 이은 한왕조가 대외적 팽창정책을 벌이고 변방의 민족들과 충돌을 일으키면서 동아시아문화의 통합이 촉진되었다. 한왕조가 만주와 한반도 지역을 점령하여 한사군을 설치하자, 한족과 동이족이 군사대결을 하게 되었고, 이러한 대결은 수왕조와 당왕조까지 이어졌다. 이러한 과정에서 중국은 대제국으로 발전하였고, 주위에 신라, 발해, 일본, 월남 등이 독자적 왕국으로 성장하였다. 이 국가들은 동아시아문화의 일원으로서 한자를 중심으로 공통의 문화를 형성해 나갔으며, 이로써 학문, 의술, 예술 등이 보편문화로 통합되어 나갔다.

한대(漢代)에 유교가 정치의 중심이념으로 채택되자 실제적 합리성이 크게 강조되었다. 유교는 예의(禮義)에 기초하여 인간관계를 정립하고, 그것을 덕행(德行)으로 실천하여 질서와 평화를 추구하였다. 따라서 지배층의 관심은 군신, 부자, 부부, 장유, 붕우와 같은 인간관계의 도덕적 근거를 학문을 통해서 밝히고, 통치를 통해서 실천하는 일에 집중되었다. 공자가 '귀신은 공경하되 멀리해야 한다'고 한 것에서 알 수 있듯이, 그들은 초월적인 것에 대한 관심을 기피하였고, 사물과 세계를 가능한 한 경험적으로 이해할 수 있는 것과 연관지어 설명하려고 하였다.

한대에 유교와 도교는 음양론을 채용하여 사물과 세계를 실제적 합리성에 더욱 가깝게 설명하려고 노력하였다. 사물과 세계에 대한 논의는 원기(元氣), 도(道), 자연(自然), 건곤(乾坤), 천지(天地), 음양(陰陽), 오행(五行) 등이 중심을 이루었다. 유교와 도교에서는 사물의 근거가 되는 원질을 원기(元氣)로 보았다. 이러한 원기는 기질(氣質)과 기운(氣運)으로서 시간적 속성과 공간적 속성의 통합체이다. 원기가 음양적 방식으로 작용하여 구체적 기질인 오행, 곧 수·화·목·금·토가 발생하게 된다. 만물의 생성과 소멸은 기(氣)가 음양과 오행의 방식으로 응취하고 소산하기 때문이다. 이런 까닭에 만물은 기(氣)를 공통으로 하여, 자연이라는 하나의 큰 전체 속에서 통합되어 있다. 이와 같이 만물이 유기적 관계 속에서 생성·전개되는 자연의 원리와 방법이 도(道)로서 무위(無爲)를 본질로 한다. 사물과 세계는 도를 좇아서 기(氣)=A(質 * 運), 사물=A(陰 * 陽), 만물=A(응취 * 소산)의 구조를 바탕으로 천지, 사물, 음양, 부부, 강산 등과 같은 형식으로 유행한다. 이러한 유기적 세계관을 정밀하게 발전시킨 대표적 사상가가 동중서(董仲舒)였다.

한대에 인도에서 전해진 불교가 남북조시대에 이르러 성행하게 되자, 불교적 세계관이 동아시아 전체에 큰 영향을 끼치게 되었다. 당대(唐代) 이후로 불교는 유교와 함께 중국, 한국, 일본 등에서 문화의 근간을 이루었다. 이들 국가들은 불교를 중심으로 활발한 문화교류를 전개하였다. 불교는 기존의 세계관을 더욱 정밀하게 만들어 주는 구실을 하였다. 사물의 생성과 소멸을 기(氣)의 응취(凝聚)와 소산(消散)으로 설명하는 것에 인과(因果)에 기초한 연기의 개념이 더해지면서 사물과 세계에 대한 이해는 한층 정밀해지게 되었다. 불교가 깊이 있게 연구되자 자성(自性), 연기(緣起), 업보(業報), 인과(因果), 전세(前世), 내세(來世), 영겁(永劫) 등과 같은 개념에 기초하여 사물과 세계가 새롭게 설명되었다. 그리고 불교 경전을 번역하고 이해하는 과정에 추상적 개념을 나타내는 새로운 한자 어휘들이 크게 늘어나, 인식의 지평이 한층 확대되었다.

당대에 도교와 유교는 불교의 도전에 맞닥뜨려 배척과 공존의 과정을 통해 서로 필요한 부분들을 습합해 나갔고, 이에 따라 종교 사이에 공존과 습합은 일반 관행으로 정착하게 되었다. 도교는 불교적 성격을 습합하여 종교로서 성립하게 되었고, 불교는 도교적 성격을 습합하여 선불교로서 발전해 나갔다. 선불교는 이교(異敎)의 중국화라는 특징을 강하게 지니고 있었다. 선불교가 기존의 교리불교에서 중심적 개념인 공(空)을 무위자연의 무(無)로 대체하게 되자 도교, 유교, 불교는 모두 무위(無爲)라는 공통의 이상을 문화의 바탕에 깔게 되었다.

송대에 정주학파는 유교에 불교와 도교의 성격을 습합하여 성리학을 구성하였다. 그들은 천인성명(天人性命)에서 예악형정(禮樂刑政)을 포괄하는 전체적인 학문체계를 수립하여 유학을 천하의 학문으로 만들었다. 그들은 변화와 유행을 중심으로 사물과 세계를 이해하는 정밀한 이론을 개발하였다. 그들은 모든 것의 근거인 도(道)를 무궁생생(無窮生生)한 것,

즉 '끊임없이 낳고 낳아 쉼이 없는 것'으로 보았다.

정주학파에 이르러 사물은 시간적 속성의 사(事)와 공간적 속성의 물(物)이 통합된 사물=A(사＊물)로 이해되었다. 그런데 이러한 사물에서 더욱 근본적인 것은 관계의 본질이 시간과 더불어 구체화되는 사(事)였다. 그래서 주자는 '격물치지(格物致知)'에서 물(物)을 사(事)로 해석하였다.

정주학파는 무극(無極)－태극(太極)－음양(陰陽)－오행(五行)－만물(萬物)의 관계에 기초하여 전체와 부분을 통일적 관계로 연결하는 통체(統體)－부분자(部分子) 세계관을 구성하였다. 그들은 '무극이 태극이고, 태극이 무극이다', '태극이 음양이며, 음양이 태극이다'와 같은 논리를 폈다. 그리고 이것에 기초하여 '하나가 둘이고, 둘이 하나이다'는 논리 형식을 일반화하게 되었다. 이것을 표시하면 태극(太極)＝A(陰＊陽), 태극(太極)＝A(理＊氣), 오행(五行)＝A(太極→陰＊陽→水＊火＊木＊金＊土), 사물(事物)＝A(事＊物), 만물(萬物)＝A[(陰＊陽)＊(水＊火＊木＊金＊土)], 인간＝(心＊身) 등으로 나타낼 수 있다. 이것을 더욱 확대하면 '하나가 다수이고[一卽多], 다수가 하나[多卽一]'인 논리가 되어 선불교와 만날 수 있는 가능성 또한 그만큼 커지게 되었다.

성리학이 동아시아의 보편문화로 자리하게 되자 학자들은 음양, 이기, 성정 등의 개념에 근거하여 사물과 세계를 더욱 정밀한 방식으로 논의하게 되었다. 이러한 논의는 주로 분리와 조합이 불가능한 사물의 속성을 놓고, 구성적 관점을 중심으로 이해하느냐 아니면 전개적 관점을 중심으로 이해하느냐 하는 것으로 펼쳐졌다.[5] 사물을 구성적 관점에서 속성을

---

5) 예를 들면 부부의 관계를 음양적 속성으로 이해할 때, 부부를 독립적인 음과 양이라는 개체의 입장에서 이해하게 되면 구성적 관점이라고 할 수 있다. 이때 음인 지어미와 양인 지아비는 독자적으로 존재하는 요소와 비슷한 성격을 갖는다. 따라서 음이 양으로, 양이 음으로 전환되는 일이 일어날 수 없다. 반면에 부부를 환대와 적대의 상호관계로 이해하게 되면 전개적 관점이라고 할 수 있다. 이때 음과 양은 시간적 변화의 과정 속에서 음이 양으로, 양이 음으로 전환하는 것이 가능하게 된다. 따라서 음인 지어미가 양의 속성을 가질 수도 있고, 양인 지아비가 음인 속성을 가질 수도 있다.

구분하게 되면 각각의 속성에 대한 이해가 명확해지는 장점이 있는 반면 속성에 근거한 상호의존적 관계가 흐릿해지는 단점이 있었다. 때문에 이 것과 연관하여 사물의 속성으로서 통합되어 있는 리와 기의 관계에 대한 논란이 계속 발생하였다. 리와 기는 성격이 다른 데도 불상잡(不相雜), 불상리(不相離)의 관계로 통합되어 있기 때문에 둘 사이의 관계를 이해하기 쉽지 않았다. 따라서 리와 기의 관계를 설명할 때, 어느 정도까지 요소적 관계를 적용하느냐에 따라, 논의의 방향과 내용에 많은 차이가 났다.

성리학에서 리와 기를 바탕으로 사물 인식을 놓고 구성적 관점과 전개적 관점에서 펼쳤던 논란은 조선왕조에서 절정에 이르렀다. 선비들은 약 3세기에 걸쳐 리와 기를 통합해서 보는 쪽과 분리해서 보는 쪽으로 나뉘어 치열한 논쟁을 벌였다. 먼저 리와 기를 통합해서 보는 쪽은 기일분수(氣一分殊)의 논리를 중요하게 보았다. 우주에는 태극으로서 하나의 기가 존재하고, 리는 단지 기의 속성으로 부여되어 있다. 하나의 기가 각각으로 나누어져 구성과 작용을 달리하기 때문에 성질을 달리하는 만물이 생겨난다. 만물이 집단적으로 차이를 보이는 것은 물론이고 개별적으로 차이를 보이는 것은 모두 기로 말미암아서이다. 만물의 이치를 밝히는 일은 곧 기의 구성과 작용을 밝히는 일이다. 인간은 기의 구성과 작용을 밝혀서 기질을 더욱 바람직하게 변화시킬 수 있기 때문에 향상의 가능성을 갖는다. 반면에 리와 기를 분리해서 보는 쪽은 이일분수(理一分殊)의 논리를 중요하게 보았다. 리와 기가 하나의 태극을 구성하지만 리는 이치이고, 기는 기질로서 명확히 구분된다. 리와 기가 통합적으로 작용하여 성질을 달리하는 만물이 생겨난다. 만물이 집단적으로 차이를 보이는 것은 선천의 원리에 말미암고 있으며, 개별적으로 차이를 보이는 것은 후천의 기질에 말미암고 있다. 만물의 이치를 밝히는 일은 선천의 원리와 후천의 기질을 아울러 밝히는 일이다. 인간은 선천의 원리를 자각하여 후천의 기질을 더욱 바람직하게 변화시킬 수 있기 때문에 향상의 가능성을 갖는다. 이처럼 두 입장이 모두 인간의 도덕적 향상 가능성을 확인하는 것에 초점이 있다. 그러나 그들은 리기 관계에 대한 전제를 달리하기 때문에 논쟁은 끝까지 평행선을 달릴 수밖에 없다.

조선왕조의 학자들이 유달리 음양, 리기에 관한 사변적 논쟁을 치열하게 전개하게 된 것은 문사 중심의 지배층, 한문과 한글로 이루어진 이중의 어문체계 등에서 원인을 찾을 수 있다. 조선의 선비들은 학자의 자격으로 관료와 사제의 권위를 독점하여 강력한 지배집단을 형성하였다. 그들은 이념적 순수성을 무기로 학문과 실천에 대해 강한 열의를 불태웠다. 그들은 성리학이 꿈꾸는 이상사회를 실현하기 위해 줄기차게 명분투쟁을 전개하였다. 이와 함께 외국어인 한문과 자국어인 한글을 동시에 사용하게 되면서 어문생활에 표의적 성격과 표음적 성격을 동시에 갖게 되었다. 따라서 그들은 중국의 학자들과는 달리 한자의 표의적 성격에서 일정한 거리를 둔 상태에서 추상적 개념들을 조작하는 것이 쉬웠다. 그래서 격물치지(格物致知)의 해석에서도 '물에 격한다.', '물이 격한다.', '물에서 격한다.', '물로 격한다.'와 같은 다양한 논의가 가능할 수 있었다.

이와 같은 동아시아문화는 19세기 중반 서구문화와 만나기 이전 다양한 종교가 공존하는 가운데 느슨한 형태의 통합성을 유지하고 있었다. 그러므로 특정한 하나의 사상체계를 가지고 동아시아문화를 묶어서 설명하는 것은 쉽지 않다. 하지만 이러한 동아시아문화 사이에는 강한 동질성을 볼 수 있다. 이러한 동질성을 요약해서 정리해보면 다음과 같다.

첫째, 동아시아문화는 인식대상인 사물을 시공의 통합체로 인식하였다. 이것은 사물을 구성하는 기를 기질(氣質)과 기운(氣運)의 두 측면, 즉 공간의 속성인 질(質)과 시간의 속성인 운(運)의 통합체로 본 것에 기초하고 있다. 시공체로서 우주는 기가 모여서 사물을 이루고, 다시 사물이 기로 흩어지는 과정을 되풀이하는 무대이다. 사물의 본질이 모이고 흩어지는 관계성에 있는 까닭에 사물은 독자적으로 존재할 수 없고 언제나 관계로서 존재한다. 따라서 공간에 기초한 물건(物件)과 시간에 기초한 사건(事件)은 하나의 시공체인 사물(事物)로 통합된다.

둘째, 동아시아문화는 사물의 본질을 관계성에 두기 때문에 관계의 자연스런 드러남, 즉 무위(無爲)를 이상적 상태로 본다. 인위적으로 설정된 목표에 따른 변형이나 개조 등을 경계하였기 때문에 유위(有爲)를 강조하는 유교에서도 세계의 변형이나 개조는 인간의 영역 안으로, 그것도 최소한으로 국한하려 한다.

셋째, 동아시아문화는 인간을 사물들이 놓여 있는 상관성을 이해하고 실현하는 주체로 보았다. 본질로서 전제된 상관성이 구체적 관계로 드러나는 것이 도(道)이다. 인간이 해야 할 일은 생활을 통해서 도를 깨치고 실천하는 것이다. 이 때문에 동아시아문화는 생활과 결부된 체득, 체험, 체현을 중요하게 여겼다. 몸을 통해서 체화된 지식만이 온전한 지식이 될 수 있다고 보았다. 그런데 인간이 도를 깨치고 실천하는 것은 사물들이 내재한 힘으로 스스로 드러나는 무위자연의 상태에 기초한 인식에서 비롯한다. 인간은 무위자연의 상태에 기초한 상관성, 즉 천지, 사물, 음양, 부부, 강산 등을 확대하여 깨침과 실천의 영역을 넓혀 나아감으로써 모든 것을 포괄하는 우주에 이른다.

넷째, 동아시아문화는 인간이 사물을 속성의 통합체로서 인식하는 논리 형식을 개발하였다. 한자에서 사용되는 관계사인 즉(卽)과 이(而)의 논리가 그것이다. 태극즉음양(太極卽陰陽), 음양즉태극(陰陽卽太極), 색즉공(色卽空), 공즉색(空卽色), 일즉다(一卽多), 다즉일(多卽一), 일이이(一而二), 이이일(二而一) 등에서 볼 수 있는 '즉(卽)'과 '이(而)'는 서구어로 번역하기 어려운 관계사로, 이것은 모두 $O = A(b * d)$의 형식으로 표시되는 속성을 나타낸다. 이러한 논리형식을 사용하여 속성을 구성의 측면이나 전개의 측면에서 표현하였다. 따라서 사물은 상황에 따른 변화의 모습을 전체적으로 포섭할 수 있는 '~은 ~면서 ~이다'는 논리를 사용하게 되었다. 따라서 '~은 ~다'와 같은 명제 형식의 논리는 '~은 ~면서 ~이다'로 규정된 전체의 속성을 구체적 사태에 적용하여 특정한 국면만을 판단할 때 사용하는 제한된 논리였다.

4. 서구문화와 동아시아문화

앞에서 인간이 사물을 인식하는 두 가지 방법, 즉 사물을 속성에 따른 통합체로 인식하는 것과 요소에 따른 결합체로 인식하는 것에 어떠한 차이가 있는지 살펴보았다. 그것을 통해서 사물을 속성의 통합체로 이해하게 되면 속성을 구분하고 종합하는 방식이 사물 이해의 중심을 이루고, 요소의 결합체로 이해하게 되면 요소를 분리하고 조합하는 방식이 사물 이해의 중심을 이루는 것을 알 수 있었다. 그리고 이와 같은 두 가지 방식은 사물 인식에서 언제나 나타나는 기본적인 것으로 모든 문화에 공통으로 존재한다고 말할 수 있다. 그럼에도 어떤 것이 중심적 위치에 있고, 어떤 것이 그 다음 위치에 있느냐에 따라 문화의 성격이 크게 달라진다고 볼 수 있다.

이제 앞의 논의를 바탕으로 서구문화와 동아시아문화의 성격을 직접 비교하여 각각의 특징을 설명해 보면 다음과 같다.

첫째, 인식대상인 사물의 성격을 이해할 때 서구문화는 사물을 요소로 이루어진 결합체로 이해하고, 동아시아문화는 속성으로 이루어진 통합체로 이해하는 경향이 강하였다.

서구문화는 그리스시대에 이미 사물과 세계를 인식하는 방법에 관해 다양하고 풍부한 논의가 전개되었다. 그리스시대에 사물을 요소로 이루어진 결합체 또는 속성으로 이루어진 통합체로 설명하는 다양한 논의가 전개되면서 신(神), 수(數), 존재(存在), 실체(實體), 관념(觀念), 실재(實在), 현상(現象), 질료(質料), 형상(形象), 공준(公準), 공리(公理), 범주(範疇) 등과 같은 개념들이 생겨나고 발전하게 되었다. 이러한 것과 더불어 사물과 세계를 설명하는 방법으로서 논리학, 기하학, 대수학 등이 발전하게 되자 사물을 요소로 이루어진 결합체로 이해하는 경향이 증대하였다. 이러한 경향을 종합한 인물이 플라톤과 아리스토텔레스였다. 사물을 이해하는 방법으로서 플라톤은 기하학에 기울었던 반면에 아리스토텔레스는 논리학에 기울었다. 그리고 플라톤과 아리스토텔레스 이후 서구에서는 중세의 기독교문화와 르네상스 이후의 근대문화에 걸쳐 줄곧 사물을 요소로 이루어진 결합체로 보는 입장이 중심을 이루어왔다. 이런 관점으로 서구문화 속에서 사물과 세계를 요소의 결합체로 설명해온 예를 보면, 플라톤에서 세계＝E(이데아의 세계＋현상의 세계), 아리스토텔레스에서 사물＝E(형상＋질료), 기독교에서 세계＝E(천상의 세계＋지상의 세계), 기독교에서 인간＝E(영혼＋육신), 근대 자연과학에서 세계＝E(법칙＋재질), 근대 과학기술에서 기계＝E(부품＋부품′＋&)와 같다.

동아시아문화는 고대로부터 세계를 인식할 때 속성으로 이루어진 통합체로 인식하는 경향이 강하였다. 거대한 제국을 중심으로 국내외 관계를 안정시키려는 노력은 전체적인 균형과 질서를 강조하도록 만들었다. 이와 함께 단음절로 이루어진 표의문자인 한자는 사물의 속성을 드러내는 데 적합한 문자였다. 따라서 인(仁＝人＊人), 역(易＝日＊月), 동(動＝重＊力)과 같은 낱낱의 글자가 개체의 속성을 나타내는 방식으로 되어 있는 것은 물론이고, 천지(天地＝天＊地), 일월(日月＝日＊月), 산천(山川＝山＊川), 부부(夫婦＝夫＊婦), 남녀(男女＝男＊女)와 같은 낱낱의 낱말들도 전체의 속성을 나타내는 방식으로 되어 있다. 그리고 이러한 경향은 더욱 증대하여 모든 것을 속성으로 통합하려는 시도가 나타나게 되었다. 성리학에 이르면 강(剛)＊유(柔), 성(盛)＊쇠(衰), 진(進)＊퇴(退), 소(消)＊장(長), 존(尊)＊비(卑), 귀(貴)＊천(賤)과 같은 음양적 속성에 기초하여 천지(天地), 일월(日月), 남녀(男女), 부부(夫婦), 군신(君臣) 등의 관계를 짓고, 상생(相生)과 상극(相剋)의 오행적 속성에 기초하여 오상(五常＝仁＊義＊禮＊智＊信), 오행(五行＝水＊火＊木＊金＊土), 오색(五色＝赤＊靑＊黃＊白＊黑), 오방(五方＝東＊西＊南＊北＊中) 등의 관계를 짓는 것이 더욱 정밀한 방식으로 이루어지게 되었다. 이런 관점으로 동아시아문화 속에서 사물을 속성의 통합체로 설명해온 예를 들어보면 도교와 유교에서 기(氣)＝A

(氣質 * 氣運), 세계=A(理 * 氣), 세계=A(陰 * 陽), 우주=A(시간 * 공간), 사물=A(事 * 物), 자연=A(天 * 地), 예술=A(山 * 水), 인간=A(心 * 身), 삶=A(知 * 行), 불교에서 세계=A(空 * 色), A(多 * 一) , 인간=A(부처 * 범인)와 같은 것들이 있다.

둘째, 인식대상인 사물을 이해하는 방법으로서 서구문화는 요소를 분리하고 조합하는 조작적 인식을 강조한 반면에 동아시아문화는 속성을 구분하고 종합하는 상관적 인식을 강조하였다.

서구문화는 사물을 이해하는 방법으로 결합체를 요소로 분리하고 전체로 조합하는 방법을 선호하였다. 따라서 인간은 분리와 조합의 주체로서 대상과 분리된 상태에서 사물을 조작하는 타자(他者)의 관점에 서 있었다.[이것은 기독교에서 신이 창조의 주체로서 대상과 분리되어 천지만물을 조작하는 것과 같다.] 그리고 조작의 대상인 사물은 피조작물에 지나지 않기 때문에 인간이 만든 기계와 비슷하다. 이런 까닭에 사물과 세계를 조작적 방식으로 인식하는 것을 흔히 기계적 세계관이라고 부른다. 이때 인간의 주체성은 조작성의 정도와 크기에 달려 있게 된다. 그리고 이러한 조작적 인식이 가능하기 위해서는 조작이 쉬운 형태의 논리 형식, 즉 명제 형식의 형식논리를 선호하게 된다. 이것에 기초하여 실험이나 개념의 형태로 논리 조작을 행하게 되는데, 이러한 것은 논리학, 기하학, 대수학, 미적분학의 발달과 연관되어 있다. 오늘날 서구문화가 이룩한 근대학문도 근본적으로는 조작적 인식의 결과라고 할 수 있다.

동아시아문화는 사물을 이해하는 방법으로 통합체를 속성으로 구분하고 전체로 종합하는 방법을 선호하였다. 따라서 인간은 구분과 종합의 주체로서 대상과 일체를 이룬 상태에서 사물을 이해하는 당자(當者)의 관점에 서 있었다. 때문에 인간이 대상을 요소로 분리하고 조합하는 조작의 주체가 되기 어려웠다. 또 이해의 대상인 사물은 전체적 상관성 속에서 주체와 본질적 관계를 맺고 있다. 그래서 대상인 사물은 주체성을 공유하고 있기 때문에 주체와 대상은 유기체와 비슷한 형태로 연관되어 있다. 이렇게 사물을 상관적 방식으로 인식하는 것을 흔히 유기적 세계관이라고 부른다. 이때 인간의 주체성은 사물의 상관성을 이해하고 실천하는 폭과 깊이에 달려 있게 되며, 이러한 상관적 인식이 가능하기 위해서는 상관성을 체득하고 체현(體現)할 방법, 즉 통찰, 각성, 수행 등이 중요하게 된다. 그리고 이러한 것의 결과는 상관성을 나타낼 수 있는 다양한 논리 형식으로 표현된다.

셋째, 사물을 인식하는 합리적 기준이라는 측면에서 서구문화는 형식적 합리성을 중요하게 생각해온 반면에 동아시아문화는 실제적 합리성을 중요하게 생각해 왔다.

서구문화는 사물을 인식하는 합리적 기준으로 논리적 정합성에 기초한 형식적 합리성을 강조해 왔다. 그리고 사물의 내면이나 배후에 있는 형식적 합리성을 사물의 근거 또는 본질로 보았다. 따라서 서구문화에서는 사물이 형식적 합리성에 기초할 때 진, 선, 미의 상태에 이를 수 있는 것으로 보았다. 따라서 이러한 형식적 합리성을 추구하기 위해 4차원의 사물을 이해하는 방편으로 비4차원의 근거들, 즉 유일자, 이데아, 창조주 등을 끌어들이게 되었다. 그래서 서구문화는 비4차원적 세계와 관련한 다양한 내용의 추상적 개념들을 발전시키게 되었으며, 그 결과 삶에서 발생하는 문제들을 인간 밖에 존재하는 형식적 합리성에 의존하여 해결하려는 경향을 갖게 되었다.

동아시아문화는 사물을 인식하는 합리적 기준으로 문제 해결에 필요한 실제적 합리성을 강조해 왔다. 동아시아문화에서는 사물들 사이에 존재하는 관계성을 사물의 근거나 본질로 보았고, 실제적 합리성을 추구할 수 있는 수단으로 중용을 강조하였다. 그리고 모든 문제가 지나침이나 모자람에서 발생하기 때문에 관계의 조화와 균형을 통해 문제의 발생을 방지하려고 하였다. 따라서 동아시아문화에서는 이러한 실제적 합리성에 기초할 때 진, 선, 미의 상태에 이를 수 있는 것으로 보았기 때문에 실제적 합리성을 추구하기 위해 4차원의 사물을 이해하는 데 비4차원적 개념들을 끌어들이는 것을 경계하였다. 여기서는 비4차원적 개념들이 인간을 실제적 합리성에서 소외시킬 수 있는 허탄한 것으로 경계하였다. 그래서 동아시아문화에서는 형식적 합리성을 경시하게 되어 실제적 합리성이 근거하는 기준 자체가 모호해지는 경향을 갖게 되었다.

넷째, 사물을 인식하는 방식의 차이로 서구문화와 동아시아문화는 문화적 소통에서 많은 어려움이 따랐다.

서구인은 동아시아문화를 이해하는 데서 많은 어려움에 부딪힌다. 그들은 동아시아인이 사물들 사이에서 복잡한 상관성을 이끌어 내는 것을 이해하지 못하는 경우가 많다. 동아시아인이 어짊[仁]과 동쪽[東]과 나무[木]와 봄[春]과 푸른색[靑]을 연결하고, 의로움[義]과 서쪽[西]과 금속[金]과 가을[秋]과 흰색[白]을 연결하는 이유를 납득하지 못한다. 서구인의 관점에서 이것들은 전혀 관계가 없는 것들을 억지로 연결해 놓은 무의미한 조합에 지나지 않는다. 이 때문에 서구인들은 동아시아문화를 좋게는 '신비하다'고 말하고, 나쁘게는 '혼란스럽다'고 말한다.

동아시아인 역시 서구문화를 이해하는 데 많은 어려움에 부딪힌다. 그들은 서구인이 사물을 요소로 분리하고, 조합하는 방식을 이해하지 못하는 경우가 많다. 그들은 서구인이 분리와 조합이 불가능한 것까지도 억지로 분리하고 조합하려 애쓴다고 생각한다. 동아시아인은 마음과 몸을 분리할 수 없는데도, 서구인이 마음과 몸을 영혼과 육신으로 분리하여 육신이 없는 영혼, 영혼이 없는 육신과 같은 것으로 설정하는 행위를 허탄하게 본다. 동아시아인은 분리와 조합을 통해 지식을 위한 지식을 추구하는 것을 삶과 유리된 소외의 과정으로 이해한다.

하지만 두 문화 사이에 존재하는 문화적 소통의 어려움은 극복할 수 없는 것은 아니다. 왜냐하면 사물을 요소의 결합체로 보는 것과 속성의 통합체로 보는 것이 새로운 차원에서는 만날 수도 있기 때문이다. 한 예로 서구인들이 인간과 자연을 요소로서 분리하고 조합해본 결과 인간과 자연이 생태계라는 전체 속에서 속성의 관계로 통합되어 있다는 사실을 알게 된 것이나, 동아시아인들이 천하를 중심국과 주변국으로 구분하고 종합해본 결과 지구가 둥글기 때문에 모든 국가가 독자적 단위로 존재할 수밖에 없다는 사실을 알게 된 것을 볼 수 있다.

다섯째, 서구문화와 동아시아문화는 격렬한 충돌과 습합의 과정을 거치면서 지구촌시대를 맞아 새로운 만남을 전개하고 있다.

19세기 중엽 동아시아문화권에 대한 서구 자본주의 세력의 본격적인 침략을 계기로 두 문화는 격렬한 충돌과 습합의 과정에 놓이게 되었다. 이전까지 문화적 자존심을 잃어본 적이 없는 동아시아인들은 서구의 위력에 압도당하자 문화적 굴욕감을 느끼는 동시에 서구문화를 적극 이식하고 접목하여 서구와 어깨를 나란히 하려는 강한 열의를 갖게 되었다. 그래서 이후 동아시아국가들은 서구의 모범을 좇아 줄기차게 근대화를 추진해 왔고, 그 결과 20세기 후반부에는 근대화에 대한 염원을 이룩할 수 있게 되었다.

오늘날 근대화한 인간은 지구촌시대를 맞아 지구문명의 차원에서 살아가고 있다. 따라서 인간이 당면하고 있는 문제들 또한 지구적 차원에서 제기되고 해결되어야 할 것들이다. 특히 인간이 안고 있는 자원고갈, 환경오염, 생태파괴, 유전자 조작 등과 연관된 문제들은 인류의 생존과 존엄에 직결된 것들이다. 그런데 이런 문제들을 해결하기 위해서는 무엇보다도 먼저 인간이 준거로 삼아야 할 합리성이 어떠한 성격의 것이어야 하는지 따져보아야 한다. 왜냐하면 오늘날 문제가 되고 있는 것들은 근대적 합리성 자체에서 비롯되었기 때문이다. 이런 점에서 언어와 진리의 세계에 기반하고 있는 형식적 합리성과 생활과 중용의 세계에 기반하고 있는 실제적 합리성이 조화를 이룰 수 있는 새로운 형태의 합리성이 모색되어야 한다고 말할 수 있다. 이것은 형식적 합리성을 추구해온 서구문화와 실제적 합리성을 추구해온 동아시아문화가 상보적인 관계 속에서 새롭게 만나는 것을 뜻한다.

제 8장

유교문화와 한국사회의 근대화

1. 근대화 개념의 재검토

한국사회의 근대화는 조선시대 유교문화를 근대문화로 변화시키는 과정으로 전개되었다. 그래서 근대화를 어떠한 방식으로 이해하느냐에 따라 조선시대 유교문화를 이해하는 것 또한 크게 달랐다. 어떤 사람들은 조선시대 유교문화가 전근대문화로서 근대적 전환이 불가능하고, 오로지 근대화에 방해가 되기 때문에 모조리 청산해야 한다고 주장하였다. 반면, 어떤 사람들은 조선시대 유교문화가 전근대문화이지만 근대적 전환이 가능한 부분 또한 많기 때문에 청산과 아울러 적극 계승해야 한다고 주장하였다.

그런데 식민지시대 이래로 대부분의 지식인들은 조선시대 유교문화를 청산의 대상으로 생각하여 그것을 제거하는 데 많은 노력을 기울여 왔다. 이러한 것은 사회체제의 측면에서 특히 두드러져, 근대화 과정을 거치면서 조선시대의 사회제도는 거의 청산되었다고 말할 수 있다. 그렇지만 오늘날에도 조선시대 유교문화는 새로운 형태로 전환되어 계속 한국인의 삶에서 중요한 역할을 담당하고 있다. 때문에 조선시대 유교문화의 근대적 전환 가능성에 대한 논의가 생겨나게 되었고, 일부에서는 유교자본주의, 유교민주주의와 같은 용어를 사용하는 데까지 이르렀다.

유교문화와 한국사회의 근대화를 말하기 위해서는 먼저 근대화가 무엇을 뜻하는지 정확하게 이해해야 한다. 그것에 기초하여 전근대문화인 조선시대 유교문화가 어떠한 문화변동의 과정을 거쳐서 근대문화로 탈바꿈하게 되었는지 설명해야 한다. 하지만 대부분의 사람들은 근대화와 서구화를 같은 것으로 여겨, 전통문화를 서구문화로 교체하는 것을 근대화로 생각한 까닭에 이러한 문제에 대해서는 관심을 보이지 않았다. 단지 소수의 사람들만이 '근대화가 단순히 서구화를 뜻하는 것은 아니다.'라고 주장하였으나, 그것을 설명할 수 있는 정밀한 논리를 제시하지는 못하였다.

이 글은 한국사회에 전개된 근대화를 문화변동의 차원에서 '본과 보기 구조'에 근거하여 설명함으로써 기존의 근대화 개념을 재검토하려고 한다. 기존의 근대화 이론은 문화변동에 대한 이해가 부족하여, 지나치게 외형적 사회체제의 변화에 매달려 근대화를 설명함으로써 전통의 역할을 소홀하게 다루어왔다는 것이 필자의 입장이다. 이러한 논의를 위해서 '가(家)의 구조적 원리'라는 관점으로 세계관, 가치체계의 성격을 분석하여 조선시대 유교문화, 서구의 근대문화, 오늘날의 한국문화를 연결하여 설명하는 작업을 해온 바 있다. 이 글을 통해서 한국사회의 근대화가 전통문화와 서구문화의 합작으로 이루어졌음을 확인할 수 있을 것이다.

2. 근대화의 성격과 본보기의 전환

'근대화(modernization)'는 서구사회가 가톨릭의 보편주의에 기초한 중세사회에서 개인주의에 기초한 근대사회로 이행해온 일련의 역사적 전환과정을 뜻한다. 그래서 근대화라는 용어는 처음 서구에서 일어난 특정한 문화변동을 가리키는 용어로 사용되었다. 이후 서구의 근대문화가 강력한 힘으로 세계를 주도하게 되면서 서구에서 볼 수 있었던 근대적 변화가 세계적 현상으로 파급되어 나타나게 되었고, 이로부터 근대화는 전통문화에서 근대문화로 넘어가는 문화변동의 과정을 가리키는 일반 용어로 사용되었다.

근대화에 대한 이해는 입장에 따라 크게 두 가지로 구분할 수 있다. 하나는 '전통문화가 근대문화로 전환되어온 역사적 사건의 원인과 결과'를 중심으로 이해하는 방식이고, 다른 하나는 '전통문화를 근대문화로 전환해온 인간의 계획과 실천'을 중심으로 이해하는 방식이다. 전자에 대한 관심은 과거의 역사를 정확히 이해하는 것에 치중되어 있는 반면, 후자에 대한 관심은 미래의 역사를 만들어 나가는 것에 치중되어 있다.

위와 같은 구분을 하는 것은 근대화를 앞장서 이끈 국가와 그렇지 못한 국가 사이에 중요한 입장 차이가 있기 때문이다. 근대화를 이끈 국가에서 근대화는 '문화가 전환되어 온 과정'으로서 과거에 전개된 역사적 사실을 정확하게 이해하는 데 관심이 집중된다. 왜냐하면 그러한 국가들이 새로운 세계에 대한 열망에 바탕하여 근대화된 세계를 형성해 나왔지만, 그것이 경험적으로 확인된 본보기를 바탕으로 이루어진 계획과 실천의 과정은 아니었기 때문이다. 이 국가들은 근대적 세계를 형성한 선구자로서 자신들이 걸어온 역사과정이 근대화에 대한 유일한 경험이었기 때문에 근대화를 당연히 서구화와 같게 보았다. 그래서 이들 국가들은 새로운 형태의 근대화가 존재할 수 있다는 것에 대해서는 별다른 관심을 두지 않았다.

반면에 서구문화를 들여와 근대화를 시작한 비서구국가의 근대화는 '전환되어 가는 과정'으로서 서구의 본보기를 좇아 현재와 미래의 역사를 만들어 나가는 것에 관심이 집중되었다. 비서구국가는 서구에서 경험으로 확인한 본보기에 바탕하여 새로운 세계에 대한 열망을 형성하고, 계획과 실천의 과정을 통해 현실로 구체화하고자 하였다. 그런데 이러한 국가들은 근대화 과정에서 문화적 차이로 서구의 본보기에서 벗어나는 새로운 사태들을 계속 경험하게 되었고, 이로써 근대화와 서구화를 같은 것으로 보는 기존의 논리를 재검토하게 되었다. 이러한 검토를 통해 전통문화와 근대문화의 호환성, 친화성 등에 눈을 뜨게 되면서, 근대화의 과정에 전통적 본보기가 서구적 본보기 못지않게 중요한 역할을 한다는 것을 알 수 있었다.

서구에서 추진된 근대화는 개인주의 사상에 바탕하여 민족 중심의 국민국가를 구성하고, 정치적 민주화와 경제적 산업화를 함께 추진하는 과정으로 전개되었다. 이때 개인주의 사상은 교회의 권위에서 해방된 개인이 자유의사에 따른 행동의 주체로 인정되는 것을, 민족 중심의 국민국가는 같은 언어와 역사에 바탕하여 형성된 문화 공동체로서 근대화를 추진하는 구심체를, 민주화는 국민에게 정치적 참정권을 부여하여 국민국가의 기틀을 쌓아 나가는 것을, 산업화는 세계를 무대로 대량생산과 시장 확대를 통해 국부를 증진해 나가는 것을 뜻하였다.

또한 서구에서 추진된 근대화는 문화변동의 관점에서 세계관과 가치체계의 근대적 전환을 뜻하였고, 이것은 사람들이 배우고 좇아야 하는 문화의 본보기가 변화하는 과정이었다. 따라서 서구인들은 근대화를 개인주의, 국민국가, 민주화, 산업화 등과 같은 문화적 소망을 실현해낼 수 있는 근대적 세계관과 가치체계를 형성해 가면서, 그것에 어울리는 새로운 본보기를 교체, 수정, 변용, 접합 등의 방법으로 만들어 나가야 했다. 서구인들은 이것을 위해 전통적 본보기에 기초하여 혁신적 방법으로 교체할 필요가 있는 것은 교체하고, 개혁적 방법으로 수정할 필요가 있는 것은 수정하고, 단순히 응용의 방법만 달리할 필요가 있는 것은 변용하고, 전통에서 벗어난 전혀 새로운 본보기는 접합하는 방법을 활용하였다.

한편 비서구세계에서 추진된 근대화는 서구의 근대문화를 들여와 세계관과 가치체계의 근대적 전환을 도모하면서, 그것에 어울리는 새로운 본보기의 형성을 뜻하였다. 따라서 서구의 근대문화를 이해하고 수용할 수 있는 능력에 따라 근대화의 정도, 속도 등이 크게 달라지기 때문에 전통문화가 서구문화나 근대문화로 전환할 수 있는 가능성, 즉 문화적 호환성[1]이 중요해졌다. 이는 문화적 호환성의 정도에 따라 교체, 수정, 변용, 접합 등의 비율과 방법이 달라지기 때문이다. 호환성이 큰 경우에는 수정이나 변용의 형태로 근대적 본보기를 형성해 나갈 수 있는 반면, 호환성이 적은 경우에는 교체나 접합의 형태로 근대적 본보기를 형성해 나간다. 이 때문에 근대화를 추진하는 국가적 계획과 실천은 물론이고, 기존의 전통적 본보기가 갖는 성격이 근대화의 성패를 크게 좌우한다.

3. 전통적 본보기로서 조선시대 유교문화

조선시대 유교문화는 근대화가 시작되는 단계에서 한국문화가 바탕하고 있는 전통적 본보기의 핵심을 이루고 있었다. 그 당시 유교문화는 고려말 이래로 선비들이 성리학적 사상체계에 기초하여 수백 년 동안 갈고 닦아온 것으로, 지배층인 양반과 중인은 물론이고 피지배층인 상민과 천민에 이르기까지 생활 속에 일상화되어 있었다.

조선시대 유교문화는 성리학적 천인성명(天人性命)과 예악형정(禮樂刑政)의 논리에 바탕하여 구성된 통체(統體)-부분자(部分子) 세계관과 가(家) 중심의 가치체계에 기초하고 있다.

먼저 통체-부분자 세계관은 모든 것의 원인이 되는 하나의 전제와 거기서 발생한 천지만물을 통체와 부분자 관계로 설명하는 것을 말한다. 즉, 세상에 존재하는 천지만물은 발생의 원인을 하나의 통체(-太極, 天, 天

[1] 문화적 호환성은 '문화 사이에 존재하는 전환 가능한 유사성'으로 말할 수 있다. 이것은 크게 두 가지로 구분해볼 수 있는데, 하나는 전통문화에서 볼 수 있는 문화현상이 곧바로 근대문화로 전환되어 나타날 수 있는 직접적 호환성이고, 다른 하나는 전통문화를 구성·운영할 수 있는 문화능력이 근대문화에 적용되어 나타날 수 있는 간접적 호환성이다. 전자는 동아시아에서 볼 수 있는 전통적 교육열이 근대적 교육열로 전환되는 것으로 들 수 있고, 후자는 동아시아의 전통적 지식체계에 내포된 문화적 정밀성이 근대문화를 이해하고 형성하는 능력으로 전환되는 것을 들 수 있다.

理)에 두고 있으며, 통체에서 성분(性分)을 본분(本分)으로 부여받아 생겨나, 직분(職分)을 통해 구체적 역할을 수행하는 부분자 자격을 갖고 있다.

통체-부분자 세계관을 구성하고 있는 기본 논리는 통체와 부분자의 관계를 하나의 통체적 리(理)와 무수한 부분자적 리(理)의 관계를 설명한 리일(理一)-분수(分殊), 하나의 통체적 이치가 다수의 현상으로 전환되는 과정을 설명한 일본(一本)-만수(萬殊), 하나인 통체적 이치가 만물로 구체화하는 과정을 설명한 일본(一本)-만물(萬物), 구체화한 만물들의 상호 관계를 질서라는 측면에서 설명한 일통(一統)-만수(萬殊), 인간세계의 전체적 질서를 설명한 일군(一君)-만민(萬民)이 중심이 되어 있다. 이것들은 모두 전체인 일(一)과 개체인 다(多)가 확산과 수렴을 통해 '하나이면서 여럿이 되고, 여럿이면서 하나가 되는 일즉다(一卽多), 다즉일(多卽一)'의 관계로 연결되어 있다.

통체-부분자 세계관에서 리일(理一)-분수(分殊)는 통체의 이치가 모든 사물에 나누어져 주어져 있음을 말한다.[2] 각각의 사물은 통체에서 분수(分殊)된 개성적 리(理)를 성분(性分)을 부여받아 본성(本性)으로 삼게 되어 종(種)과 유(類)에 따른 특수성을 갖추게 된다. 이러한 리일-분수의 원리에 입각하여 통체에서 만물이 생성되어 무궁생생(無窮生生)하게 전개되는 것이 일리(一理)-만물(萬物)이다.[3] 사물이 종(種)과 유(類)에 따라 같은 성분(性分)에 근거하지만 구체적 생성과 전개가 기질을 통해서 이루어지기 때문에 현상의 세계가 변화를 통해 1회적 독자성을 갖게 된다. 그리고 일리-만물의 원리로 생성된 만물에게 주어진 전체적 질서가 일통(一統)-만수(萬殊)[4]이다. 하나의 통(統)에서 생성된 천하만물은 하나의

---

2) 《性理大全書》 卷4, 西銘, 朱子 論, "天地之間,理一而已……" 이하 참조.
3) 《論語集註大全》 卷4, 里仁, 子曰參呼吾道一以貫之, 朱子 註. "蓋至誠無息者,道之體也,萬殊之所以一本也, 萬物各得其所者, 道之用也, 一本之小異萬殊也."
4) 《性理大全書》 卷4, 西銘, 朱子 論. "一統萬殊, 則雖天下一家, 中國一人而不流於……" 이하 참조.

질서체계에 의하여 다스려진다. 그리고 만물 가운데서도 영장(靈長)의 지위에 있는 인간 사이의 질서가 일군(一君)-만민(萬民)이다. 모든 백성은 한 사람의 임금에게 다스려질 때 조화와 질서를 이룩하게 된다.

통체-부분자 세계가 바탕하고 있는 질서체계는 부분자들의 기능적 분화에 따른 분별(分別)의 원리에 입각하고 있다. 곧 각각의 사물들은 부분자적 기능의 분화에 따라 고유한 성분(性分)이 주어지며, 이것이 본분(本分)으로 설정되어 모든 분별의 기준이 된다. 이러한 분별의 기준에 따라 규정된 사물의 이름과 내용을 명분(名分)과 명의(名義)라 하였고, 이것에 입각하여 설정된 구체적 관계를 윤서(倫序)라 하였다. '남녀지별(男女之別)', '장유지서(長幼之序)', '군신지분(君臣之分)', '귀천지차(貴賤之差)', '친소지등(親疎之等)'에서 별(別), 서(序), 분(分), 차(差), 등(等)은 분별적 질서에 따라 윤서(倫序)를 구분하는 구체적 기준이다.

다음으로 가(家) 중심의 가치체계는 통체-부분자 세계관에 바탕하여 구성된 가치체계를 말한다.

가(家) 중심의 가치체계는 혈연집단인 본가(本家)에서 태어난 '내(-自家)'가 생업집단인 업가(業家:儒家, 兵家, 農家, 佛家, 陰陽家, 畵家 등)에서 일가(一家)를 이루어 대가(大家)가 되고, 전체 집단인 국가(國家)에 공헌하여 본가(本家)와 업가(業家)와 국가를 보전하고 영광스럽게 하는 것을 삶의 동기와 목표로 삼고, 가조직(家組織)을 중심으로 사회를 조직하고 운영하는 것을 말한다.[5] 따라서 가(家) 중심의 가치체계에서 가(家)는 '나[自家]'와 '나의 실현[自家實現]'의 성격을 규정하는 동시에 구체적인 사회

---

5) '本家', '業家', '國家'의 개념은 유교적 가조직을 설명할 필요성에서 필자가 구성한 개념이다. 本家는 친족 관계에 있는 혈연집단을 말한다. 좁게는 본인의 父系親이 속한 家門을 국한하여 말하고, 넓게는 본인의 母系親이 속한 가문과 자녀의 母系親이 속한 가문까지 포괄하여 말한다. 業家는 儒家, 兵家, 佛家, 農家, 陰陽家, 畵家와 같은 생업집단을 말한다. 조선시대의 지배층인 兩班은 儒家에서 선발된 文臣(=東班)과 兵家에서 선발된 武臣(=西班)을 총괄하는 개념으로 볼 수 있다. 국가는 본가와 업가를 포괄하여 통할하는 전체집단을 말한다. 좁게는 國君으로 대표되는 邦家를 말하고, 넓게는 天子로 대표되는 天下를 말한다.

조직으로서 '본가(本家)'와 '업가(業家)'와 '국가(國家)'의 성격을 규정하는 핵심적 개념이다. 이러한 가(家)의 개념을 '가(家)의 구조적 원리'[6]라는 측면에서 살펴보면 다음과 같다.

첫째, 조선시대에 가(家)는 '나[自家]'를 뜻하고 있다. '자가(自家)'는 '자신(自身)'과 같은 개념으로 '나'를 뜻한다. 그리고 이러한 자가(自家)의 실현과 완성이 '자수성가(自手成家)', '성일가(成一家)', '성가(成家)' 등이다. 따라서 사람들이 원하는 것은 '일가(一家)'로 '성가(成家)'하여 '대가(大家)'가 되는 것이다. '일가(一家)', '성가(成家)', '대가(大家)' 등에서 '집[家]'은 또한 '나'를 뜻한다. '일가(一家)'를 이루어 '성가(成家)'한 '나'의 모습은 구체적으로 '정치가(政治家)', '문장가(文章家)', '화가(畵家)' 등의 '가(家)'로 나타나게 된다.

둘째, 조선시대에 가(家)는 혈연집단인 본가(本家)를 뜻하고 있다. 본가는 '조상(祖上)에서 나를 거쳐 자손(子孫)으로 이어지는 가문(家門)의 통(統)'이 존재하는 곳이다. 본가는 내가 소속되어 있는 부계친 중심의 혈친 집단이 핵심을 이루고 있다. 이러한 본가의 확대형으로서 생가(生家), 양가(養家), 친가(親家), 일가(一家), 외가(外家), 처가(妻家) 등이 있다. 본가는 '우리'라는 공동체의 원형으로 가군(家君)을 '우리 아버지', 가형(家兄)을 '우리 형', 가정(家庭)을 '우리 집'이라고 하는 데서 '가(家)'와 '우리'를 동일시함을 알 수 있다. 그래서 '나의 마누라'를 '우리 마누라', '나의 남편'을 '우리 남편'이라고 부르게 된다. 우리 마누라, 우리 남편에서 '우리'는 '집[家]'을 뜻한다.

셋째, 조선시대에 가(家)는 생업집단인 업가(業家)를 뜻하고 있다. 업가는 본가가 직업집단으로 확대된 개념으로 '선생사장(先生師長)'에서 나를

6) 필자는 《한국인의 사회적 성격 (1)(2)》에서 동아시아 유교문화권에서 볼 수 있는 가족주의적 성격을 세계관, 가체체계, 가치, 행위의 틀로서 분석하여 '家의 구조적 원리'를 밝히고 한국인과 한국사회를 통합적으로 설명한 바 있다. 여기서 소개하고 있는 내용은 두 권의 책에서 논의된 것들을 간략히 요약한 것이다.

거쳐 후생문도(後生門徒)로 이어지는 업(業)의 통(統 : 道統, 學統, 法統, 法脈 등)'이 존재하는 곳이다. 업가는 수업(受業)을 통해서 업(業)을 배우는 곳인 학교, 취업(就業)을 통해서 업(業)을 실천하는 곳인 직장이 중심이 되어 있다. 유가(儒家), 병가(兵家), 농가(農家), 불가(佛家), 화가(畵家) 등은 업(業)을 배우는 학업집단과 업(業)을 실천하는 취업집단을 두루 가리키는 개념이다.

넷째, 조선시대에는 가(家)가 국가(國家)를 뜻했다. 국가는 본가가 전체집단으로 확대된 것으로 '선왕(先王)으로부터 금상(今上)을 거쳐 후왕(後王)으로 이어지는 왕조(王朝)의 통(統)'이 존재하는 곳이다. 국가는 문화의 전체성을 대표하는 존재로서 수장인 국왕과 신하인 백성이 있다. 국가는 국사(國史)를 통해서 세속적 삶을 역사적 명예와 불명예로 영속화하는 핵심 장치이다. 이러한 국가의 축소형은 지역과 향당이며, 국가의 확대형은 천하일가(天下一家)로서 세계이다.

이렇게 볼 때, 조선시대의 가(家)는 개체로서 '나'와 사회조직으로서 '우리'를 함께 뜻하고 있다. 따라서 '나'의 실현은 '자가(自家)'의 실현이고, '자가(自家)'의 실현은 '우리'인 '본가(本家), 업가(業家), 국가(國家)'의 실현이 되어, '나'의 실현이 '가(家)의 실현'이라는 형태를 띠게 된다. 이 때문에 '가(家)' 속에서 '나[自家]'와 '우리[本家, 業家, 國家]'는 '하나이면서 둘이고, 둘이면서 하나인' 통체와 부분자의 관계 속에서 일체를 이루고 있다. 단지 '가(家)의 실현'이 갖는 구체적 내용만 대상이 되는 '가(家)', 곧 자가(自家), 본가(本家), 업가(業家), 국가(國家)에 따라 달라질 뿐이다.

4. 조선시대 유교문화와 한국사회의 근대화

1) 유교문화와 근대문화의 호환성

한국사회는 19세기 중반 서구의 근대문화와 만난 이후, 20세기를 전후하여 국가적 위기를 당하자 부국강병을 위한 방편으로 근대화를 지향하게 되었다.

한국사회의 근대화는 문화변동의 측면에서 조선시대 유교문화에 서구문화를 도입하여 근대문화를 형성하는 과정으로 전개되었다. 이 때문에 근대화가 효과적으로 추진되기 위해서는 유교문화가 근대문화로 전환할 수 있는 호환성의 정도, 내용 등에 대한 검토가 전제되어야 했다. 그것에 기초하여 근대적 전환에 따르는 본보기의 교체, 수정, 변용, 접합 등의 방식이 선택되어야 한다.

그런데 한국인은 근대화를 추진하면서 유교문화의 근대문화에 대한 문화적 호환성에 관심을 갖지 않았다. 유교문화와 근대문화가 호환성이 매우 적은 것으로 생각하여, 근대화를 전통적 본보기가 근대적 본보기로 '전환하는 과정'이라고 이해하기보다는, 전통적 본보기를 서구적 본보기로 '교체하는 과정'으로 이해하였다. 따라서 유교문화는 청산과 교체의 대상으로 이해되었고, 서구문화는 수입과 이식의 대상으로 이해되었다. 단지 몇몇 사람들만이 유교문화와 근대문화의 호환성에 관심을 갖고 전통적 본보기를 근대적 본보기로 전환하려고 시도했지만, 효과적인 전환의 방법을 알지 못하여 결실을 보지 못하였다.

근대화를 서구화와 같은 것으로 보게 된 가장 큰 이유는 서구의 근대문화가 기초하고 있는 개인주의문화가 근대문화와 필연적 관계에 있다고 생각했기 때문이었다. 서구인들은 근대화론을 주창하면서, 서구가 개인주의 문화에 기초하여 근대화를 이룩했기 때문에, 비서구세계도 서구와 같은 형태의 개인주의 문화가 전제되어야 근대화가 가능하다고 보았다. 따라서 동아시아에서 볼 수 있는 것과 같은 집단주의 문화는 근대화를 가로막는 방해물로 취급했고, 이런 식의 근대화론을 수용한 한국의 지식인들 또한 조선시대 유교문화를 근대화의 장애물로 생각하여 하루빨리 청산하려 하였다.

그런데 1960년대 이후 일본이 기존의 집단주의 문화를 유지한 상태에서 근대화된 모습으로 선진국 대열에 들어서자, 개인주의와 근대문화 사이의 필연적 관계에 대해 의문이 제기되기 시작하였다. 그러나 이때까지만 하여도 일본의 집단주의 문화를 다른 나라의 집단주의 문화와 구별되는 특수한 경우로 취급하여 문제를 피해갈 수 있었다. 하지만 1970년대 후반부터 한국, 대만, 싱가폴, 홍콩 등이 급속한 경제발전과 함께 근대화에 성공을 거두자, 집단주의 문화에서도 근대화가 가능하다는 것이 사실로 입증되어 기존의 근대화론이 위기를 맞게 되었다.

서구인이 근대화와 개인주의문화를 필연적 관계로 본 것은 근대문화가 갖고 있는 양면성, 곧 욕망실현의 주체로서 개인주의문화가 강조되는 동시에 욕망실현의 방법으로서 집단주의문화가 강조된다는 점을 무시하고, 지나치게 개인주의문화 쪽에서 이해한 결과이다.

먼저 근대문화는 욕망실현의 주체로서 개별화한 개인을 강조하는 측면이 있다. 다시 말해서 개인들이 갖고 있는 다양한 욕망들을 주체의 정당한 표현으로 인정하고, 그것들의 충족과 관련한 개인적 자유와 권리를 적극 보호하게 된다. 따라서 개인들은 자신들의 개별화된 욕망을 개성으로 이해하고, 그 실현을 위해 서로 치열하게 경쟁하며 끊임없이 노력하게 된다. 이러한 과정에서 개인들은 근대사회의 유지와 발전에 필요한 동력을 생산하고 제공하게 된다. 반면에 근대문화는 욕망실현의 방법으로서 직분화된 집단을 강조하는 측면이 있다. 곧, 개인들이 갖고 있는 다양한 욕망들은 거대한 집단적 생산·소비체제를 통해서 충족되기 때문에, 개인들이 욕망을 효과적으로 실현하기 위해서는 집단적 사회체제에 순응할 수 있는 능력을 키워야 한다. 그렇지 않으면 개인들이 이러한 사회체제에 적응하는 것이 어려워서 사회적 생산성이 저하되어 욕망충족의 기회가 줄어들게 된다. 따라서 근대사회는 집단에 순응할 수 있는 인간을 필연적으로 요구하게 된다.

이렇게 본다면 서구의 개인주의적 근대문화는 욕망실현의 주체인 개별화된 개인을 강조하며 발전해 왔음을 알 수 있다. 개인이 갖고 있는 다양한 욕망을 최대한 존중하고, 그것의 충족을 최대한 증대하는 것을 문화의 1차적 목표로 추구해 왔다. 이것을 위해서 개인이나 집단은 적자생존의 논리에 바탕하여 지식, 기술, 기만, 강제 등의 방법으로 인간과 자연을 자유롭게 이용할 수 있는 개성 지향적 개인들을 형성하려고 한다. 하지만 이런 방식에 길들여진 개인들은 개별자적 요구에 집착하여 집단적 생산·소비체제에 순응하기 어렵다. 이 때문에 그러한 개인들이 집단적 사회체제에 대해 반발하는 과정에서 사회와 유리된 개인들이 다수 발생한다.

반면에 오늘날 동아시아와 같은 집단주의적 근대문화는 욕망실현의 방법인 직분화된 집단을 강조하며 발전해 왔음을 알 수 있다. 개인이 갖고 있는 다양한 욕망을 효과적으로 충족하기 위해서 집단적 생산·소비체제를 효율적으로 관리 운영하는 것을 문화의 1차 목표로 추구해 왔다. 이것을 위해서 개인이나 집단은 생존공동체의 논리에 바탕하여 집단적 생산·소비체제에 친화할 수 있는 관계 지향적 개인들을 형성하려고 한다. 그러나 이런 방식에 길들여진 개인들은 집단적 요구에 순응하는 것은 쉽지만 개별적 요구를 주장하고 관철하는 것이 어렵다. 이 때문에 개별적 요구를 억압하는 과정에서 개성이 좌절된 개인들이 다수 발생하게 된다.

이렇게 본다면 유교문화의 핵심을 이루고 있는 통체(統體)-부분자(部分子) 세계관과 가(家) 중심의 가치체계는 집단적 생산·소비체제의 측면에서 근대문화에 강한 호환성을 지니고 있다고 말할 수 있다. 다시 말해 개인이 유교문화를 통해서 형성한 부분자적 성격은 고도로 분화된 근대사회가 요구하는 부품화된 인간에 강한 호환성을 갖고 있다. 따라서 기존의 유교문화에 내포된 학문적 교조주의, 차별적 신분제도, 상품화에 대한 지나친 경계심과 같은 요소들만 제거된다면 근대적 전환 또한 쉽게 이루어질 수 있다.

그러나 유교문화가 문화적 호환성에 바탕하여 근대문화로 전환한다고 해서 유교문화와 근대문화가 근본적 유사성을 갖고 있다고 말하기는 어렵다. 유교적 세계관과 가치체계는 근대문화와 친화할 수 없는 부분들도 많이 포함하고 있기 때문이다. 따라서 유교문화의 근대적 전환은 전통문화의 근대적 전환이라는 관점에서 이해해야 한다. 왜냐하면 사람들은 근대화 과정을 통해 유교문화의 근대적 전환에 관심을 가졌다기보다는 전통문화의 근대적 전환에 관심을 가져왔기 때문이다. 전통문화의 근대적 전환 속에서 전통문화의 중추인 유교문화의 근대적 전환이 이루어져왔다. 그러므로 오늘날 한국사회나 동아시아사회에서 볼 수 있는 유교문화적 요소에 주목하여 곧바로 유교자본주의, 유교민주주의와 같은 용어를 사용하는 것은 문제가 있다고 본다. 그보다는 유교문화권의 자본주의, 유교문화권의 민주주의라고 말하는 것이 더 타당할 것이다.

2) 주도세력의 성격과 유교문화의 근대적 전환

(1) 근대화와 주도세력의 성격

한국사회의 근대화는 외부에서 가해진 위압적 요구에 급박하게 대처하는 방식으로 이루어졌다. 따라서 근대화의 목적이나 방법 등을 차분히 따지고 이해할 수 있는 여건이 허락되지 않았다. 때문에 전통적 본보기가 근대적 본보기로 전환할 수 있는 가능성에 대한 검토와 근대적 전환에 필요한 방법의 개발 등이 뒤따르지 못했다.

근대화라는 시대적 과제에 부딪힌 한국의 지식인들은 크게 세 종류의 세력으로 나누어져 갈등하였다.[7]

첫째, 근대화를 반대하여 전통적 본보기를 고수하려는 입장을 가진 위

---

7) 지식인들이 근대화 과정에서 문화의 본보기를 놓고 첨예하게 대립하여 패권경쟁을 벌이는 것은 문화변동이 권위와 권력의 이동으로 주도권의 향방에 따라 이해 관계가 좌우되기 때문이다. 이런 까닭에 그들이 내세우는 본보기가 사회적 유용성에 부합하는가, 부합하지 않는가는 별도의 문제로 취급되는 경우가 많다. 따라서 어떤 세력이 문화변동을 주도하느냐에 따라 근대화 과정과 성격이 크게 달라지게 된다.

정척사 세력이 있었다. 그들은 전통적 본보기의 핵심인 유교문화의 고수를 주장했기 때문에 유교문화가 근대문화로 전환할 수 있는지 그 가능성을 고려할 필요가 없었다. 따라서 그들은 유교문화와 근대문화의 호환성을 따져보지도 않고, 가능성 자체를 부정하려고 하였다. 위정척사 세력은 개항을 전후하여 크게 활약하다가 갑오경장 이후 개화가 시대의 대세로 자리잡아가자 점차 약화되었다. 그들은 을미사변과 단발령을 계기로 의병을 일으켜 외세의존적 근대화에 무력으로 저항하였고, 이후 점차 보수적 민족주의로 변모해 가다가 왕조의 멸망과 함께 거의 사라졌다.

둘째, 전통적 본보기와 서구적 본보기를 절충하여 근대화를 이룩하려는 입장을 가진 자주적 근대화 세력이 있었다. 그들은 전통적 본보기의 핵심인 유교문화가 근대문화로 전환할 수 있는지 가능성에 관심을 가졌다. 그리고 유교문화와 근대문화의 호환성을 검토해 보고, 그것에 기초하여 유교문화를 근대문화로 전환할 수 있는 방법을 개발하려고 고심하였다. 그래서 제안한 것이 '구본신참(舊本新參)', '동도서기(東道西器)'와 같은 방법론이었다. 이러한 자주적 근대화 세력은 갑오경장 이후에 적극성을 띠기 시작하여 애국계몽운동기에 크게 활약하였다. 또한 민족주의의 성장과 함께 기존의 유교문화를 민족문화의 관점에서 전통문화의 근간으로 이해하기 시작하였다. 자주적 근대화 세력은 민족문화의 정체성을 확립하기 위해 전통문화를 근대문화로 전환하는 데 많은 관심을 보였으나, 식민지화로 국내적 기반을 잃자 점차 쇠퇴하였다.

셋째, 전통적 본보기를 부정하고 서구적 본보기로 교체하여 근대화를 이룩하려는 입장을 가진 서구적 근대화 세력이 있었다. 그들은 유교문화가 근대문화로 전환할 가능성에 대해 회의적이었다. 그리고 유교문화가 근대문화에 대한 호환성이 매우 적은 것으로 여겨, 유교문화를 서구문화로 교체해야 신속한 근대화를 이룩할 수 있다고 보았다. 서구적 근대화 세력은 아관파천 이후 외세에 의존하는 과정에서 형성되어, 망국으로 일제가 타율적 근대화를 추진하자 문화의 주도세력으로 떠올라 활약하게 되었다. 서구적 근대화 세력은 해방 이후에도 민족의 분단과 6·25전쟁 등으로 외세의존적 지배구조가 지속되자 문화의 주도세력으로 활동하게 되었다.

이렇게 볼 때, 식민지화 이후 한국의 근대화는 서구적 근대화세력이 이끌면서 유교문화가 바탕이 된 전통적 본보기를 서구적 본보기로 교체하는 방식으로 추진되었다. 이 때문에 전통적 본보기 가운데 수정이나 변용의 방식으로 근대화할 수 있는 것까지 청산과 교체의 방식으로 근대화하려고 시도해서 문화적 마찰과 갈등이 증폭되었다. 그래서 본보기의 근대적 전환과정에서 권위와 권력의 이동으로 발생하는 주도권 경쟁이 첨예한 갈등과 반목을 일으켜 문화전쟁과 같은 양상을 지속시켰다. 그러나 사람들은 청산과 교체가 당연하다고 생각했기 때문에 이러한 것을 불가피하다고 받아들였다.

근대화가 청산과 교체의 방식에 의존하여 추진되었음에도 불구하고, 전통적 본보기는 많은 부분 수정과 변용의 과정을 거쳐 근대사회로 넘어오게 되었다. 그리고 이러한 수정과 변용이 부정과 비난 속에서 오로지 자체의 생명력에 의존하여 이루어지면서, 그 결과 발전적 형태가 아닌 퇴행적 형태로 이루어지는 경우가 대부분이었다. 이로써 퇴행에 따른 문화적 불구화 현상, 곧 내면의 염치는 상실된 채 외면의 체면만 살아남고, 기준인 의리는 잊혀진 채 정서인 정한만이 살아남고, 자질인 인품이 무시된 채 수단인 출세만이 살아남는 것과 같은 바람직하지 못한 현상이 빚어지게 되었다.

(2) 유교문화의 근대적 전환과 변형

조선시대 유교문화는 근대화 과정을 통해 교체, 수정, 변용 등의 방식으로 큰 변화를 겪었다. 이로써 사회제도의 측면에서 유교문화는 기존의 자취를 찾아보기 어려울 정도로 약화되었다. 그러나 문화의 본보기가 기초하고 있는 세계관과 가치체계는 아직도 많은 부분이 유교문화에 바탕을 두고 있다. 이처럼 사회제도와 느슨한 관계를 유지하고 있는 오늘날의 유교문화는 조선시대와 같은 완결적 구조를 갖춘 유교문화로 이해되기보다는 민족문화를 구성하고 있는 전통문화의 일부로서 이해되고 있다. 이러한 관점에서 전통적 본보기의 바탕을 이루는 조선시대 유교문화가 근대화 과정에서 어떠한 모습으로 변화해 왔는지를 살펴보면 다음과 같다.

우선, 세계관의 측면에서는 서구문화의 도입과 조선왕조의 멸망으로 유교가 종교, 정치, 학문 등의 영역에서 갖고 있던 기존의 권위를 잃어가면서 유교문화의 전제라고 할 수 있는 통체-부분자 세계관이 약화되는 경향이 발생하였다. 유교의 쇠퇴는 불교와 무속의 활성화를 불러오게 되었고, 이로써 불교적 통체(統體)-연기자(緣起子) 세계관, 무속적 통체(統體)-종속자(從屬子) 세계관이 영향력을 확대하게 되었다. 이와 함께 조선 후기에 전파된 가톨릭에 더하여 개화기에 개신교가 전파되어 세력을 크게 확장하자 기독교적 통체-종속자 세계관이 많은 영향을 미치기 시작하였다. 그 결과 통체-종속자 세계관의 구조를 공유하고 있는 기독교와 무속이 종교적 우위를 놓고 강한 갈등관계에 놓이게 되었다.

그런데 기존의 통체-부분자 세계관에 대한 가장 큰 도전은 서구의 근대적 개인주의였다. 3·1독립운동 이후 신지식인이 중심이 되어 신문화운동의 일환으로 서구의 근대적 개인주의가 '근대'라는 포장을 하고 본격적으로 소개되고 전파되기 시작하였다. 이러한 개인주의는 더 이상 나눌 수 없는 '개별자(個別子 : individual)'를 모든 것의 전제로 보고, 이러한 개별자들의 이합(離合)에 따라 전체가 합체(合體)의 형태로 구성되거나 해체된다고 보는 개별자(個別子)-합체(合體) 세계관에 기초를 두고 있다. 따라서 개체로서 개별자가 추구하는 삶의 목적은 개별자적 욕망 실현에 있었고, 전체인 합체는 그것을 지원하는 수단에 지나지 않았다. 이 때문에 개별자가 스스로 전제(前提)의 자격으로 합체 속에서 추구하는 삶과 통체라는 전제에 기초한 부분자, 연기자, 종속자가 추구하는 삶은 방향과 목적이 상반되었다.

해방 이후 미국과 소련의 분할정책에 따라 남북이 대한민국과 조선인민공화국으로 갈라서자 남쪽에서는 미국의 개인주의문화가, 북쪽에서는 소련의 집단주의문화가 강한 영향력을 행사하게 되었다. 그래서 남쪽에는 기존의 통체-부분자 세계관과 새롭게 수용된 개별자-합체 세계관이 충돌하여 갈등을 불러일으켰다. 삶의 심층에는 통체-부분자 세계관이 중심을 이루고 있는 가운데, 표층에는 통체-부분자 세계관과 개별자-합체 세계관이 이중구조를 형성하여 본보기의 혼란을 불러왔다. 그 결과 사람들이 개별자적 욕망을 억제하고 부분자적 분수를 지키는 쪽과 부분자적 분수를 무시하고 개별자적 욕망을 따르는 쪽을 놓고, 상황에 따라 편의적으로 선택하게 되어 무질서가 조장되었다.

한편 가치체계의 측면에서 사회 체제의 급격한 변화로 전통적 삶의 핵심이라고 할 수 있는 가(家) 중심의 가치체계에 큰 변화가 초래되었다. 이러한 변화는 사회조직의 성격에 따라 본가(本家)의식의 변천, 업가(業家)의식의 변천, 국가의식의 변천으로 구분해볼 수 있다.

먼저 근대화 과정에서 가(家)의 근간인 본가의식에 큰 변화가 일어났다. 조선후기에 이르면 조선시대 가(家)의 전형이라고 할 수 있는 씨족 중심의 본가의식이 자리잡는다고 할 수 있다. 곧, 본가는 부계친에 바탕한 '우리'로서 생활의 구심점인 동시에 종교의 구심점으로 기능하게 되었다. 본가는 가문(家門), 종가(宗家), 가묘(家廟), 가사(家史) 등으로 대표되는 통(統)의 중심으로서 영원한 생명이 보존되고 이어지는 곳이었다. 이러한 본가의식의 심화를 통해 항렬(行列)의 범위가 확대되고, 동족부락의 형성이 촉진되며, 가문조직이 확대되었다.

이와 같은 본가의식은 국가적 혼란에 빠졌던 구한말도 큰 변화가 없이 이어졌다. 신분제도가 폐지되고, 생산력이 증대하는 등 사회변화가 촉진되자 기존의 본가의식이 오히려 확대하고 심화하는 경향을 보였다. 그러다가 조선왕조가 망하고 식민지로 편입되자 본가의식에 새로운 변화가 일어났다. 즉, 양반사대부(兩班士大夫)의 경우에는 관직의 상실, 가문적 영향력의 쇠퇴 등으로 본가의식이 약해지는 경향이 생겨난 반면, 상민(常民)의 경우에는 신분의 상승, 기회의 증가 등으로 오히려 본가의식이 강해지는 경향이 생겨났다. 그 결과 씨족 단위의 파보(派譜)는 물론이고 전국 단위의 대동보(大同譜) 편찬이 이루어지고, 상민들이 묘지에 석물(石物)을 하고, 시조와 중시조 등에 대한 묘사(墓祀)가 확대되고, 씨족을 중심으로 서재(書齋), 사우(祠宇), 정려(旌閭) 등의 건립이 활발하게 이루어졌다.

국가를 잃은 식민지 상황 속에서 사람들의 관심은 본가의 유지와 보존에 집중되었다. 이와 함께 일제는 식민지 지배를 더욱 쉽게 하기 위해 전근대적 본가의식을 보존시키는 정책을 폈다. 일제는 식민지 지배 초기에 민족의식 계몽과 관련되어 있는 신식 교육기관을 강력히 통제하면서도 구식 교육기관인 서당의 증가는 오히려 방치하였다. 마찬가지로 각종 출판물의 간행을 검열하고 단속하면서도 족보나 문집 등의 간행에 대해서는 규제를 가하지 않았다. 일제는 그렇게 사람들의 생각을 본가의식에 묶어두어 식민통치를 쉽게 하려고 하였다. 그러나 서당교육이 전통문화에 대한 관심과 집착을 불러일으켜, 식민지 지배에 방해가 된다고 판단하자 서당규칙을 제정하여 서당을 통제하였다.

한국인의 본가의식에 결정적인 변화가 일어난 것은 해방에 뒤이은 남북분단과 6·25전쟁이었다. 분단과 전쟁을 통해 이산가족들이 생겨나 가족이나 가문적 유대가 약화되거나 단절되는 경우가 많았다. 특히 6·25전쟁은 대량의 이산가족 발생, 향촌 질서의 해체, 반상의식(班常意識)의 파괴, 급속한 도시화 등을 통해서 본가의 성격에 큰 변화를 불러왔다. 이러한 것은 고향을 등진 실향민에게 더욱 심하게 나타났는데, 그들은 고향과 선영(先塋)과 족보와 가문을 잃게 되어, 본가의식의 근거를 상실하였다.

1960년대 이후에 급속히 진전된 산업화는 본가의 성격에 많은 변화를 불러일으켰다. 산업화에 따라 도시화가 가속화되자 가족의 구조에 커다란 변화가 일어났다. 농촌가족의 축소, 도시가족의 증가, 핵가족의 확산,

가족계획과 자녀의 감소, 남아가 없는 가족의 증가, 여성이 가장으로 역할하는 가족의 증가, 입후(立後)의 축소 등의 변화가 나타났다. 이와 함께 기독교, 불교 등의 종교 인구의 급속한 증가는 기존의 유교적 본가의식에 큰 영향을 미쳤다. 이러한 변화의 결과 기존의 본가의식과는 다른 새로운 형태의 본가의식이 형성되기 시작하였다.

오늘날 새롭게 형성되고 있는 본가의식이 갖고 있는 특징들을 정리해 보면 다음과 같다.

첫째, 본가가 수행하던 종교 공동체의 기능이 크게 약해졌다. 조선시대에 본가는 유교적 상제례(喪祭禮)를 중심으로 종교적 기능을 수행했다. '조상대대로 이어져 나를 거쳐 자손만대로 이어지는 영원한 생명인 가통(家統)'을 모셔 놓고 제향을 올리는 가묘(家廟)는 가족이나 가문의 종교적 구심점이었다. 그러나 조선왕조의 몰락과 식민지화, 분단과 6·25전쟁, 그리고 산업화와 도시화 등을 거치는 과정에서 기존의 유교적 가통의식은 크게 약해졌다. 따라서 가족 종교의 구심점으로서 가묘나 제사가 갖는 기능 또한 크게 줄어들었다.

본가가 갖고 있던 종교적 기능이 약해지자 다른 종교가 그것을 대신하는 경향이 나타났다. 불교, 개신교, 천주교 등의 종교는 본가가 갖고 있던 종교적 기능에 파고들어 그것을 흡수해서 급속한 신장을 꾀할 수 있었다.[8] 특히 1960년대 이후 산업화, 도시화로 가문 조직의 해체가 본격화되자 본가가 수행하던 종교적 기능이 극도로 약해졌고, 이것은 개신교와 천주교의 급속한 신장을 가져오는 직접적인 원인이 되었다. 그 결과 종교집단의 성격 또한 본가 중심의 가족집단에서 본가와 무관한 비가족집

8) 이것은 종교인구의 추이를 보면 쉽게 알 수 있다. 1960년대 말의 통계에 의하면 유교가 14%, 불교 16%, 기독교가 10%로 되어 있고, 1991년도 통계에 의하면 유교 1%, 불교 28%, 기독교 25%(개신교 19%, 구교 6%)로 되어 있고, 1999년도 통계에 의하면 유교 0.6%, 불교 26%, 기독교 25%(개신교 18%, 구교 7%)로 되어 있다. 30여 년 사이에 유교를 종교라고 대답한 사람의 숫자가 급격히 줄었음을 알 수 있다.

단으로 변화되었다.

둘째, 본가가 갖고 있던 생업 공동체의 기능이 크게 약해졌다. 조선시대에 본가는 혈연 공동체인 동시에 생업 공동체였다. 신분은 혈연 공동체와 생업 공동체를 일치시키는 사회제도였다. 그러나 오늘날에는 대부분의 경우 생업 공동체가 본가에서 벗어나 직장이라는 형태로 가정 밖에 존재한다. 따라서 도시지역에 살고 있는 대부분의 사람들은 하루 가운데 가장 중요한 시간들을 직장이라는 곳에서 다른 사람과 어울려 생활한다. 그리고 이러한 생업 공동체는 혼례, 상례와 같은 중요한 의례에 동원되어 본가가 수행하던 역할을 분담한다.

셋째, 부계를 중요하게 여기는 단변적(單邊的) 본가에서 부변(父邊)과 모변(母邊)을 동시에 중요하게 여기는 양변적(兩邊的) 본가로 옮겨가는 경향을 나타내고 있다. 이러한 변화는 부변만을 중요하게 여기는 조선시대적 가통의식의 약화와 짝을 이루고 있다. 많은 사람들이 '부모를 모시는 것은 아들딸 구별이 없이 모두가 함께 해야 한다.'는 생각을 당연한 것으로 받아들이게 되었다. 이러한 의식의 변화는 처가살이의 증가, 장모와 동거하는 가족의 증가, 사돈 사이의 교류나 친분의 확대, 족보에 여아(女兒)와 외손(外孫)을 더욱 상세하게 등재하는 것 등으로 나타나고 있다.

이렇게 볼 때 본가의식은 가문을 중심으로 한 확대 가족에서 식구를 중심으로 한 축소 가족으로 변화되어 왔음을 알 수 있다. 그러나 이러한 변화에도 불구하고 한국인이 갖고 있는 기존의 본가의식 자체가 파괴된 것은 아니다. 본가가 갖고 있던 기능들이 변화한 사회환경 속에서 새로운 형태로 정리되고 변화되어 간다고 볼 수 있다. 본가는 아직도 삶의 중심으로서 '우리'라는 가족공동체의 중심에 자리하고 있으며, 다양한 가족적 연계망을 통해 긴밀한 유대관계를 지속하고 있다.

다음으로, 근대화 과정에서 업가의식에 큰 변화가 일어났다. 조선후기의 업가는 학문과 종교를 포괄하는 통치집단으로서 유가(儒家), 종교집단으로서 불가(佛家), 무속(巫俗) 등, 기술집단으로서 의가(醫家), 음양가(陰

陽家), 풍수가(風水家) 등, 예인집단으로서 서화가(書畵家) 등이 있었다. 이러한 업가는 본가와 비슷한 형태로 조직되고, 운영되었다. 업가 속에는 업을 수수(授受)하는 선생장자(先生長者)와 문생제가(門生弟子)가 있어 '우리'라는 업연(業緣) 공동체를 이루고 있었다. '우리'라는 업연 공동체의 중심에 업(業)의 통(統)이 자리하고 있고, 통(統)의 전승을 통해서 업가를 유지하고 계승하였다.

조선시대에 업가의 대표적인 존재는 유가(儒家)였다. 유가는 양반국가의 국시(國是)가 자리하고 있는 이념적 바탕으로서 종교적 기능, 통치적 기능, 생업적 기능, 교육적 기능 등을 통합적으로 수행하였다. 유자(儒者)는 이러한 기능을 이용하여 자가(自家)에서 본가(本家), 업가(業家), 국가(國家), 천하일가(天下一家)에 이르는 모든 가(家)를 조직하고 운영하였다. 그들은 통치자로서 국가기구를 장악하고 그 속에서 관료(官僚)-학자(學者)-사제(司祭)로서 그 기능을 함께 수행하며 지배집단으로 군림하였다.

그러나 조선시대의 유가는 왕조의 멸망과 함께 쇠퇴의 길을 걸었다. 유가는 왕조와 일체를 이루고 있었기 때문에 운명을 함께 할 수밖에 없었다. 일부의 유자(儒者)들이 유가적 전통과 신학문의 접맥을 시도했지만 실패로 끝나고 말았다. 초기의 개화파가 조선후기 실학(實學)의 맥을 이으려고 한 것이나, 구한말, 일제 초기에 신기선, 박은식, 김창숙 등이 유가(儒家)의 부흥을 꾀한 것은 이러한 시도였다. 그러나 이러한 시도가 실패로 돌아가 유가의 학문적 전통과 신학문의 접맥은 불가능한 상태로 남게 되었다.

유가의 쇠퇴는 그것이 갖고 있던 사제집단, 통치집단, 학문집단의 기능을 잃게 만들었고, 그 결과 종교, 정치, 학문, 교육 등의 부문에서 주도세력의 대대적인 교체가 일어났다. 이에 따라 새로운 주도세력을 통해 유가의 종교적 성격은 부정되었고, 유가의 통치 기능은 봉건적 잔재로 비난받았으며, 유가의 학문체계는 시대에 뒤떨어진 구학문으로 밀려났다. 그리고 이러한 주도세력의 교체는 부정과 단절의 형식으로 이루어짐으로써 일종의 문화적 공백을 불러오게 되었다. 이러한 문화 공백 속에서 전통문화의 핵심적 담지자들이 설 자리를 잃게 되어 전통문화의 전면적인 단절이 일어나게 되었다.

유가가 담당하고 있던 종교적 기능의 상실은 그것을 대신할 수 있는 새로운 종교의 발흥을 가져왔다. 양요(洋擾)를 겪으면서 동학(東學)이 일어나고, 식민지 상황과 함께 증산교, 대종교와 같은 새로운 민족종교들이 일어났다. 이와 함께 불교와 같은 기존의 종교가 중흥의 기틀을 맞게 되었으며, 또한 천주교, 개신교와 같이 서구에서 전래된 종교의 전파와 확산을 촉진하였다. 특히 개화기, 그리고 해방 이후의 미국 지향적 문화 풍토는 개신교의 급격한 팽창을 가능하게 만들었다. 결국 유가가 갖고 있던 종교적 기능의 상실은 종교적 공백을 불러와서 각종 종교들이 번성할 수 있는 원인을 제공하였다.

1960년대에 일어난 종교적 열기는 한국사회를 종교박람회장과 같은 모습을 갖도록 만들었다. 온갖 종교가 전교활동을 벌이는 가운데, 문묘의 석전제는 뒷전으로 밀려난 채 기독교의 크리스마스와 불교의 석가탄신일이 국가 공휴일로 지정되어 기념하고, 개신교와 가톨릭과 불교가 나란히 종교방송을 통해서 포교에 나서게 되었다. 이들은 치열한 경쟁관계 속에서 공존과 갈등을 일으키며 종교적 열기를 부추겨 왔다. 그 결과 개신교는 미국의 선교사가 한국에 파견된 지 100년도 되지 않은 상태에서, 세계 최고의 신자증가율, 세계 최대의 단일 교회, 세계 5위의 선교사 파견국 등의 기록을 갖게 되었다.

유가가 담당하고 있던 통치 기능의 상실은 그것을 대신하는 새로운 통치집단의 형성과 새로운 형태의 지배층 형성을 가져왔다. 신분적 사농공상의 사회에서 민주적 자본주의 사회로 변모하면서 유가가 담당하던 기존의 통치 기능은 봉건적 잔재로 타도의 대상이 되었다. 따라서 신학문으로 무장한 새로운 집단이 통치 기능을 대신하게 되었다. 이와 함께 상공업에 종사하는 사람들이 경제력의 성장에 기반하여 새롭게 자본주의

사회의 지배집단으로 등장하였다. 그들이 주도세력의 한 축으로 역할하면서 기업가, 자본가, 사업가, 자산가 등의 '가(家)'로 불리게 되었다.

유가가 갖고 있던 학문적 기능의 상실은 그것을 대신하는 새로운 학문집단의 형성을 가져왔다. 조선시대의 향교나 서원은 종교적 기능, 생업적 기능, 교육적 기능을 통합적으로 수행하였다.[9] 그러나 신식 교육기관은 지식과 기술의 전달과 연구만을 목표로 하는 학문기관으로만 역할하였다. 학교는 지식과 기술의 계발에 치중하게 되어, 학교의 성격이 이념 집단에서 기능 집단으로 옮겨가게 되었다. 이러한 과정에서 서구적 이론에 바탕한 신학문 체계와 신지식인 집단이 형성되어 지식인 사회를 이끌게 되었다. 그들은 서구적 학문의 우월성에 젖어 기존의 학문을 배격하거나 무시하는 일이 많았기 때문에 학문의 계승적 발전이 어려워졌다.

유가의 쇠퇴를 중심으로 일어난 주도세력과 학문체계의 교체는 문화의 급격한 단절을 불러와 기층문화의 담당자로 활약하던 무속집단, 기술집단, 장인집단, 예인집단, 연희집단 등의 쇠퇴를 초래하였다. 조선시대 무속집단은 종교적 측면에서 유가의 주변적 기능을 담당하고 있었고, 기원, 치병, 주술 등의 영역에서 중요한 역할을 수행하였다. 그러나 급격한 문화변동의 과정에서 미신의 지위로 밀려나, 그들이 담당하고 있던 기능의 많은 부분은 신흥 종교와 외래 종교가 차지하게 되었다. 또한 생산의 측면에서 유가를 뒷받침하던 기술집단, 장인집단도 신기술이 들어오면서 새로운 세력으로 대체되는 운명에 놓였다. 동시에 예술의 측면에서 유가를 보조해온 예인집단과 연희집단 또한 신문화의 도입과 함께 새로운 세력으로 대체되었다. 이러한 변화의 결과 한국사회에는 옛날과 다른 새로운 형태의 업가집단들이 형성되었다. 오늘날 볼 수 있는 업가집단들의 성격을 정리해 보면 다음과 같다.

---

9) 향교나 서원에서 先賢을 享祀하는 기능은 종교적 기능이고, 학문을 강학하는 기능은 교육적 기능, 학생이나 원생에게 선비 자격을 부여하는 기능은 생업적 기능이었다.

첫째, 한국에서 업가집단은 동일한 학교에서 수업을 받은 동문가족과 같은 직장에서 업무를 수행하는 직장가족이 주축을 이루고 있다.

조선시대에 학통(學統)을 매개로 한 학파가 강력한 연계집단을 구성한 것과 마찬가지로 오늘날에는 학교를 매개로 한 동문집단이 강력한 연계집단을 구성하고 있다. 이와 함께 직장을 매개한 업무집단 또한 강력한 연계집단을 구성하고 있다. 따라서 업(業)의 차원에서 볼 때 동문집단을 수업(受業)을 매개로 한 업가집단이라고 한다면, 업무집단은 취업(就業)을 매개로 한 업가집단이라고 할 수 있다. 이들은 각각 '동문가족'과 '직장가족'으로 가리켜질 수 있을 만큼 강한 가족적 유대감을 공유하고 있다.

둘째, 한국사회가 산업화, 도시화해 가면서 업가집단이 수행하는 사회적 기능은 점점 늘어나게 되었다.

농업사회에서 상공업사회로 나아가면서 취업인구가 대폭 증가하여 개인의 생활이 직장을 중심으로 이루어지게 되었다. 미혼여성은 물론이고 기혼여성의 많은 비율이 직장생활을 하게 되어 가정에서 직장이 차지하는 비중이 훨씬 높아졌다. 이에 따라 자녀의 양육과 교육을 유아원, 유치원, 학원 등과 같은 다른 업가집단이 분담하여 수행하게 되었다. 이것과 함께 업가집단은 혼례, 상례 등에서 본가집단이 해오던 기능의 일부를 대신하게 되었다. 따라서 멀리 있는 형제보다 가까이 있는 직장동료가 더욱 중요한 역할을 수행하는 상황이 발생하게 되었다.

셋째, 한국사회에서 업가집단은 기능집단의 역할을 수행할 뿐만 아니라 정의(情誼) 집단의 역할을 수행하고 있다.

업가 속에 구성되어 있는 각종 연계망은 정의적 유대감에 기초한 공동체의식을 바탕으로 하고 있다. 이렇기 때문에 업가 속에는 반드시 상부상조를 목적으로 한 상조회와 같은 공식적 연계망이 구성되어 있다. 그리고 이러한 공식적 연계망 이외에 친목을 목적으로 한 등산, 낚시, 바둑, 스포츠 등의 동호인 모임, 금전적 저축과 친목을 목적으로 한 각종의 계(契), 동문들의 친목을 다지기 위한 동창회, 동기회, 지역민의 친목을 다지기 위한 향우회 등과 같은 사적 연계망들이 구성되어 있다. 이러한 정의적 연계망은 업무를 수행하는 데도 많은 영향을 미치게 된다.

넷째, 문화의 뿌리인 전통문화의 보존과 계승에 대한 필요성이 증대함에 따라 전통적 업가집단, 즉 예인집단, 연희집단, 장인집단에 대한 관심이 일어나게 되었다.

해방 이후 전통적 업가집단들은 문화 격변기에 놓여 몰락과 단절을 경험하게 되었다. 그러나 1970년대 중반 이후 전통문화의 단절에 따른 정체성의 상실에 대한 위기감이 높아지면서 전통적 업가집단에 대한 관심이 높아지자 소생의 계기를 맞게 되었다. 이러한 것을 정책적으로 지원하는 것이 인간문화재 제도였다. 정부에서 보존 육성해야 할 필요가 있는 인간문화재를 발굴하여 지원하면서 전통적 업가집단의 계승을 도모해 왔다. 1980년대 이후 정부 차원뿐만이 아니라 민간 차원에서도 전통적 업가집단에 대한 관심과 지원이 확대되어 나타나고 있다.

전통적 업가집단은 아직도 통(統)을 물려주고 이어받는 것으로 업의 유지와 계승을 도모하고 있다. 그들은 통을 '~류(流)', '~파(派)', '~가(家)', '~재(齋)', '~종(宗)', '~문(門)' 등의 명칭으로 부르고 있다.[10] 업의 전수가 통을 중심으로 이루어지는 것은 일가(一家)를 구성하고 있는 업의 생명이 선생에서 제자로 이어지는 통에 있다고 생각하기 때문이다. 그들은 통에 집착하기 때문에 업이 강한 이념적 지향성을 갖게 되고, 따라서 업의 전수만 올바르게 이루어질 수 있다면 이해나 금전을 뛰어넘어 가르치고 배우는 일이 가능해진다.

끝으로, 근대화 과정에 국가의식에 큰 변화가 일어났다. 조선왕조는 성리학적 세계관에 바탕한 양반관료국가였다. 국가의 운영은 신분적 직분구조와 이것에 입각한 설관분직(設官分職)의 기초 위에서 이루어졌다.

---

10) 학문에 종사하는 지식인집단 사이에서는 '~派', 國樂에 종사하는 음악인집단 사이에서는 '~流', '~齋', 佛教의 승려집단 사이에서는 '~宗', '~門'이 주로 사용되고 있다.

지배층은 신분이라는 테두리 속에서 군권(君權)과 신권(臣權)이 조화를 이루어 양반관료국가가 지향하고 있는 이상적 정치질서를 구현하고자 하였다. 이러한 왕조국가는 성리학적 유교문화의 보편성에 대한 신념에 근거하여 위정척사(衛正斥邪)와 같은 이념적 순일성(純一性)을 갖고 있었고, 이것은 존왕양이(尊王攘夷)와 같은 국가적 배타성으로 나타났다.

그러나 조선후기에 이르러 신분제도의 해이와 양반지배체제의 동요로 조정의 권위가 크게 약해졌다. 그래서 세도정권의 당국자들은 사회변화에 대응할 수 있는 혁신적 개혁을 수행할 능력이 없었다. 따라서 고종 초년에 대원군이 집권하여 당시로서는 강도 높은 개혁조치들, 곧 인재의 등용에 당색을 타파하고, 지방 양반들의 소굴인 서원을 철폐하고, 양반에게도 군포를 부과하는 호포제를 실시하는 등의 정책들을 폈으나, 왕조체제의 강화라는 기존의 틀에서 벗어나지 못하여 안팎으로 주어진 과제 해결과 거리가 있었다. 이 때문에 대원군의 개혁적 조치들이 척신 사이의 권력투쟁으로 흐지부지되자 조정은 외세의 각축장으로 변모하였다.

을미사변과 아관파천을 전후하여 외세의 각축으로 국가적 위기가 다가오자 조정에서는 자주독립국가임을 천명하기 위해 국호를 대한제국으로 변경하고, 원구단을 설치하고, 연호를 사용하는 등 변화를 시도하였다. 민간에서도 국민들에게 자주독립사상을 높이기 위해 《독립신문》을 발간하고, 독립문을 세우는 등의 활동을 전개하였다. 그러나 조정의 대신들은 외세를 등에 업고 친청, 친일, 친러, 친미 등으로 분열되어 다투는 데 여념이 없었다. 이 때문에 외세에 자주적으로 대항할 수 있는 내부적 힘의 결집이 불가능하여 국가의 상실을 불러오게 되었다. 결국 조선왕조는 자본주의세력의 침략에 부딪혀 그것을 극복할 수 있는 힘을 갖지 못해 청일전쟁과 러일전쟁에서 승리한 일본의 식민지가 되고 말았다.

그런데 구한말에 시작된 국민국가 건설에 대한 요구는 군권과 신권의 구조에 근본적인 변화를 불러일으키는 데 주안점이 있었다. 이러한 요구는 입헌군주제를 채용하여 국민적 합의로 성립한 헌법에 기초한 군주국가의 실현에 1차적 목표를 두었고, 독립신문, 독립협회, 만민공동회 등에 소개하고 주장하였다. 따라서 국가의 중심인 군왕의 성격을 전제군주에서 입헌군주로 바꾸려는 노력이 전개되자 격렬한 논란이 일어났다. 그러나 이러한 논란과 갈등이 결실을 맺기도 전에 식민지로 전락하여 자유로운 국민의식의 형성은 원천적으로 불가능하게 되었다.

일제의 식민지화로 초래된 국가의 상실은 기존의 국가의식에 큰 변화를 불러왔다. 국민은 역사적 삶을 실현할 수 있는 입신양명의 무대를 잃게 되었고, 또한 충성심을 표현할 구체적 대상을 잃게 되었다. 이 때문에 국가에 대한 국민들의 충성심이 큰 손상을 입게 되었다. 이와 함께 대의의 바탕인 국가를 잃어버리자 도의가 기댈 근거를 잃게 되었다. 즉, '나라가 망함으로써 대의의 근거인 도의가 망하는 상황[國亡, 道亡]'이 일어났다. 이로써 윤리가 대의에 기초하지 않게 되어 윤리의식의 급격한 퇴락을 가져오게 되었다.

일제의 식민지 지배는 국민들 속에 신민적(臣民的) 사고를 온존하고 강화하는 계기를 만들었다. 일제는 식민지 지배를 더욱 쉽게 만들기 위해 기존의 신민적 속성을 유지하고자 하였다. 일제는 본국인에게 참정권, 대의권 등을 부여하면서 한국인에게는 일체 허용하지 않았다. 이 때문에 상해 임시정부는 국민주권론을 주장하고 구체화했다. 임시정부는 출발단계에서 국민주권에 입각한 공화제를 국가체제의 기본 성격으로 채택하였다. 그러나 임시정부의 공화제는 국민과 국토가 존재하지 않는 망명정부의 형식적 제도에 지나지 않아 알맹이를 가질 수 없었다.

한국인은 1945년 일제에게 해방되었으나 식민지 공백으로 국민국가 건설에 필요한 준비들을 제대로 갖추지 못했다. 이러한 상황에서 미국과 소련의 분할통치는 국토와 민족의 분단을 낳았다. 하나의 민족에 두 개의 국가가 성립하자 기형적인 반쪽국가를 낳게 되어, 국민들의 국가의식은 민족국가에 대한 충성으로 승화되기 어려웠다. 곧이어 6·25전쟁이 일어나 원초적 민족의식마저 파괴시켜 남북의 반쪽국가를 더욱 혼란으로 몰아넣었다. 이에 따라 민족에 바탕한 통일 국민국가의 건설이 늦어지는 것은 물론이고, 국민 주권의식의 성장 또한 더디어졌다.

해방 이후 분단과 전쟁으로 야기된 국가적 동원체제는 국민보다 국가를 우선시키는 경향을 낳았다. 그래서 국민과 국가는 불가분의 관계에 있음에도, 정권의 담당자들은 권력 연장을 위해 국민과 국가를 분리하여 국민을 국가(-정권)에 종속시키는 일이 많았다. 그들은 냉전구조를 활용하여 국가적 동원체제를 조장하여 독재체제를 구축하고, 국민의 주권의식을 의도적으로 억압하였다. 이 때문에 1960~1970년대만 하여도 많은 국민들이 순종적 신민의식을 갖고 있었고, 아직도 이러한 찌꺼기가 생활의 곳곳에 남아 있음을 볼 수 있다. 그러나 1980년대를 거치면서 국민의식에 큰 변화가 일어나 민주적 국민국가 의식이 굳건히 뿌리를 내려가고 있다.

이와 같이 오늘날 한국인이 갖고 있는 국가의식은 조선왕조의 멸망, 일제의 식민지화, 해방과 분단이라는 과정을 거치면서 변화되고 형성된 것이다. 국가의식의 변천은 신민적 국가의식에서 민주적 국가의식으로 전환하는 것으로 요약할 수 있다. 그러나 이러한 국가의식의 전환이 험난한 역사과정 속에 진행되면서 많은 혼란과 어려움이 뒤따랐다. 오늘날 한국인이 갖고 있는 국가의식의 성격을 정리해 보면 다음과 같다.

첫째, 한국인은 국가적 통체에 대한 강한 충성심을 갖고 있다. 이것은 주로 국민들의 국가적 당위에 대한 헌신으로 나타난다. 한국인은 국가적 당위로 설정한 경제발전, 민주발전, 민족통일 등에 대한 강한 열망과 집념을 갖고 있다. 이러한 열망과 집념을 가질 수 있는 것은 국가적 통체에 대한 헌신을 당위적 의무로 생각하기 때문이다. 한국인은 국가적 당위를 실현하지 못하는 상황을 심각하게 받아들이고, 그것을 정상화하기 위해 적극 노력한다. 이렇게 한국인이 갖고 있는 국가적 통체에 대한 충성심은 국민적 에너지의 원천이 되고 있다.

둘째, 한국인이 지니고 있는 국가적 통체에 대한 충성은 내용에서 큰 변화가 일어났다. 이것은 충(忠)의 대상이 되는 국가의 성격에 근본적 변화가 발생했기 때문이다. 이에 따라 충성의 내용은 기존의 신민적 충성에서 민주적 충성으로 변모하였다. 이러한 변화와 함께 충성의 본원적 성격이 크게 축소된 반면 충성의 대상으로서 국가가 갖는 기능적 성격이 크게 확대되었다. 이러한 경향은 국가가 이념적 지향의 대상이라는 측면과 함께 도구적 활용의 수단이라는 측면을 강조하게 된 결과라고 할 수 있다.

셋째, 한국인에게 국가는 국민적 정통성의 주체로서 역할하고 있다. 정통성이란 국가 정의의 기준이 되는 동시에 사회에 적용하는 최고의 윤리기준이 된다. 한국인은 식민지시대 이후 국가적 정통성의 부재나 불구화에서 비롯한 고통에 시달려 왔기 때문에 국가적 정통성의 회복을 강력히 요구해 왔다. 국가적 정통성이 회복되어야 다른 문제들이 쉽게 해결될 수 있다고 보기 때문이다. 이와 같이 국가라는 통체가 모든 질서의 근본이 된다고 생각하는 점에서는 조선시대의 국가의식과 크게 다르지 않다.

넷째, 한국인에게 국가는 민족공동체의 구심점 역할을 하고 있다. 구한말 외세의 침략으로 민족의 자주와 자존이 심각하게 도전받은 이래 국가와 민족공동체는 같은 것으로 여겨져 왔다. 그러나 식민지와 분단으로 국가와 민족공동체가 분리되어 구심점이 사라지거나 불분명해지는 일이 벌어지게 되었다. 이 때문에 민족공동체의 분열을 조장하는 매국노(賣國奴)와 망국노(亡國奴),[11] 친일(親日)과 부일(附日)과 반일(反日), 좌익(左翼)과 우익(右翼), 남쪽과 북쪽의 구분이 생겨나 공동체적 일체감에 손상을 가하게 되었고, 윤리적 퇴락을 불러오게 되었다. 그럼에도 통일국가를 회복하려는 열망에 기초한 민족공동체의식은 아직도 강하게 지속되고 있다.

다섯째, 구한말 이후 한국인은 국가를 적극적 수호의 대상으로 이해하

---

11) 구한말과 일제시대에 한민족은 외세에 빌붙어 일신의 이익을 도모하는 '賣國奴'와, 나라를 잃고 방황하는 '亡國奴'로 분리되었다. 이것은 독립지사들이 스스로를 亡國奴로 자처하면서 식민지체제의 하수인 노릇을 하고 있던 사람들에게 그만둘 것을 경고하는 글들 속에 잘 나타나 있다. 〈韓人官吏退職勸告文〉-大韓獨立同盟(1919년), 〈通論文 第1號〉-大韓民國臨時政府(1920년), 〈敵의 官公吏된 者여 곧 退職하라〉-光復軍(1920년), 〈特告 巡査補助員 기타 密偵 등 함께 보라〉-大韓獨立軍(1922년), 柳光烈 편, 《抗日獨立倡義文集》 참조.

고 있다. 한국인은 망국과 분단을 통해 국가를 적극 수호하지 않으면 잃어버린다는 강박관념을 갖게 되었다. 이러한 의식은 국가와 민족을 이해하는 '외침과 방어', '침탈과 독립', '지배와 종속', '분단과 통일'이라는 도식적 이분법 속에 잘 나타나 있다. 이러한 것은 이곳저곳에 조성되어 있는 기념물과 기념비의 성격에서 그대로 드러나고 있다. 어느 일본인 학자의 지적처럼 공공장소에서 볼 수 있는 대부분의 동상과 기념비는 국가를 수호하기 위해 목숨을 바친 인물들로 이루어져 있다.

오늘날 한국인이 '자랑스런 태극기 앞에 몸과 마음을 바쳐 충성을 다할 것을 맹세하는' 그러한 국가 또한 주어져 있는 대상이 아니라 수호해야 하는 대상이다. 그리고 이러한 적극적 수호의 대상으로서 국가는 다음 단계에서 천하(天下)로 뻗어나가야 한다. 그렇기 때문에 한국인에게 세계는 확대된 국가, 즉 천하일가(天下一家)로서 존재한다. 따라서 천하를 궁극적인 평정의 대상으로 생각하고, 이것을 위해 세계무대로 적극 나아가고자 한다. 한국인은 세계가 하나의 지구촌으로 열리는 것과 함께 평천하(平天下)의 꿈을 실현하기 위해 상품(商品)[12]과 신앙(信仰)[13]과 문화(文化)[14]를 무기로 과감하게 밖으로 나아가고 있다.

---

12) 한국의 수출주도형 경제정책은 자원의 빈곤과 과다한 노동력 등에 원인을 두고 있다. 그러나 수출주도형 경제정책이 성공을 거둘 수 있었던 요인의 하나는 상품으로 세계를 평정하고자 하는 기업가들의 帝王的 思考가 있었기 때문이었다. 기업가들이 세계를 평정하고자 하는 강렬한 열망을 갖고 있었기에 해외시장을 전제로 한 모험적 투자와 진출이 계속될 수 있었다. 이러한 것을 잘 보여 주는 것이 전 대우그룹 회장 김우중이 쓴 《세계는 넓고 할 일은 많다》(김영사, 1989)와 현대그룹 회장 정주영이 쓴 《시련은 있어도 실패는 없다》(제삼기획, 1991)이다.
13) 국내의 많은 토착종교들은 한국을 세계의 가운데 두고 한국을 중심으로 세계를 평정해야 한다고 주장하고 있다. 또한 기독교와 같은 외래종교는 선교를 통해 한국이 세계를 평정해야 한다고 주장하고 있다. 선교사들이 즐겨 사용하는 말, 곧 '세계는 밥이다'라는 말 속에는 평천하가 발상의 기본을 이루고 있다. 이러한 것은 세계 최고의 신자증가율, 세계최대의 교회, 선교사 파송 세계 5위, 세계 최대 성서 발간부수 등으로 나타나고 있다. 이와 함께 통일교는 외래적인 것과 토착적인 것이 결합하여 글자 그대로 세계를 평정하고자 하는 대표적인 사례에 해당한다.
14) 대표적인 예가 스포츠이다. 한국의 태권도는 1960년대부터 일본의 가라데를 제압하고 격투기의 종주국으로 성장하기 위한 치밀한 계획들을 실천해 왔다. 이러한 결과 1988년 서울올림픽에서 시범경기로 채택되고, 2000년 시드니올림픽에서 정식종목으로 채택되어 명실상부하게 격투

이와 같은 논의들에서, 한국인의 전통적 가의식에 많은 변화가 있었음을 알 수 있다. 가의식의 변화를 가져온 가장 큰 원인은 국가의 성격이 유교적 왕조국가에서 자본주의적 국민국가로 변화한 데 있다. 이러한 변화에 따라 본가와 업가의 성격도 새롭게 변모하였다. 그 결과 본가가 갖고 있던 종교적 기능의 약화, 문화의 주역으로서 유가가 갖고 있던 역할의 상실 등과 짝하여 새로운 종교집단의 흥기, 새로운 기업집단의 발흥 등이 이루어졌다. 그러나 이러한 외형적 변화에도 불구하고 가의식의 근본에는 아직도 큰 변화가 없음을 알 수 있다. 통체-부분자 세계관과 가(家) 중심의 가치체계에 바탕한 생활공동체로서 '우리', 부분자로서 '나', '나'의 실현으로서 '가(家)의 실현' 등은 지금도 같은 성격을 지니고 있다.

5. 유교문화의 유산과 근대화

앞의 논의에서 조선시대 유교문화가 근대화 과정에서 어떠한 형태로 변화되어 왔는지 살펴보았다. 문화의 본보기를 구성하고 있는 세계관과 가치체계의 측면에서 유교문화는 전통문화의 근대적 전환이라는 형태로 모습을 바꾸어 오늘날 한국문화의 바탕을 이루고 있음을 확인할 수 있었다. 따라서 이러한 형태의 유교문화를 어떻게 이해할 것인가 하는 문제가 남는다. 이것과 관련한 필자의 생각을 다음과 같이 정리해 보았다.

첫째, 조선시대 유교문화와 오늘날의 근대문화는 근본적으로 차이가 있음에도 많은 부문에서 강한 호환성을 가진다고 본다. 이것은 세속적 삶에 기초한 입신양명적 성취동기, 부분자적 소명의식, 참여적 정치의식, 사유에 기초한 경제질서 등에서 볼 수 있다. 그러나 이러한 호환성이 근

기의 제왕으로 자리하게 되었다. 이러한 것은 외국에서 수입된 유도, 레슬링, 탁구, 양궁 등에도 마찬가지이다.

대적 전환으로 나타나기 위해서는 신분제도의 철폐, 주권의식의 성장과 같은 근본적인 개혁이 뒤따라야 했다. 이러한 개혁은 서구 제국주의 세력의 침략으로 촉발되었고, 서구문화의 도입에 따른 근대화 과정을 통해 본격화되었다. 한국인이 망국과 식민지, 분단과 전쟁과 같은 어려운 과정을 거치면서도 신속한 근대화를 이룰 수 있었던 것은 기존의 유교문화가 근대문화에 대해 갖는 문화적 호환성에 크게 의존하였다고 할 수 있다.

둘째, 근대화 과정에서 조선시대 유교문화는 교체의 방식으로 청산된 것도 있지만 많은 부분이 수정이나 변용의 방식으로 근대문화로 이행되어 왔다고 볼 수 있다. 하지만 이러한 근대적 전환은 유교문화에 대한 부정적 인식 때문에 모멸적 방식으로 이루어져 왜곡된 방향으로 나타나는 경우가 많았다. 즉, 전통적 본보기가 발전된 모습보다는 퇴행적 모습으로 전환되는 일이 많았다. 이로써 문화적 불구화 현상, 즉 '염치(廉恥)와 체면(體面)의 구조'에서 내면의 염치는 상실된 채 외면의 체면만 살아남고, '의리(義理)와 정한(情恨)의 구조'에서 당위인 의리는 잊혀진 채 정서인 정한만이 살아남고, '수기(修己)와 치인(治人)의 구조'에서 자질인 인품이 무시된 채 수단인 출세만 살아남는 등의 일이 빚어지게 되었다.

셋째, 유교문화가 근대문화로 전환된 경우에는, 그것을 유교문화보다는 전통문화로 이해해야 한다고 생각한다. 왜냐하면 유교적 사회체제가 붕괴되어 본래의 제도와 분리된 상태로 남아 있는 유교문화는 조선시대와 같이 완결적 구조를 갖춘 온전한 유교문화라고 보기 어렵다. 따라서 그것은 한국인이 과거로부터 물려받고 있는 전통문화의 한 부분으로 존재한다고 볼 수 있다. 이 때문에 오늘날 한국의 유교문화는 공자, 맹자, 정자, 주자가 아니라 퇴계, 율곡, 다산, 혜강 등의 유교문화로 보아야 한다. 이러한 관점에서 개화기 이후 서구문화에서 들어와 한국문화에 포섭된 것 또한 서구문화라기보다는 한국문화로 이해해야 하며, 생활문화로서 보편화된 것은 새로운 전통문화로 포용해 나가는 적극적인 노력이 필요하다.

넷째, 특정한 전통문화와 근대문화 사이에 문화적 호환성이 강하게 존재한다고 해서 그것을 곧바로 근대성과 같이 여기는 것은 위험하다고 본다. 현상적 차원에서는 비슷할지 모르지만 문화의 전체적 맥락에서 보면 근본적인 차이가 있을 수 있다. 이런 점에서 오늘날 학자들이 성급하게 유교민주주의, 유교자본주의 등과 같은 개념을 사용하는 것은 재검토할 필요가 있다. 왜냐하면 유교문화와 근대문화는 세계관과 가치체계의 측면에서 근본적 차이를 갖고 있기 때문이다. 특히 유교 가운데서도 성리학은 상하존비의 수직적 질서를 대단히 강조하는 동시에, 의(義)와 이(利)를 구분하고 이(利)의 추구를 철저히 배격한다는 점에서 민주주의나 자본주의하고는 뚜렷한 차이가 있다. 따라서 유교적 가치관을 물려받은 사람들이 근대적 민주주의를 운용한다고 해서 곧바로 유교민주주의자로 부르는 것은 문제가 있으며, 마찬가지로 자본주의적 방식으로 살아간다고 해서 곧바로 유교자본주의자라고 부르는 것 또한 문제가 있다.

다섯째, 근대문화의 전체적 틀이 갖추어진 상황에서 전통문화가 수정이나 변용의 과정을 거쳐 근대문화로 포섭되어 있는 것은 전근대적 잔재라기보다는 근대문화로 이해해야 한다고 생각한다. 왜냐하면 근대화가 진행된다고 문화의 모든 부문들이 근대화되는 것은 아니고, 고대나 중세에 생겨난 국가체제나 종교체제 등을 부분적으로 끌어안고 나아가기 때문이다. 근대화된 사회에서도 종교가 계속 큰 힘을 발휘하고 있는 것은 이런 이유이다. 따라서 근대화 과정에 수정과 변용이 순조롭지 못하여 전통문화가 계속 갈등을 일으키는 경우에도 그것을 전근대적 잔재로 치부해 버리면 문제가 있다. 이렇게 되면 한국사회는 전통문화를 서구문화로 완전히 교체할 때까지 근대사회를 이룩할 수 없다는 논리에 이르게 된다. 그런데 서구의 경우에도 전통문화가 수정이나 변용의 과정을 거쳐 근대문화로 포섭된 것 가운데는 전근대적 잔재로 부를 수 있는 것들이 많다. 그럼에도 서구사회를 근대사회라고 말하는 데 이의를 제기하는 사람들이 없는 것을 생각해 본다면 완벽한 형태의 근대문화를 상정해 놓고, 그것에 비추어 전통적 요소를 무조건 전근대적 잔재로 몰아붙이는 것은 문제가 있다.

여섯째, 한국의 근대문화와 서구의 근대문화 사이에서 볼 수 있는 차이를 세계관과 가치체계의 측면에서 분석할 때, 오늘날 한국사회가 보여주고 있는 모습들은 '한국적 근대화'의 결과라고 보아야 한다. 본보기의 전환이라는 관점에서 본다면, 근대문화는 오로지 서구적 형태만 있는 것이 아니라, 다른 형태들도 있을 수 있다. 서구에서도 모든 나라가 영국과 같은 형태로 근대화를 추진한 것은 아니다. 프랑스나 독일은 영국과 다른 길을 걸었고, 결과에서도 많은 차이가 있다. 특히 근대화가 도입의 형태로 추진되는 경우에는 자체적 요소와 도입된 요소가 결합하여 새로운 형태를 만들 가능성이 있기 때문이다. 이런 점에서 일본적 근대화, 중국적 근대화, 한국적 근대화도 가능하다고 본다. 이는 각 나라의 문화적 특색이 반영된 근대화라는 뜻이다. 이것에 기초하여 동아시아적 근대화라는 일반화도 가능할 수 있다.

일곱째, 근대화한 한국사회가 전통문화를 통해서 갖게 되는 특성들은 고유성보다는 차별성으로 이해해야 한다. 국가나 문화권은 근대화 과정에서 세계관과 가치체계의 차이로 특수성을 갖게 되는데, 이것은 보편성에 기초한 강조점의 차이에서 발생한다고 이해할 수 있다. 이런 점에서 세계관과 가치체계의 특성에 비추어 한국사회와 서구사회를 비교해 보면, 세계를 이해하고 대응하는 이치의 측면에서 한국인은 순리주의(順理主義)를 선호하는 반면에 서구인은 합리주의(合理主義)를 선호한다고 말할 수 있고, 삶을 영위하는 질서의 측면에서 한국인은 도덕(道德), 분수(分數), 의무(義務), 예치(禮治)를 선호하는 반면에 서구인은 이성(理性), 이해(利害), 권리(權利), 법치(法治)를 선호한다고 말할 수 있다. 하지만 이러한 차이를 설명하기 위해서는 문화의 전체적 맥락에 대한 정밀한 분석이 따라야 한다.

제 9 장
본과 보기 문화이론과 한국문화

1. 한국인의 문화 가꾸기

한국인은 수천 년의 역사를 지닌 문화민족으로서 세계에 자랑할 만한 우수한 문화를 일구어왔다. 한국인은 삼국시대나 고려시대의 불국토사상(佛國土思想), 조선시대의 중화사상(中華思想) 등에서 볼 수 있듯이, 당대를 대표할 수 있는 문화의 정화(精華)를 이룩해야 한다고 생각하였다. 이것을 위해서, 긴장된 마음으로 문화 발전에 필요한 정밀한 논리와 기술을 꾸준히 개발하였다.

한국인은 문화 발전에 필요한 다양한 문화를 수용하는 과정에서 간간이 갈등과 충돌이 발생하는 일도 있었지만, 이를 토착화의 기반을 다지는 밑거름으로 활용해 왔다. 공존과 습합, 원융과 회통을 바탕으로 뛰어난 창조력을 발휘하여 고분벽화, 금동장신구, 미륵반가사유상, 석굴암, 팔만대장경, 금속활자, 한글, 왕조실록 등과 같은 문화의 정수들을 이룩할 수 있었다.

한국인이 문화를 훌륭하게 가꾸어 온 자취는 언어, 사상, 기술, 문학, 예능 등에 다양하게 전해지고 있다. 먼저 언어의 측면에서 한국어가 갖고 있는 풍부한 어휘체계를 주목하게 된다. 한국의 지식인들은 전통적으로 당대의 정화(精華)를 담아낼 수 있는 다양하고 정밀한 어휘들을 가꾸어 왔다. 근대 이전까지 지식인들은 우리말과 더불어 동아시아 중세문화의 기본 언어인 한자와 한문을 능숙하게 사용하였고, 이로써 우리말의 고유 어휘에 방대한 한자 어휘가 더해져서 대단히 풍부한 어휘체계를 갖추었다. 이에 따라 고유 어휘와 한자 어휘가 역할 분담을 통해서 풍부하고 정밀한 의미체계를 구성하는 특징을 갖게 되었다.

첫째, 한국인은 기본 개념들의 경우에는 고유 어휘와 한자 어휘를 아울러 사용하는 이중어휘체계를 유지하고 있다. 하늘-천(天), 땅-지(地), 사람-인(人), 집-우(宇), 임금-왕(王) 등에서 볼 수 있듯이 한국인은 고유 어휘로서 한자 어휘의 뜻을 규정한다. 이때 한국인은 주로 고유 어휘를 포괄적 의미를 가리키는 개념으로 사용하고, 한자 어휘는 세분화된 의미를 가리키는 개념으로 사용한다. 예를 들면 고유 어휘인 '임금'은 왕조의 우두머리를 가리키는 포괄적 의미로 사용되는 반면에, 한자 어휘인 '왕(王)'이나 '군(君)'은 제왕(帝王), 국왕(國王), 대왕(大王), 상왕(上王), 국왕(國王), 군주(君主), 국군(國君)과 같은 세분화된 의미로 사용된다. 또한 '생각'이라는 고유 어휘는 사(思-생각 사), 념(念-생각 념), 상(想-생각 상), 려(慮-생각 려)와 같은 한자 어휘의 세분된 의미를 전체적으로 포괄하는 개념이다. 이로써 '생각'은 사념(思念), 사려(思慮), 상념(想念), 사상(思想), 염려(念慮) 등과 같은 다양한 낱말들을 하나로 묶어서 전체를 나타내는 개념으로서 사용된다. '인간은 생각하는 존재다'라고 할 때, 생각은 사념, 사려, 상념, 사상, 염려 등을 포괄하는 하나의 전체를 나타낸다. 따라서 한국인은 전체를 가리키는 하나의 개념(-생각)과 그 속에 포함된 부분들을 가리키는 다수의 개념들(-사념, 사려, 상념, 사상, 염려 등)을 명확히 구분하여 관계지을 수 있기 때문에 전체와 부분의 개념적 연관성을 따지는 일에 능숙하다. 그러나 한문에서는 사(思), 념(念), 상(想), 려(慮)를 전체적으로 묶을 수 있는 독자적인 어휘가 분명하지 않기 때문에 전체를 가리키는 개념과 부분들을 가리키는 개념을 정연히 관계짓는 것이 어렵다. 즉, 사(思)는 려(慮)나 념(念)으로 설명되고, 념(念)은 사(思)나 상(想)으로 설명되고, 상(想)은 사(思)나 념(念)으로 설명되어 있어 어느 하나가 다른 것 모두를 묶을 수 있는 관계에 있지 않다. 이처럼 한국어에서 볼 수 있는 이중어휘체계는 중국의 명왕조와 청왕조, 그리고 한국의 조선왕조가 동일하게 성리학을 관학으로 채용하여 널리 공부하고 연구했음에도, 조선에서 성리학적 학문논쟁이 유달리 뜨겁게 전개된 중요한 원인이 되었다고 볼 수 있다.

둘째, 한국인은 어휘체계의 구성과 활용에서 추상적 관념을 나타내는 경우에는 고립어체계에 기초한 한자 어휘를 주로 사용하고, 느낌의 정도를 표현하는 경우에는 굴절어체계에 기초한 고유 어휘를 주로 사용하는 특징을 갖고 있다. 한국의 지식인들은 일찍부터 중국에서 수입한 한문 경전을 바탕으로 추상적 논의에 필요한 기본 개념들을 익히고 활용해 왔다. 한글이 창제되기 이전에 한국의 지식인들은 오로지 한문으로 문자생활을 해야 했기 때문에 중국의 지식인에 못지않게 한자 어휘들을 자유롭게 활용해 왔다. 그런데 그들은 어려운 한자 어휘를 사용하여 지식과 권위를 독점함으로써 지배층의 지위를 확고히 하려고 노력했기 때문에 고유 어휘를 하찮은 것으로 비하하거나 배척하는 일이 많았다. 이로 말미암아 한국인은 한자 어휘에 상응하는 고유 어휘를 개발하는 일에는 거의 관심을 두지 않았다. 그러나 그들은 사태에서 느낀 정서를 실감나게 표현하는 것은 한자 어휘로는 매우 어려웠기 때문에 고유 어휘를 적극 활용하지 않을 수 없었다. 이에 따라 한국어는 느낌의 정도를 세분화하여 민감하게 표현할 수 있는 의성어와 의태어가 크게 발달하였다. 예를 들면 한국인은 '푸르다'는 것을 정도와 느낌에 따라 '파랗다', '퍼렇다', '새파랗다', '시퍼렇다', '파르스름하다', '푸르스름하다' 등으로 다양하게 표현한다. 그러나 한자 어휘에서 이러한 표현은 불가능하다.

셋째, 한국인은 낱글자에 기초한 한자 어휘체계에서 볼 수 있는 특징을 고유 어휘체계에 도입하여 독특한 낱말들을 개발하였다. 한자 어휘는 낱낱의 글자가 하나의 낱말로서 구실하기 때문에 천지, 음양, 개폐, 출입,

선후 등과 같이 두 개의 사물이나 사태를 하나의 복합 낱말로 묶어서 표현하는 것이 일반화되어 있다. 반면에 고유 어휘는 소리글에 기초한 까닭에 낱말의 음절수가 많아서 두 개의 사물이나 사태를 하나의 복합 낱말로 묶어서 표현하는 것이 쉽지 않다. 따라서 천지는 하늘과 땅, 음양은 음지와 양지, 개폐는 여는 것과 닫는 것으로 풀어서 표현한다. 그런데도 한국인은 고유 어휘를 한자 어휘처럼 안팎, 미닫이, 여닫이, 나들이, 오누이, 새콤달콤, 미주알고주알 등과 같이 두 개의 사물이나 사태를 하나의 복합 낱말로 묶어서 표현하는 일이 많다. 또한 한자 어휘와 고유 어휘를 결합하여 본보기, 귤나무, 상다리, 기찻길, 요리집, 갈비탕, 노래비 등과 같은 새로운 어휘들을 개발해 왔다.

다음으로 우리는 사상의 측면에서 한국인이 문화를 훌륭하게 가꾸어 온 자취를 수준 높은 종교문화를 통해서 확인할 수 있다. 한국인은 불교, 유교, 기독교와 같은 다양한 종교들을 수용하여 수준 높게 가꾸어 왔다. 그 결과 한국의 불교문화나 유교문화는 세계적으로 모범적인 문화유산으로 손꼽힐 정도이다. 한국의 불교문화는 대승불교의 진면목을 잘 보전하고 있으며, 한국의 유교문화 또한 성리학의 진면목을 잘 보전하고 있다. 또한 조선후기에는 선비들이 청나라에서 수입한 서학을 연구하는 과정에 서교를 수용하여 자생적인 가톨릭 신앙공동체를 형성하였으며, 이에 대항하여 동학이 일어나기도 하였다. 오늘날 한국인은 세계적으로 그 예가 없을 정도로 높은 수준의 종교적 관용성 속에서 무속, 불교, 유교, 기독교 등이 공존하는 삶을 살아가고 있다. 가끔 정치적 이유로 종교 사이에 충돌과 갈등이 발생할 때도 있었지만 줄기차게 이해와 공존이 모색되어 왔고, 그 결과 오늘날 한국사회는 종교의 전시장을 방불케 하고 있다. 각각의 종교가 독자적인 성격을 유지하면서 평화로운 공존을 모색하고 있다.

끝으로 우리는 기예(技藝)의 측면에서 한국인이 훌륭하게 문화를 가꾸어온 자취를 수준 높은 생활과 예술을 통해서 확인할 수 있다. 한국인은 사계절이 뚜렷한 가운데 육지와 바다, 산과 강, 들과 시내가 조화를 이루는 아름다운 풍광 속에서 살아간다. 한국인은 정교한 기예를 갈고 닦아서 빼어난 자연환경에 어울리는 소박하고 정갈한 문화를 가꾸어 '나'의 느낌인 맛과 '우리'의 느낌인 멋이 함께 하는 신명나는 삶을 추구해 왔다.

첫째, 한국인은 생활의 측면에서 기후풍토에 적합한 의식주 문화를 잘 가꾸어 왔다. 음식에서 한국인은 다양한 재료와 조리법을 개발하여 대단히 풍부한 먹거리문화를 발전시켜 왔다. 한국인은 못 먹는 것이 없다고 말할 수 있을 정도로 다양한 음식 재료를 사용하는 것은 물론이고, 동일한 재료를 가지고서 삶고, 찌고, 굽고, 무치고, 삭히는 등의 방법으로 갖가지 종류의 음식과 맛을 만들어낸다. 또한 복식에서 한국인은 다양한 소재와 형태를 개발하여 대단히 다채로운 복식문화를 발전시켜 왔다. 세계에서 유래를 볼 수 없을 정도로 다양하고 화려한 모자들을 만들어 사용해 왔으며, 치마와 저고리와 겉옷으로 구성된 의복 또한 갖가지 모양으로 다채롭게 발전시켜 왔다. 이와 함께 주거에서 한국인은 남방식과 북방식의 장점을 결합하여 방의 닫힌 공간과 마루의 열린 공간을 하나의 건물에 통합하여 사계절의 변화에 잘 적응해 왔다. 또한 아궁이와 온돌의 구조로써 부엌에서 피운 불로 조리와 난방을 한꺼번에 해결하는 방식으로 열을 효율적으로 이용해 왔다.

둘째, 한국인은 예술의 측면에서 세계에 자랑할 만한 우수한 걸작들을 창조해 왔다. 삼국시대의 고분벽화나 장신구 등에서 볼 수 있듯이, 일찍부터 기예에서 매우 뛰어났다. 불교가 전래되자 반가사유상, 황룡사구층탑, 불국사, 석굴암, 성덕대왕신종 등과 같은 불교예술의 정화를 선보였다. 이러한 재주는 고려에서 조선으로 이어지며 불화(佛畵), 상감청자, 팔만대장경, 금속활자, 분청자, 청화백자, 왕조실록, 한글창제, 진경산수화 동국진체와 같은 걸작들을 낳았다. 특히 한국인은 문화의 핵심을 이루는 인쇄술에서 탁월한 기량을 발휘하여 세계 최고의 목판인쇄유물인 《무구정광다라니경》, 세계 최대의 목판인쇄유물인 《팔만대장경》, 그리고 세계 최초의 금속활자인쇄유물인 《불조직지심체요절》 등을 만들다.

그러나 한국인은 19세기 중엽 이후 서구 제국주의 세력의 침략과 더불어 시작된 세계적인 격변 속에서 망국과 식민지, 분단과 전쟁 등을 거치면서 깊은 좌절에 빠지기도 하였다. '우리는 어쩔 수 없다.'는 패배주의로 고통받는 일도 많았지만, 민족과 국가의 발전과 영광을 위해 치열하게 살아왔다. 그 결과 20세기 말에 이르러 한국인은 제2차세계대전 이후에 독립한 나라들 가운데 경제발전과 민주발전에서 가장 앞선 나라로 우뚝 서게 되었다. 다만 아직도 남북이 휴전상태에서 동서냉전이 빚어낸 체제경쟁을 계속하고 있는 점은 매우 안타깝다. 그러나 대결이 화해로 이어져 새로운 통합을 낳는다면, 미래를 밝혀줄 획기적인 계기를 찾을 수도 있을 것이다.

2. 한국인의 문화의식

한국인은 전통적으로 '본과 보기 구조'에 근거하여 인간과 세계를 이해해 왔다. 한국인은 모든 것의 근본(根本)인 하나의 본을 '하늘'로 보고, 이를 높여 '상제(上帝)', '제석(帝釋)', '한울님', '하느님', '하나님' 등으로 불렀다. 우주 속에 존재하는 만물은 하나의 본인 하늘로부터 성분(性分)을 본질(本質)로서 부여받아 생겨나고 이어진다. 낱낱의 사물들이 성분에 기초하여 부여받은 본질이 본분(本分)이고, 그것에 기초하여 수행하는 구체적 역할이 직분(職分)이다. 사물은 본분과 직분을 완전히 실현함으로써 본보기와 일치한다. 그런데 사물들은 종류에 따라 본질을 달리하는 까닭에 본보기 또한 달라진다. 인간은 하나의 본인 하늘을 이해하고 따를 수 있는 만물의 영장으로서 독자적인 본보기를 갖는다.

한국인은 인간과 세계의 본보기를 잘 이해하고 실천하는 사람을 문화인이라고 생각하였다. 문화인이 되기 위해서는 먼저 사물의 본을 정확하게 이해해야 한다. 이것을 위해 사물의 본질(本質), 본성(本性), 본체(本體) 등을 깊이 있게 공부해야 한다. 그런데 한국인의 본에 대한 공부는 언제나 보기로서 실천함이 전제되어 있었기 때문에 본질, 본성, 본체 등에 대한 연구는 본분, 직분 등과 같은 당위와 통합된 형태로 이루어졌다. 이런 까닭에 한국인은 자연과 인간, 소이(所以)와 당연(當然), 논리와 윤리 등을 삶의 전체적 관련 속에서 상호 유기적으로 통합하여 설명하였다. 상호 유기적 관련을 갖지 않는 것은 '보기'로 실현될 수 없기 때문에 '본'이 될 수 없는 공허한 형식에 머무른다고 보았다. 이로써 서구의 근대과학에서 볼 수 있는 것처럼 사물을 개체 단위로 구분하여 실험과 조작의 방법으로 본질, 본성, 본체 등을 연구하는 것은 발전하기 어려웠다.

한국인은 본을 배우고 실천하면서 문화인으로 살아가는 사람을 '본데 있는 사람' 또는 '본때 있는 사람'으로 말해 왔다. '본데 있는 사람'은 문화의 본보기를 보고 배워 몸에 익힌 사람으로서 문화인을 뜻한다. 사람은 본데 있는 사람이 되어 문화인의 자격을 갖추게 된다. 반면에 '본데 없는 사람'은 문화의 본보기를 보고 배우지 못했기 때문에 문화인으로 살아가는 것이 불가능하다. 그리고 '본때 있는 사람'은 본데 있게 보고 배운 것을 실천을 통해 보기로써 보여주는 사람을 말한다. 본때에서 '때'는 때깔에서 알 수 있듯이 태(態), 즉 모습을 말한다. 따라서 '본때를 보여주겠다.'라고 말하는 것은 본의 모습을 시범적으로 보여주겠다는 것을 말하며, '본때 없는 사람'은 보기에서 벗어난 생각과 행동을 하는 야만인을 말한다.

본과 보기 구조에 바탕한 한국인의 문화의식은 교육의 토대를 이루었다. 인간이 된다는 것은 문화인이 되는 것으로 보았고, 이것은 교육으로 문화의 본보기를 적극 배우면서 가능하다고 보았다. 이런 관계로 배우는 것의 1차적 의미를 '본을 받는 것'으로 이해하였다. 학(學)을 '본을 받는 것'으로 이해한 것은 물론이고, '방(倣)', '효(斅)', '모(謨)', '효(效)' 등도 모두 '본을 받는 것'으로 이해하였다. 한국인에게 교육받은 사람은 부형이나 선생을 좇아 본을 받는 것에 힘써 문화를 깊이 있게 이해하고, 독실하게 실천하는 사람을 뜻하였다. 이 때문에 자식으로서 조상이나 부모를 '본뜨지 못했다[不肖]'는 뜻으로 자신을 낮추어 '불초자(不肖子)', '불초남(不肖男)', '불초손(不肖孫)', '불초자제(不肖子弟)' 등으로 불렀다.

한국인에게 '본을 받는 것'은 단순히 흉내를 내거나 좇아서 하는 것과 차이가 있다. 사람이 본을 받기 위해서는 올바른 것에 대한 주체적 자각에 기초해서 본질, 본성, 본체, 근본, 기본 등에 대한 근본적 관심을 갖고 있어야 한다. 그래야 본이 될 수 있는 것과 그렇지 않은 것을 정확하게 구별할 수 있다. 그렇지 않으면 단순한 흉내나 추종에 지나지 않는다. 그리고 본을 받기 위해서는 배우는 사람에게 필요한 진지한 자세, 즉 공경의 마음을 갖고 있어야 한다. 부형과 선생이 보여주는 본보기를 성실히 따르는 마음인 공(恭)과 날카롭게 반성하는 마음인 경(敬)이 유지되어야 올바른 배움이 가능하기 때문이다.

한국인은 역사적으로 문화의 중심적인 본보기를 대부분 종교에서 구해 왔다. 무속, 유교, 불교, 도교, 기독교 등의 종교는 인간과 세계에 대한 본보기를 제시하고, 그것을 배우고 실천하도록 가르쳐 왔다. 이런 관계로 고양된 형태의 문화를 실현하기 원하는 사람들은 종교가 제시하는 본보기를 더욱 정밀한 형태로 연구하는 데 관심을 갖게 되었다. 삼국시대나 고려시대까지는 승려를 중심으로 불교적 입장에서, 조선시대는 선비를 중심으로 유교적 입장에서 본보기에 대한 연구가 활발하게 이루어졌다. 특히 조선후기에는 천주학이나 동학 등의 입장에서 본보기에 대한 연구가 새롭게 전개되었다.

한국인이 문화인으로 살아가기 위해서 무엇보다 중요한 것은 사람의 본보기를 이해하고 실천하는 일이었다. 한국인은 사람의 본보기를 '인격(人格)'이라고 불렀는데, 인격은 '사람의 본격(本格)'으로서 사람이 본디부터 갖추어야 할 격식을 뜻하였다. 사람이 인격을 구비하기 위해서는 문화인이 되고자 하는 열망과 그것을 가능하게 하는 자질을 갖추고 열심히 문화의 본보기를 배우고 좇아야 했다. 이와 같이 하여 인격을 갖춘 사람은 문화의 주체로서 본을 받을 수 있고, 또 보일 수 있었다. 반면 인격이 파탄난 사람은 본래의 격식을 잃어버렸기 때문에 본을 받거나 보이는 것이 불가능하였다.

인격을 갖추기 위해서는 먼저 모범을 보이는 사람이 존재해야 한다. 한국인은 이러한 모범을 '먼저 태어난 사람[先生, 先輩]'이라고 생각하였다. 먼저 태어난 사람은 '뒤에 태어난 사람[後生, 後輩]'에게 본을 보여야 할 사회적 책임이 있고, 뒤에 태어난 사람은 먼저 태어난 사람이 보여주는 본을 성실히 좇아야 할 의무가 있다고 보았다. 이러한 과정에 뒤에 태어난 사람이 먼저 태어난 사람을 성실히 좇아야 하는 의무를 강조할 필요가 있으므로 효(孝)와 제(弟)의 윤리를 강조하였다. 효와 제는 먼저 태어난 사람으로서 부모와 선생이 모범을 보이는 것에 대해, 뒤에 태어난 사람으로서 자녀와 제자가 배우고 좇을 때 간직해야 하는 마음의 자세라고 할 수 있다.

그런데 문화의 본보기는 누구나 만들고 전파하는 것이 아니라 앞장서서 형성하고 이끌어 나가는 주도세력이 존재한다. 대부분의 사람들은 주도세력이 보여주는 본보기를 배우고 좇는 방식으로 살아가기 때문에 주도세력의 성격에 따라 문화와 교육의 성격이 크게 달라진다. 주도세력이 본연의 역할에 충실할 때는 본보기가 힘을 갖게 되어 문화와 교육이 발전하지만, 역할에 충실하지 못하면 본보기가 힘을 상실하여 문화와 교육은 퇴보한다. 이처럼 주도세력이 문화와 교육에 미치는 영향을 흔히 '윗물이 맑아야 아랫물이 맑다.'라고 표현해 왔다.

한국인이 문화를 본과 보기 구조로 설명하는 것은 단순히 편의적으로 그렇게 하는 것이 아니었다. 문화를 설계하고 실현하는 데 바탕이 되는 '세계와 인간을 이해하는 전체적 틀', 즉 본체관, 윤리관, 역사관 등이 그러한 논리로 구성되어 있기 때문이다.

첫째, 한국인은 천지만물이 하늘과 같은 하나의 원인에 근본한다는 일원론적 본체관을 갖고 있다. 한국인은 천지만물이 근본하고 있는 하나의 원인을 태극, 하늘, 삼신, 제석 등으로 불러왔다. 하나의 원인이 이치와 기질의 결합을 통해 현상으로 드러나 천지만물이 생겨나고 전개되는 것으로 생각한다. 하나의 원인과 현상으로 드러난 천지만물은 생성의 시작과 결과로서 일체를 이룬다. 하나의 원인은 부모와 같고, 현상으로 드러난 천지만물은 형제와 같다. 천지만물은 하나의 원인에 근거하고 있음에도 타고난 분수가 다르기 때문에 청탁수박(淸濁粹駁)과 친소후박(親疎厚薄)에 따른 차별이 존재한다. 한국인은 현상으로 드러나 있는 청탁수박과 친소후박의 차별을 이해와 판단과 실천의 근거로 삼는다.

둘째, 한국인은 하나의 원인에서 분화되어 나온 천지만물이 상생과 상극의 방식을 통해 무궁생생(無窮生生)하게 전개된다는 생성론적 역사관을 갖고 있다. 하나의 원인에서 분화되어 나온 천지만물이 음양적 방식으로 관계를 맺으며 끝없이 이어져 나간다고 생각한다. 이때 음과 양이 작용하여 변화를 일으키는 것은 상생과 상극의 방식으로 이루어진다. 상생은 변화에 뒤따르는 창조의 측면을, 상극은 파괴의 측면을 말한다. 창조와 파괴가 교차하면서 천지만물이 무궁생생하게 전개된다. 개체의 시간은 유한하지만, 생명과 문화의 시간은 무궁생생한 생성과 전개를 통해서 영원히 이어진다. 개체는 역사 속에서 생성과 전개에 참여하면서 개체의 유한함을 뛰어넘어 집단의 영원함으로 들어가게 된다.

셋째, 한국인은 무궁생생하게 전개되는 천지만물이 선한 본질을 갖고 있다는 성선론적 윤리관을 갖고 있다. 그들은 모든 사물이 선한 본성을 갖고 있다고 생각한다. 그런데 사물이 선한 본성을 갖고 있음에도 불구하고 보기로 드러날 때에 선과 악으로 구분되는 것은 관계 맺음의 과정에서 본성이 왜곡될 수 있기 때문이다. 본성이 제대로 실현되기 위해서는 적절한 관계가 유지되어야 한다. 그렇지 못하면 모자라거나 지나쳐서 악한 상태로 나아가게 된다. 인간은 본성을 제대로 실현하기 위해서 배움으로써 본성을 이해하는 동시에 실천으로써 몸과 마음을 닦아야 한다.

그 과정과 결과로서 역사 속에 본보기로 기억될 수 있다면 유한한 개체의 생명을 뛰어넘어 영원한 역사적 생명을 얻게 된다.

3. 한국인의 문화 정체성

1) 한국인의 문화 정체성

한국인은 다양한 문화를 수입하여 토착화하는 방식으로 민족문화를 형성해온 까닭에 문화의 순종화와 잡종화는 문화발전의 자연스런 과정으로 일어났다. 한국인은 순종화와 잡종화가 교차하는 방식으로 한국적인 성격을 갖는 문화를 발전시켜 왔다. 그런데 한국인은 시대적 상황과 처지에 따라서 순종, 별종, 잡종에 대해 큰 차이를 보였다. 한 가지 예로 조선시대만 하더라도 초기, 중기, 후기에 따라 문화의 순종화와 잡종화에 큰 차이가 있었다. 즉, 조선초기에는 성리학을 수입하여 잡종적 방식으로 토착화하는 작업에 힘을 쏟았고, 중기에는 성리학을 주자학으로 축소하여 학문의 순수성을 추구하는 데 힘을 쏟았고, 후기에는 이에 대한 반성과 반발로서 별종이나 잡종적 방법으로 새로운 것들을 창조하려는 관심이 생겨났다.

한국인은 새로운 문화에 대한 열망이 뜨거웠음에도 전체적으로는 강한 순종의식을 형성하고 견지해 왔다. 인종, 언어, 지리적으로 강한 고립성을 유지할 수 있었기 때문이다. 먼저 민족의 차원에서 장기간에 걸쳐 단일민족의 특성을 유지해 왔고, 따라서 강한 순종의식을 갖고 있다. 어쩌다 이민족의 침략이나 유입으로 혼혈이 이루어지는 경우도 있었으나, 그 또한 인종적으로 유사한 몽고, 일본, 여진 등과 같은 계통에 국한되었다. 그 결과 한국인은 강한 순종의식을 갖게 되어 다른 민족에 대해 배타성을 보이게 되었다. 이와 함께 문화적 차원에서도 민족의식과 마찬가지로 강한 순종의식을 갖고 있다. 외부에서 선진문화를 도입하여 활용해 왔으므로 문화의 잡종화는 불가피함에도 불구하고 문화의 순수성에 집착하는 경향이 강하다. 한국인은 외부에서 문화를 들여올 필요가 있을 때만 부분적으로 문호를 개방하는 정책을 펴면서, 모든 것을 국내적 기반 위에서 해결하려고 노력해 왔다. 그래서 한국인은 민족과 문화를 하나의 계통에 따른 정통적 관점에서 이해하려는 경향이 매우 강하다.

한국인의 문화의식을 이해하기 위해서는 문화 정체성의 기준으로서 삼고 있는 순종, 별종, 잡종의식을 이해할 필요가 있다.

첫째, 한국인에게 순종은 하나의 순수한 계통에 근거하고 있는 것을 뜻한다. 한국인은 순종에 근거하여 정통과 비정통을 구분하고, 정통을 중심으로 단일화를 추구한다. 따라서 단일화의 과정에서 나타나는 획일화를 수용하지 않을 수 없다. 그리고 한국인에게 순종은 두 가지 종류가 있다. 하나는 고유한 것으로서 순종이고, 다른 하나는 외부에서 수입한 것으로서 순종이다. 고유한 것으로서 순종에 집착하는 것을 국수주의라고 부르고, 수입한 것으로서 순종에 집착하는 것을 사대주의라고 부른다. 그런데 수입한 것으로서 순종이 한국의 풍토에 체질화되면 토종으로 변화되어 고유한 것으로서 순종과 유사한 성격을 지니게 된다. 따라서 토종에는 처음부터 전혀 변하지 않고 전해진 고유한 종을 말하는 경우도 있고, 토착화의 과정을 통해서 한국적인 것으로 변화한 것을 말하는 경우도 있다.

한국인은 외부에서 수입한 순종을 본래의 원형에 더욱 충실한 형태로 순종화의 과정을 밟으려고 하며, 이것이 문화적 사대주의로 나타났다. 한국인은 순종화의 과정을 통해서 수입한 나라와 문화적으로 대등해지거나 그보다 우월해지고자 하였다. 따라서 한국인에게 문화적 사대주의는 단순한 추종이 아니라 문화적 우월성에 대한 열망을 담고 있다. 그런데 국수주의적 방식으로 토착적인 순종에 집착하는 세력이 문화적 사대주의에 반발하게 되면 문화적 갈등을 일으키게 된다. 이런 까닭에 한국인이 수입한 순종에 대해 문화적 사대주의를 유지하는 한, 잡종화는 쉽게 이루어지지 않는다. 그런데 수입한 순종의 본국이 문화적으로 쇠퇴하여 사대주의의 본령을 상실하게 되면 그때부터 어쩔 수 없이 급격한 토착화의 과정을 밟게 된다. 따라서 한국인이 잡종화를 통해 새로운 토종을 만들어 내는 데는 많은 시간을 필요로 하게 된다. 그러나 일단 잡종화의 과정을 통해 새로운 토종을 형성하게 되면 강력한 특성을 지니게 되는 데, 오늘날 중국에서 생겨난 선불교의 순종이 한국에 토종으로 남아 있고, 성리학의 순종이 한국에 토종으로 남아 있는 것은 이 때문이다.

둘째, 한국인에게 별종은 순종이나 토종에서 돌연변이의 방식으로 생겨난 유별난 것을 말한다. 별종은 기존의 것에 대한 권위를 무너뜨려 잡종화의 길을 여는 역할을 한다. 별종이 허용되어 순종의 권위에 틈새가 생겨야 잡종이 활동 영역을 확보할 수 있기 때문이다. 그러나 한국인은 순종에 대한 강한 열망으로 별종의 존재를 좀처럼 인정하려 하지 않는다. 한국인은 별종을 괴팍하고 불순한 것으로 보고 강하게 배척한다. 따라서 별종은 언제나 무시와 따돌림의 대상으로 남고, 때문에 역사적으로 이따금 별종이 나타나도 '왕따를 당하여' 재능을 키워보지 못하고 꺾인다. 별종은 순종화나 잡종화의 과정에 흡수되어 곧바로 그 특성이 사라지는 경향이 있다. 이는 순종의식이 우세하기 때문에 별종을 키워서 발전시키는 세력이 형성될 수 없기 때문이다. 예를 들면 신라시대의 원효, 고려시대의 일연, 조선시대의 허균과 같은 경우는 뛰어난 별종에 해당한다고 말할 수 있지만 그 뒤를 잇는 사람들이 없었던 까닭에 역사 속에서 큰 힘을 발휘할 수 없었다.

셋째, 한국인에게 잡종은 두 가지 종류가 있다. 즉, 하나는 계통이 다른 순종과 순종을 교잡하는 방식으로 만들어진 것이며, 다른 하나는 밖에서 수입한 순종과 재래의 토종을 교잡하여 만들어진 것이다. 이러한 잡종은 대부분 토착화의 과정을 거쳐서 신종의 성격을 갖는다. 오늘날 볼 수 있는 한국의 불교문화, 유교문화 등은 토착적 신종의 성격을 지니고 있다. 그리고 이러한 신종은 대부분의 경우 수입된 순종과 재래의 토종이 결합하여 만들어진 잡종에 해당한다. 사람들은 이것을 흔히 토착화의 과정이라고 말한다. 그리고 외래문화를 순종적 방법으로 추구하는 경우에도 기존의 문화적 풍토에 바탕하여 수용하기 때문에, 최종 결과는 언제나 잡종의 성격을 갖게 된다. 따라서 잡종화는 의도적으로 이루어지기보다는 문화변동의 결과로서 나타나는 것이 통례이다. 이러한 과정을 통해 불교는 도입된 이후 오랜 세월을 거치면서 토착화되었고, 유교도 마찬가지였다.

그런데 한국인은 외부에서 도입된 문화가 토착화의 과정을 밟을 때, 순종으로서 지니고 있는 성질을 회복하려는 경향을 갖고 있다. 따라서 한국인은 순종으로 돌아가려는 단일화의 과정을 밟게 되는데, 이것은 단일성을 순종의 중요한 속성으로 이해하기 때문이다. 고려의 불교, 조선의 성리학이 단일화의 과정을 밟은 것이 대표적인 예이다. 이런 관계로 잡종화가 새로운 종으로 결실을 맺는 것은 단일화가 포기될 때, 즉 문화가 해체되는 과정에서 나타나게 된다. 예를 들면 조선말기 성리학적 유교문화가 해체의 과정을 밟을 때, 동학을 비롯한 잡종들이 생겨나기 시작하였으며 불교 계통, 유교 계통에서 다수의 민족종교들이 일어나 새로운 경전이 만들어지기 시작하였다. 하지만 이러한 변화는 문화의 전체적 성격이 다양화를 허용하지 않는 까닭에 일시적 경향으로 그치는 경우가 많다. 그 결과 잡종적 방법으로 신종이 생겨나 토종으로 정착한 경우에도, 밖에서 수입된 새로운 신종으로 단숨에 교체되어 단절을 맞는 일이 빈번하게 나타난다.

2) 한국문화의 전개와 순종, 별종, 잡종의식

한국문화는 역사적으로 다양한 문화요소가 영향을 미치는 가운데 순종화와 잡종화의 과정이 교차되면서 토착적 성격을 지니는 훌륭한 신종을 형성해 왔다. 즉, 신라의 화랑도와 세속오계, 고려의 상감청자와 금속활자, 조선의 한글창제와 성리논쟁 등은 잡종 강세를 통해서 만들어진 토착적 성격을 지닌 훌륭한 신종이라고 말할 수 있다. 이러한 것들은 주로 외래의 순종을 들여와 내부의 재래적 순종(-토종)과 결합하여 자생적 능력을 갖는 새로운 잡종을 생산하는 방식으로 형성되었다. 따라서 초기 단계에서 새로운 통합을 위한 잡종화의 과정은 불가피하다. 그리고 이러한 새로운 통합이 순종화의 과정을 통해서 깊이를 더해 가면서 문화를 심화 발전시키게 된다.

그러나 역사적으로 순종화와 잡종화의 과정을 통한 새로운 통합이 언제나 문화 발전으로 이어진 것은 아니었다. 잡종화가 지나친 경우에는 산만한 잡탕문화로 끝을 맺기도 하였다. 주도문화가 형성되지 않기 때문에 문화적 혼란과 분열만을 일으킬 뿐 새로운 통합으로 열매맺지 못한다. 반면 순종화가 지나친 경우에는 지체나 퇴보가 일어나는 일도 있었고, 하나의 순종만을 고집해서 기존에 뿌리를 내리고 있는 전통문화까지 씨를 말리는 때도 있었다. 때문에 축적된 지식과 기술이 전수되지 못하고 사라지는 사태가 일어나게 된다.

오늘날 한국인은 21세기를 문화의 세기로 말하면서 문화 능력이 국가와 민족의 명운을 좌우하게 될 것이라고 말한다. 따라서 한국인이 급변하는 시대상황에 대응하며 주체적으로 민족문화를 꽃피워 나가기 위해서는 자신들이 갖고 있는 문화의식을 정확하게 이해하고, 시대에 부응하는 적절한 문화의식을 형성할 수 있어야 한다. 이런 점에서 조선시대 이후 한국인의 문화의식이 어떻게 변화해 왔는지 간략하게 살펴보면 다음과 같다.

고려말 원에서 수입한 성리학으로 이념 무장을 한 신흥 사대부들은 홍건적과 왜구의 침입을 계기로 성장한 신흥 무신세력과 결합하여 원의 속국인 고려를 무너뜨리고 조선왕조를 개국하였다. 그들은 성리학을 국시로 삼아 명나라를 문화의 모범으로 인정하고 따르는 사대주의를 문화정책의 중심으로 삼았다. 또한 외국에서 수입한 문화의 순종에 기초하여 절충의 방법으로 유교문화의 기틀을 마련하여, 조선의 현실에 들어맞을 수 있는 '소중화(小中華)'를 건설하려고 하였다. 그들은 성리학에 대한 학문적 이해가 심화되는 것과 함께 현실문제의 해결을 위해 문자 창제, 법전 정비, 역사 편찬 등의 사업을 추진하였다. 그들의 성리학에 대한 이해와 적용은 이론과 현실이 타협하는 잡종화의 과정이 중심을 이루었다.

선비들은 성리학에 대한 이해와 실천이 심화되자, 이념적 순수성을 지향하는 부류가 형성되어 현실적 노선을 따르는 훈구파를 비난 공격하게 되었고, 이로써 사림파와 훈구파의 갈등과 다툼이 일어나게 되었다. 사림파는 성리학적 정통론에 바탕한 순수성에 기초해서 모든 것을 정통과 이단의 관점에서 순수한 것과 불순한 것으로 구분하여 수호와 배척의 대상으로 삼았다. 따라서 그들은 철저하게 순종의식에 기초하여 혈통(血統)의 순수성을 바탕으로 적자와 서자의 차별을 엄격히 하고, 도통(道統)의 순수성을 바탕으로 정학과 이단의 차별을 엄격히 하고, 왕통(王統)의 순수성을 바탕으로 충신과 역적의 차별을 엄격히 하려고 하였다. 사림파가 세력을 확대해 나가자 모든 것을 순수성에 기초하여 구분하고 차별하는 정통론에 바탕한 역사의식이 팽배하게 되었다.

조선중기에 사림파가 훈구파를 누르고 권력을 장악하게 되자, 선비들은 순수한 것에 대한 열망에 들뜨게 되었다. 그들은 성리학적 순수성에 기초한 이념과 방법으로 지극한 정치를 펴고자 하는 목표, 즉 '지치(至治)'에 집착하면서 철저하게 순종화의 길을 걷게 되었다. 명종~선조대에 사림파의 학문적 영수로 활약한 퇴계 이황은 성리학을 주자학으로 국한하여 학문적 순수성을 극대화하려고 하였다. 그는 주자의 도통을 계승하는 것을 자임하였고, 죽은 뒤 '학문에서 순수함'을 뜻하는 문순(文純)이라는 시호를 받게 되었다. 퇴계에 이어 율곡 이이가 주자학을 더욱 완성된 단계로 이끌게 되자 선비들은 오로지 주자학만을 지향하게 되었다. 그들은 퇴계의 《성학십도(聖學十圖)》와 율곡의 《성학집요(聖學輯要)》를 학문의 길잡이로 삼아 주자학적 세계에만 관심을 집중하였다. 이에 따라 그들은 주자학적 도통(道統)과 학통(學統)의식을 강하게 형성하게 되었고,

여기서 순종의식이 문화의 전반으로 확대되어 나갔다.

그러나 임진왜란과 병자호란의 혼란을 겪은 뒤, 문화의 순종인 명나라가 야만의 여진족에게 망하여, 중원에 청나라가 들어서자 선비들의 순종의식에 심각한 문제가 발생하였다. 선비들은 불순한 것에 무릎을 꿇고 굴복해야 하는 상황에 처하였다. 그럼에도 그들은 순종의식을 포기할 수 없었기 때문에 망해 버린 명나라에 대한 의리를 계속 고수하려고 하였다. 그들은 청나라의 연호를 대신하여 역사 속으로 사라진 '숭정(崇禎)'이라는 명나라의 연호를 계속 사용하는 억지를 부렸다. 선비들은 여진족 천자에게 머리를 조아리면서도 속으로는 그것을 부정해야 하는 모순된 삶을 살았으며, 실상을 상실한 문화적 정통주의에 매달려 명분적으로 순종으로 복귀할 것을 주장하게 되었다. 이러한 과정에서도 사회변화가 일어났으나, 잡종 강세에서 볼 수 있는 것과 같은 변화는 아니었다.

선비들은 청나라가 문화의 종주국으로 들어선 이후 이념과 현실 사이에 괴리가 심각해지자 분열을 방지하기 위해 더욱 순종의식에 매달리게 되었다. 이에 따라 폐쇄적 성격을 갖는 당파, 학파, 그리고 동족집단의 형성 등이 한층 강화되었다. 그들은 혈연, 학연 등에 기초하여 당색(黨色)을 구분하고 인적, 물적 교류를 막았다. 또 죽어도 오직 하나의 길만을 고집하였기 때문에 이쪽과 저쪽에서 대화와 절충을 모색하는 사람을 변절자로 비난하였다. 이로써 그들은 순종의 계보를 벗어난 별종이나 잡종에 대해 극히 부정적 태도를 형성하게 되었다. 그러나 선비들 사이에서 순종의식의 강화와 함께 그것에 반발하는 별종이 나타나기 시작하였다. 즉, 교산 허균, 백호 윤휴, 서계 박세당과 같은 이들이 순종 지향적 태도에 반기를 들고 나섰다. 허균은 서자도 차별을 받지 않는 새로운 세계를 꿈꾸며 반란을 도모하다가 죽었고, 윤휴는 주자의 학설에 반기를 들었다가 사문난적으로 몰려 죽었으며, 박세당은 주자의 학설에 벗어났다는 이유로 관직을 빼앗기고 추방당하였다.

조선후기와 말기에는 순종화와 잡종화가 두 방향에서 이중으로 추진되는 상황에 놓이게 되었다. 사림의 전통을 계승하는 대다수의 선비들은 순종의식에 매달려 양반과 상민, 적자와 서자, 정통과 이단의 구분에 관심을 집중하였다. 그러나 서학과 청학 등의 전래, 사회 경제적 환경의 변화 등으로 학문체계와 신분제도에는 새로운 변화가 일어나게 되었다. 잡종화의 과정을 통해 양반과 상민, 적자와 서자, 정통과 이단의 구분이 조금씩 무너지기 시작하였고, 이러한 과정에서 새로운 학문체계를 지향하는 학자들, 즉 성호 이익, 연암 박지원, 담원 홍대용, 다산 정약용, 혜강 최한기 등이 차례로 등장하게 되었다. 이들은 학문의 잡종교배를 통해 주자학, 서학, 청학 등을 종합하게 되면서 주자학의 순수성에 집착하는 일반적인 선비들과는 크게 달랐다.

19세기 중엽 개항을 전후하여 선비들은 서구문화와의 접촉을 통해서 문화적 잡종화의 과정에 놓이게 되었다. 그들은 서구의 앞선 문물과 학문을 접하고 당황하는 동시에 새로운 것에 대한 관심을 갖지 않을 수 없었다. 그럼에도 그들은 순종의식을 크게 벗어나지 못해 순종경쟁에 많은 시간을 허비하게 되었다. 즉, 주자학적 질서에 집착하는 수구파는 전통이라는 순종을 고집하여 서구문화를 극단적으로 배척하였고, 개화파는 서구라는 새로운 문화적 순종에 집착하여 전통문화를 극단적으로 배척해서 양쪽이 평행선을 달리며 다툼을 계속하였다. 따라서 선비들이 타협과 절충을 통해서 잡종 강세를 효과적으로 이룩하는 것은 매우 어려웠다.

그러나 개화가 시대의 대세로 자리하고, 서구문화가 대대적으로 들어오면서 문화적 잡종화는 급속하게 진행되었다. 이와 더불어 일부 세력이 중심이 되어 절충적 방법으로 문화적 잡종 강세를 추진하려고 시도하게 되었다. 그들은 '동도서기(東道西器)'의 방법, 즉 동양의 원리와 서양의 기술을 접목하는 방식으로 절충과 종합을 시도하였다. 그러나 원리와 기술이 이분법적으로 분리될 수 있는 것이 아니기 때문에, 동양의 원리와 서양의 기술을 절충하는 것은 처음부터 어려운 일이었다. 그들은 도기론(道器論)의 입장에서 원리와 기술이 분리될 수 없다는 것을 알고 있었지만,

완고한 순종 지향적 분위기 속에서 절충과 종합을 시도하기 위해서는 어쩔 수 없이 그러한 형식을 내세우게 되었다. 그들이 지향하는 문화의 잡종 강세가 이루어지기 위해서는 동서양의 원리와 기술이 함께 녹아들어 새롭게 재구성되는 통합의 과정이 필요하였다.

20세기 초에 한국인은 국가를 잃고 일본의 식민지로 전락하여 주체적인 근대화가 불가능하게 되었고, 일본이 추진하는 식민지 정책의 일부로써 타율적인 근대화가 추진되었다. 신학문을 수학한 신지식인들이 '신(新)'의 대변자들로서 신문화 건설에 앞장섰다. 하지만 그들은 자생적 능력을 갖고 있지 못했기 때문에 재래의 옛것을 허물고 새로운 것을 이식하는 방식으로 문화를 건설하려고 하였다. 그러나 이들이 이식하고자 하는 새로운 것은 서구의 입장에서 보면 기성 문화의 일부였다. 신지식인들은 서구의 것을 빌려 새로운 것으로 소개하는 전파자임에도 불구하고 새로운 것을 만드는 창조자처럼 생각하고 행동하였으며, 서구문화의 본보기를 문화의 순종으로 인정한 상태에서 전통적인 것을 교체하는 방식의 근대화를 추진하였다. 이들에게 근대화는 새로운 순종인 서구문화의 이식을 뜻하였다.

식민지시대에 전통문화를 서구문화로 교체하는 형태의 근대화를 주장한 대표적 지식인의 한 사람이 춘원 이광수였다. 그는 조선시대 유교문화를 선대(先代)의 정신적, 물질적 유산을 모두 팔아먹은 '탕자(蕩子)의 문화'라고 비난하면서 서구문화에 바탕하여 민족문화를 개조해야 한다고 주장하였다. 하지만 그는 서구문화를 문화의 순종으로 생각하여 맹목적으로 추종하는 사대주의적 태도를 벗어나지 못했기 때문에 수입한 문화를 새롭게 포장하여 보여주는 이식된 신종에 머물렀다. 따라서 그는 잡종 강세를 이룩할 수 있는 창조적 신종이 되기 어려웠다. 그럼에도 이광수는 스스로 민족문화를 개조할 선구자로 생각하여, 전통문화의 단절과 파괴에 앞장섰다. 이로 인해 전통문화에 애정을 가진 사람들 가운데 그를 비난하는 이들이 많았다.

반면에 이광수와 같은 서구 지향적 근대화에 반발하여 민족문화의 고유성에 집착하는 토종 지향적 지식인들이 생겨나게 되었다. 이들은 민족의 고유성을 주장하는 원형론자들로서 최남선이 대표적 인물이었다. 그는 단군을 민족문화의 구심점으로 높여 백두산에 근거한 민족문화의 우수성을 드러내는 '불함문화론(不咸文化論)'을 주장하였고, 전통문화를 원형으로 거슬러 올라가 과거의 영광 속에서 식민지 백성의 서러움을 달랠 수 있는 위안을 찾았다. 또한 그는 시조(時調)를 '조선심(朝鮮心)'을 드러내는 민족정신의 독점적 구현물로 말하면서, 한민족이 세계문학에 한몫을 하기 위해서는 서둘러 시조를 부흥해야 한다고 주장하였다. 그런데 그는 민족문화를 불변의 실체로 설정해서 미화하는 데 주력했을 뿐, 잡종화를 통한 문화능력의 배양에는 관심을 기울이지 않았다.

1945년 8·15해방과 더불어 한국인은 주체적으로 근대화를 추진할 수 있게 되었다. 부국강병의 수단으로서 근대화를 적극 추진하였고, 서구문화의 우수한 점과 재래문화의 우수한 점을 결합하여 신속한 발전을 이룩하고자 하였다. 하지만 한국인은 조선시대 이래 식민지시대를 거쳐 전해진 순종 지향성 때문에 근대화에 필요한 잡종 강세를 효과적으로 이룩할 수가 없었다. 대부분의 한국인은 근대화를 전통적 본보기 대신 서구적 본보기로 교체하는 '서구화'로 이해하였다. 이는 근대화를 이끈 지식인 집단이 조선시대 선비와 같이 강한 순종의식을 지니고 있었기 때문이었다. 이들은 순종의식에 기초하여 서구문화에 대한 사대주의나 토착문화에 대한 국수주의로 일관하려고 하였다. 때문에 현실 속에서 문화의 교잡으로 이루어지는 잡종화는 잡종 강세가 아니라 잡종 약세로 나타나는 경우가 많았다.

1960년대부터 한국인은 수출 주도의 경제개발정책을 추진하면서 무역전쟁의 시대를 살아가게 되었다. 처음으로 수출을 통해서 생존에 필요한 기초 물자를 조달해야 하는 새로운 상황에 맞닥뜨리게 되었고, 나라의 문호를 열어 놓은 가운데 무엇이든 상품으로 만들어 외화를 벌어야 했다.

이때부터 한국은 의리와 명분을 앞세우는 선비의 나라에서 이익과 실리를 챙기는 장사치의 나라로 탈바꿈하기 시작하였다. 지식인들 사이에는 부를 축적하기 위해 선비에서 장사치로 나서는 일이 흔한 일이 되었다.

한국인은 1970년대와 1980년대에 모방과 토착화를 통해서 산업화와 민주화에 온 힘을 기울였다. 공장에서는 기업가와 노동자가 상품생산에 열을 올리는 한편, 거리에서는 정치가와 학생이 민주화를 위해 열을 올렸다. 이렇게 밤낮으로 열심히 노력한 대가로 뒤늦게나마 1990년대 초에 근대화에 성공한 나라로서 선진국 대열에 진입할 수 있게 되었다. 하지만 선진국 대열에 진입하면서 더욱 치열한 기술경쟁에 직면하게 되었고, 기술의 모방과 응용이 아닌 창조와 개발을 필요로 하게 되었다. 그리하여 한국인은 별종이나 잡종적 방법을 통한 강력한 신종의 개발을 절실히 소원하게 되었다. 특히 경쟁이 첨예화되어 있는 과학기술의 부문에서는 더욱 그러하였다.

1990년대 중반부터 세계화의 열풍이 거세게 몰아치자 한국인은 강력한 기술개발을 생존의 전제로 생각하게 되었다. 그들은 선진국의 꿈이 실현될수록 세계시장에서 일류가 되지 못하면 살아남지 못한다는 것을 절감하게 되었다. 하지만 일류는 모방으로는 불가능했기 때문에 창조적 신종을 만들어낼 수 있는 능력을 길러야 했다. 그래서 한국인은 '마누라와 자식을 제외하고는 모든 것을 바꿀 각오를 하라.'는 주장조차 그럴 수 있다는 식으로 받아들이게 되었다. 이로써 문화를 이해하는 방식에 혁명적 변화의 바람이 불게 되었고, 지금까지 순종의식에 안주해 오던 사람들이 위기를 맞게 되었다. 그들은 순종의 계보를 연결하는 몇 개의 줄, 즉 혈연, 지연, 학연과 같은 연줄에 수직으로 엮어져서 살아왔으며, 이러한 연줄을 이용해서 끈끈한 한통속을 형성하여 '나'와 '우리'의 이익을 지켜왔다. 그런데 갑자기 수많은 끈들이 종횡으로 연결되어 있는 '그물의 세계(the world of web)'를 창조적으로 엮어나가야 하는 상황에 처하여 당황하지 않을 수 없었다. 그들은 참여와 연대를 통해서 매일매일 새로운 관계를 창조적으로 엮어나가는 다원화된 삶에 적응하기 위해 애써 노력하고 있다.

4. 한국문화의 천박성과 그 극복

한국인은 식민지에서 분단으로 이어지는 치욕의 역사를 겪으면서 민족의 자존심을 되찾고자 밤낮을 가리지 않고 열심히 뛰어왔다. 그 결과 한국인은 해방을 맞은 이후, 50년이 지나지 않아 한강의 기적을 이룬 위대한 민족으로 세계 속에 우뚝 서게 되었다. 그러나 한국인은 아직도 어렵던 시절에 익혔던 천박함을 완전히 벗어나지 못하여, 갈피를 잡기 어려울 만큼 혼란스런 모습으로 살아갈 때가 많다. 한국인이 더욱 행복해지기 위해서는 하루빨리 혼란의 수렁으로 몰고 가는 천박함에서 벗어나야한다.

한국인이 천박한 모습을 보이는 것은 역사 속에서 형성된 몇 가지 원인들, 즉 급격한 문화변동에 따른 권위의 실종, 극심한 결핍 이후에 나타나는 먹고사는 방식의 저열함, 물신주의의 확산에 따른 성취동기의 저급함, 근대적 학문체계의 수립 과정에 따르는 지식체계의 빈약함, 규범의 이중성에 따른 편의주의와 무질서 등으로 설명할 수 있다. 개인이나 집단이 이기주의에 편승하여 이러한 것들을 악용함으로써 혼란과 무질서를 더하고 있다.

1) 문화변동과 권위의 실종

한국사회는 험난한 근대화의 과정을 거치면서 기존의 전통적 본보기, 근대화를 위해 받아들인 서구적 본보기, 그리고 근대화 과정에서 형성한 새로운 본보기가 이리저리 뒤섞여 있는 가운데 어느 것 하나 온당한 권위를 갖기 어렵게 되었다. 본보기의 혼란으로 시비, 선악, 진위 등을 구별하기 어려워지자 기존의 권위체계가 송두리째 흔들리게 되었다. 따라서 한국인은 '억울하면 경찰서로 달려가는 것이 아니라 출세를 해야 한다.'고 말하게 되었다. 그 결과 본보기를 이해하고 실천하려는 사람들의 열망 또한 크게 줄어들어 문화적 일체감을 바탕으로 한 자발적인 질서유지는 힘들어졌다. 공권력과 같은 강압적 수단에 의존하여 질서를 유지하려는 과정에서 권력을 행사하는 사람과 그렇지 못한 사람 사이에 불신과 갈등이 심해졌다.

전통적으로 한국사회는 질서의 기본을 이루는 두 개의 권위체계를 바탕에 깔고 있다. 하나는 법과 규정에 바탕한 강제적 권위체계를 대표하는 정치적 권위이고, 다른 하나는 전통과 상식에 바탕한 자발적 권위체계를 대표하는 어른의 권위이다. 국민들은 정치적 권위가 살아 있어야 법과 규정을 자발적으로 지켜 나갈 수 있으며, 아이들은 어른의 권위가 살아 있어야 전통과 상식을 자발적으로 보고 배울 수 있다. 정치적 권위와 어른의 권위는 본보기를 형성하고 유지시켜 주는 바탕이다. 그런데 한국사회는 급격한 문화변동의 과정에 두 권위를 모두 상실하는 상황을 맞았다.

먼저 정치적 권위는 한국사회를 전체적으로 대표하는 권위체계이다. '윗물이 맑아야 아랫물이 맑다'고 말할 때, 가장 대표적인 윗물은 바로 정치적 권위이다. 정치적 권위가 살아야 다른 모든 권위도 제대로 살아날 수 있기 때문에 나라의 안위를 걱정하는 사람들은 무엇보다도 정치적 권위의 확립에 관심을 기울인다. 그러나 한국사회는 정치가들이 부당한 방법으로 권력을 획득 또는 유지하려고 애쓰는 과정에서 계속 정치적 권위가 손상되어 왔다. 특히 5·16군사쿠데타 이후 정당성에 문제가 있는 집단들이 무력으로 권력을 장악하여 정치적 권위를 행사하게 되니, 자연히 모든 것을 강제력에 의존하려는 경향을 갖게 되었다. 독재자들이 공권력을 사유물처럼 이용함으로써 혈연, 지연, 학연과 같은 연고주의가 활개를 치면서 정치적 권위는 땅에 떨어지고 말았다. 부당한 독재권력에 대항하여 민주화세력이 맞서서 장기간 투쟁하는 가운데 시위와 폭력이 문제 해결의 주된 수단으로 떠올랐다. 정치적 권위의 부재 현상 속에서 정당한 방식으로 시비를 가릴 수 없게 되자, 힘으로 밀어붙이기가 난무하게 되었다. 그 결과 공권력에 저항하여 시위를 한 사람과 그것을 진압한 경찰이 모두 국가유공자로 지정되는 모순적인 상황에 이르렀다.

다음으로 어른의 권위는 한국인의 일상세계를 대표하는 권위체계이다. 어른의 권위가 뒷받침되어야 아이들이 성장의 과정에서 문화의 본보기를 정상적으로 배우고 좇을 수 있다. 따라서 어른은 문화를 수호하는 무거운 책임과 함께 그것에 따르는 강력한 권한을 갖는다. 그래서 과거에는 '어른'이라는 말은 곧 문화를 대표하는 인물에 대한 가장 큰 존칭이었다. 마을에는 마을을 대표하는 어른이 있고, 지역에는 지역을 대표하는 어른이 있고, 나라에는 나라를 대표하는 어른이 있어 문화를 대표하는 상징으로 역할하였다. 그러나 본보기의 혼란이 지속되는 가운데, 어른들이 본보기를 이해하고 실천하는 일에 앞장을 서는 것이 아니라 오히려 파괴하는 일에 앞장을 서는 일이 많아지자, 어른의 권위가 급속히 손상되었다. 어른의 권위가 무너지면서 아이들은 보고 배워야 할 본보기를 갖지 못한 상황에 놓이게 되어, 권위에 대한 자발적인 헌신과 복종을 하기 어렵다. 이로써 어른과 아이가 문화에 대한 권위로써 구별되는 것이 아니라, 단순히 나이로만 구별되는 권위 부재와 같은 상황에 놓이게 되었다.

한국사회에서 권위가 송두리째 무너진 것은 사람들이 본보기에 대한 긍지를 상실하고, 본을 보거나 보이는 역할을 포기하기 때문이다. 사람들은 형식에 어울리는 권위를 요구하면서도 실제로는 그것을 파괴하는 비리와 비행을 계속한다. 이것은 사람들이 '스스로 벌어서 먹고사는 떳떳한 방식'보다, '남을 속이거나 뜯어서 먹고사는 부끄러운 방식'에 관심을 갖기 때문이다. 사람들은 틈새만 있으면 비집고 들어가서 부정한 일을 저지르며 속이고 뜯으려 하는 까닭에 거짓말을 밥먹듯이 하고, 부패를 일상으로 저지른다. 이처럼 사람들이 본보기를 포기하기 때문에 자연히 권위를 상실하지 않을 수 없다.

그런데 사람들이 스스로 권위를 짓밟고 파괴하는 것은 윤리적 자포자기에 빠졌을 때만 나타나는 특수한 현상이다. 조금이라도 '자신을 긍정하고[自矜]', '자신을 신뢰하고[自信]', '자신을 높이는[自尊]' 일에 가치를 부여한다면 자라나는 아이들의 미래를 생각해서라도 스스로 권위를 짓밟아 파괴하지는 않는다. 정치가와 기업가, 부모와 교사, 경찰과 운전자, 공무원과 민원인, 기자와 취재원 사이에 촌지를 주고받는 일이 관행으로 일어날 수 있는 사회는 도저히 권위가 살아 있을 수 없다.

2) 먹고사는 방식의 저열함

한국인은 '금강산도 식후경'이라는 속담을 곧잘 들먹인다. 금강산이 천하에서 가장 아름다운 산이지만, 배가 불러야 아름다움에 눈을 돌릴 수 있다는 것이다. 배가 고프면 맛의 결핍으로 말미암아 바깥의 멋을 느낄 수 있는 여유가 생기지 않는다. 또한 한국인은 예로부터 '왕은 백성으로 하늘을 삼고, 백성은 먹는 것으로 하늘을 삼는다'고 말해 왔다. 군왕도 백성을 제대로 먹고살 수 있도록 만들 때, 임금자리에 앉아 있을 수 있음을 뜻한다. 그렇지 않다면 하늘이 무너진 상태이니 어느 누구도 임금자리에 온전히 앉아 있을 수가 없다. 이런 까닭에 한국인은 제대로 먹고사는 일이 어떠한 것인지에 대해 많은 관심을 기울여 왔다.

한국인은 통상 먹고사는 일을 다섯 가지, 즉 ①스스로 벌어 먹고사는 사람, ②남을 속여 먹고사는 사람, ③남을 뜯어 먹고사는 사람, ④남에게 빌어 먹고사는 사람, ⑤남에게 얻어 먹고사는 사람으로 구분하여 평가를 달리한다. 이들 가운데 자신의 능력에 기초하여 스스로 벌어 먹고사는 것만이 제대로 먹고사는 방법이고, 다른 것은 떳떳하지 못한 방법이다. 그런데 오늘날 한국사회에서 먹고사는 방법이 문제가 되는 것은 스스로 벌어 먹고사는 것 이외의 방법으로 먹고사는 사람들, 즉 속이거나, 뜯거나, 빌거나, 얻어서 먹고사는 사람들이 매우 많다는 데 있다.

한국인이 선진국에 대한 꿈을 이루었음에도 불구하고 오늘날처럼 혼란한 모습을 보이는 것은 힘을 가진 사람들이 틈만 보이면 남을 속이거나 뜯어서 먹고살려고 하기 때문이다. 그들의 많은 수가 사기꾼이나 강도와 같은 마음으로 속이거나 뜯어서 먹고살기 때문에 일반 국민들조차 그것을 당연한 일로 생각하여 기회만 있으면 남을 속이거나 뜯으려고 한다. 이 때문에 선거 때가 되면 유권자들이 후보자들에게 금품이나 향응을 요구하는 일이 벌어지고, 행락 때가 되면 상인들이 관광객들을 속여 바가지를 씌우는 일이 벌어진다. 이러한 결과 한국사회는 탈법적 비리가 관행적으로 저질러지고, 생활의 기초인 신뢰가 무너져 대단히 혼란한 모습을 보이고 있다.

한국사회에서 남을 속이거나 뜯어서 먹고사는 대표적 직업집단이 정치가들이다. 그들은 정치라는 것을 직업으로 삼아 국민들을 감언이설로 속여서 권력을 쟁취하고, 그것에 바탕 하여 물주들(기업, 관청 등)의 약점을 협박하거나 뒤를 봐주는 방식으로 뜯어서 먹고산다. 그들은 수입의 거의 대부분 또는 전부를 권력을 이용하여 속이고 뜯는 방식으로 조달하기 때문에 사기꾼이나 강도와 구별될 수 없는 아주 수치스런 존재들임에도 한국사회를 이끄는 대표적 지도자로 자처하며 거들먹거리고 있다.

한국사회에서 정치가에게 금품을 제공하는 대표적 물주가 기업인이다. 기업인은 정경유착이라는 공생관계를 구축하여 이권을 얻어내거나 탈법을 무마하기 위해 정치가에게 거액의 자금을 불법적으로 제공해 왔다. 그들은 효율과 경쟁을 통해 기업을 키우려 하기보다는 관치금융, 특혜정책의 그늘 속에서 권력에 기생하여 기업을 키우려고 시도하는 일이 많다. 따라서 권력에 기생할 수 있는 능력이 적은 기업은 파산하게 되고, 그렇지 않은 기업이 그것을 인수하여 손쉽게 대자본을 형성하게 된다. 부도로 은행에 물려 있는 법정관리기업을 엄청난 특혜[일례로 수천억 원의 부채를 일시에 탕감하거나, 2~3%의 이자로 10년 거치 20년 분할과 같은 방식으로 상환하는 것]를 안고 인수하는 것은 국가경제를 살린다는 명목으로 국민의 돈을 강도질하는 것이다.

정경유착으로 대변되는 한국사회의 탈법적 모습은 두 전직 대통령, 즉 전두환 대통령과 노태우 대통령이 기업인으로부터 수천억 원을 뜯어 챙긴 죄목으로 재판을 받았고, 김영삼 대통령과 김대중 대통령의 아들들이 기업인으로부터 수십 억 원을 뜯어 챙긴 죄목으로 재판을 받은 것에 극명하게 드러나 있다. 현재 정치판에서 거들먹거리는 지체 높은 사람들 또한 대부분이 동일한 방식으로 사기와 강도를 일삼고 있다. 이 때문에 그들이 입으로는 정치발전, 경제발전을 말하지만 실제로는 그것에는 별로 관심을 두지 않는다. 왜냐하면 정치와 경제가 정상화되면 탈법적으로 거래할 수 있는 여지가 줄어들어 장사가 잘 안 되기 때문이다. 그들은 정치가 민주적 방식으로 이루어지고 경제가 시장원리를 좇게 되면 이권장사, 공천장사 등이 어려워짐을 잘 알고 있다. 이 때문에 그들은 정치와 경제의 정상화를 주장하지만 실질적으로는 탈법을 조장하여 무질서를 부채질하고 있다. 단지 그들은 재수가 좋아서 아직 법정으로 끌려가지 않고 있을 뿐이다.

국민들은 정치와 경제를 주도하는 이들에게 계속 사기와 강도를 당하면서, 신뢰의 기초인 말에 대한 믿음을 상실하고, 올바른 인격의 실현에 대한 의욕을 상실하게 되었다. 국민들은 자신들을 무기력하게 만드는 힘을 가진 사람들의 전횡을 미워하지 않을 수 없다. 그러나 국민들은 힘을 가진 사람들이 조장해 놓은 지역주의, 패거리주의 함정에 빠져 '미워도 다시 한 번'을 되뇌며 계속 끌려 다니고 있다. 국민들은 정치와 경제가 놓여 있는 판 자체에는 전혀 손을 댈 수 없기 때문에 다른 선택이 불가능하다.

오늘날 한국인은 많은 사람들이 사기꾼이나 강도처럼 속이고 뜯어서 먹고사는 것을 당연시하는 삶을 살아가고 있다. 그들은 금력과 권력을 갖게 되면 죄를 지어도 잡혀가지 않을 수 있고, 잡혀가더라도 처벌을 받지 않을 수 있으며, 처벌을 받더라도 쉽게 풀려날 수 있는 현실을 잘 알고 있기 때문에 오로지 '돈에 살고 돈에 죽는다[錢生錢死]'고 생각하거나 '권력에 살고 권력에 죽는다[權生權死]'와 같은 삶을 추구하게 된다. 그 결과 힘을 가진 사람들은 속이고 뜯는 일을 계속하기 위해 폭력적 방법으로 갖지 못한 사람들을 부당하게 억압하고, 갖지 못한 사람들은 그것에 대한 반발로 오로지 출세하여 보복할 기회를 노리고 있다.

한국인은 법과 규정이 부당함을 해결해 주는 효과적인 수단이 될 수 없다는 것을 잘 안다. 이런 까닭에 지역과 지역, 회사와 회사, 개인과 개인이 서로 억압과 보복의 방식으로 이해를 관철시키려고 한다. 예를 들면 어떤 국회의원이 권력오용과 뇌물수수로 징역형을 선고받아 의원직을 상실하면, 지역민들이 그것을 특정지역에 대한 정치적 억압이라고 생각하여 그것에 대한 보복으로 그의 처를 국회의원으로 뽑아준다. 이어 그가 정치적 거래를 통해서 특별사면을 받아 교도소를 나오면 지역민들은 그가 직접 보복에 나설 수 있도록 다시 국회의원으로 뽑아준다. 이러한 지역민들이 관심을 갖는 것은 권력 싸움에서 빚어지는 억압과 보복이기 때문에 범죄사실이나 재판결과를 그렇게 중요하게 생각하지 않는다.

전직과 현직 국회의원 가운데 상당한 숫자가 재판을 통해 범죄가 인정되어 형을 선고받은 사람들이라는 것을 생각한다면, 국민을 대변하는 국회의원이 되기 위해서는 범법자가 되는 것이 아무런 문제가 되지 않는다. 이것은 국민들이 법을 권력의 시녀 정도로 우습게 알고, 그것으로써 정의를 실현하는 것에는 관심이 없음을 드러내 준다. 이 때문에 국민을 가르치는 교사, 국민을 지키는 경찰, 국민의 눈과 귀인 기자가 촌지, 즉 뜯어서 먹는 것에 눈을 팔게 된다. 이것은 도무지 인격이 중시되는 사회에서는 있을 수 없는 일인데도 한국사회에서는 자연스러운 일처럼 벌어지고 있다.

3) 성취동기의 저속함

오늘날 한국인이 먹고사는 방법에 물불을 가리지 못하여 천둥벌거숭

이와 같은 모습으로 살아가는 것은 근본적으로 성취동기에 문제가 있기 때문이다. 그들은 출세에 대한 강한 열망을 갖고 있지만, 그것을 제대로 주체하지 못하여 좌충우돌한다. 그 결과 많은 이들이 맹목적으로 출세에 매달려 허우적대다가 소중한 열망을 헛되이 탕진하는 삶을 살아간다.

한국인은 출세를 지상목표로 설정하고, 물불을 가리지 않고 달려든다. 출세는 금력, 권력, 학력 등에 대한 강한 결핍과 빈곤을 한풀이의 방식으로 해소하는 것으로서, 결핍이나 빈곤의 상태에서 당한 억울함에 대한 보복의 형태로 표출되는 것이 일반적이다. 따라서 그들에게 형제, 동료, 이웃은 보복을 가하고 당하는 주체이자 대상인 동시에 그것을 구경하고 평가하는 관객이자 심판이다. 따라서 모든 국민들이 상황에 따라 역할을 바꾸어 가며 거대한 보복전을 펼치고 있는 한국사회는 진정 '재미있는 지옥'이라 말할 수 있다.[1]

그런데 한국인이 추구하는 출세는 조선시대의 입신양명이 식민지와 분단과 전쟁을 거치면서 강력한 물신주의로 변형되어 나타난 것이다. 이런 관계로 오늘날 한국인에게서 볼 수 있는 출세에 대한 논의는 그것의 뿌리인 조선시대의 입신양명에 대한 논의에서 시작되어야 한다.

조선시대 사람들은 입신양명에 대한 강한 열망을 간직하고 살았다. 특히 노심자(勞心者)인 선비들에게 입신양명은 기필코 실현해야 하는 가장 중요한 목표였다. 그들이 입신(立身)하여 행도(行道)하는 것은 수신(修身), 제가(齊家), 치국(治國), 평천하(平天下)로 확대되는 과정으로 전개되었고, 양명(揚名)이라는 최종목표는 후세의 역사적 평가를 통해서 이루어졌다. 따라서 양명이 행도를 통해서 이루어졌기 때문에 행도의 주체인 인격이

---

1) 캐나다에 살고 있는 교포들 사이에 '한국은 재미있는 지옥이고, 캐나다는 심심한 천국'이라는 말이 오래전부터 유행하고 있다고 들은 적이 있다. 한국이 지옥임에도 불구하고 재미가 있을 수 있는 것은 아마 상황에 따라 당사자, 관객, 심판의 역할이 계속 바뀌기 때문인 것으로 생각한다. 보복을 행하거나 당하는 사람에게 지옥 같은 일이 관객이나 심판에게는 재미를 불러일으키는 일이 될 수 있다.

무엇보다 중요시되었다. 이 때문에 입신행도는 인격의 실현과 동일한 의미로 이해되었다. 이런 까닭에 그들이 언제나 인격적으로 행동한 것은 아니었으나, 인격적으로 행동하기 위해 대단한 노력을 기울였다.

조선시대 사람들이 인격의 구체적 표현인 염치, 체면, 예절과 같은 것을 중시한 것은 생활 속에 잘 드러나 있다. 그들은 흉년이나 역병 등으로 강한 결핍을 경험한 경우에도 예의와 염치, 체면과 예절을 잃지 않았기 때문에 법도에 벗어난 행동을 하는 일이 많지 않았다. 양반은 얼어죽는 일이 있어도 겻불을 쬐지 않았고, 상민도 굶어 죽는 일이 있어도 남의 것을 훔치지 않는 것이 일반적인 생각이었다. 그들은 빈곤의 극복이 이웃에 대한 보복의 형태로 이루어진다고 보지 않았기 때문에 때때로 집단적 보복, 즉 당쟁이나 민란이 있었으나 일반적인 것은 아니었다. 그들은 천박한 행동을 극도로 자제할 수 있었고, 인격이라는 측면에서 나름대로 고상한 삶을 살았다고 말할 수 있다.

그런데 19세기 중엽부터 밀려들기 시작한 서구 자본주의 문화의 충격은 조선시대 사람들이 살아온 방식으로는 대처하기 어려운 것이었다. 그들은 서양사람들이 무력에 기초하여 약육강식의 논리로 침략해 오자, 윤리를 저버린 오랑캐 또는 금수로 비난하고 배척하였다. 그들은 상업적 이익을 추구하기 위해 전쟁을 도발하고 인명을 살상하는 서양사람들의 행위를 이해할 수 없었다. 그러나 서양의 침략에 대항할 수 있는 힘을 갖고 있지 못했기 때문에 현실에 무력하였다. 서양을 모방하여 힘을 배양한 이웃나라 일본에게 나라를 잃으면서 극도의 정신적 혼란 상태에 놓이게 되었다.

한국인들은 일본에게 국권을 상실당하면서 독립에 대한 염원을 한(恨)의 형태로 내면화하게 되었다. 이때부터 그들은 원수에 대한 복수를 당연한 것으로 생각하게 되었다. 그러나 원수에 대한 복수가 대의(大義)에 기초하여 이루어졌기 때문에 천박한 형태의 보복으로는 나타나지 않았다. 1909년 안중근 의사가 원수인 이토 히로부미에 대해 복수를 감행하면서도 시종일관 의연한 자세를 보일 수 있었던 것은 모든 것이 대의에 기초하고 있었기 때문이었다. 따라서 대의라는 보편적 기준을 끝까지 간직할 수 있었던 사람들은 식민지적 상황 속에서도 천박한 삶을 살지 않을 수 있었다.

한국인은 일제의 식민통치에 시달리면서 점차 혼이 나가고 정신이 흐릿한 삶을 삶게 되었다. 혼과 정신을 온전하게 간직한 사람은 죽임을 당하거나 감옥으로 끌려갔다. 따라서 목숨과 양심을 부지하기 원하는 사람들은 혼과 정신이 흐릿한 상태로 살아가야 했다. 이때부터 혼과 정신을 흐릿하게 만들기 위해 어쩔 수 없이 술을 마셔야 하는 '술 권하는 사회'가 되었다. 반면에 혼과 정신을 팔아 버린 사람이 출세의 기회를 잡고서 좋은 세상을 만난 것처럼 거들먹거렸다. 양명의 무대인 국가를 잃게 되자 입신양명에 대한 성취동기가 현실적 기반을 상실함으로써 빚어진 자연스런 결과였다. 이처럼 혼과 정신에 기초한 인격과 윤리가 점차 힘을 잃어가게 되자, 자연히 예의와 염치가 무시된 천박한 삶을 받아들이기 시작하였다.

한국인은 1945년 8월 해방을 맞았으나 남북분단과 6·25전쟁 등으로 잃어버린 혼과 정신을 되찾기 어려웠다. 해방공간의 혼란을 틈타 친일 또는 부일적 인사가 득세하자 대의와 지조라는 윤리적 이상이 무의미해졌다. 이어 6·25전쟁이 발발하여 동포가 서로를 죽이는 난장판이 벌어지고, 먹고사는 것이 최상의 가치로 인식되자 수단과 방법을 가리지 않게 되어 예의와 염치가 발붙일 곳을 잃게 되었다. 이때부터 그들은 이민족에 대한 복수가 아닌 형제와 동족에 대한 보복을 당연한 것으로 생각하게 되었고, 출세라는 이름을 빙자하여 형제와 동족에 대해 무자비한 보복을 전개해 나갔다.

6·25전쟁이 끝나고 전후복구가 시작되자 한국사회는 갈증의 해소를 위한 열망들이 거친 한풀이의 형식으로 나타났다. 가족적 이기주의에 기초하여 인격이 무시된 상태에서 '만가(萬家)에 의한 만가(萬家)의 투쟁'이

전개되었다. 무식에 대한 한풀이로 전개된 교육열과 교육팽창, 가난에 대한 한풀이로 전개된 돈벌이와 경제개발, 독재에 대한 한풀이로 전개된 민주화 등은 빈곤의 극복을 위한 열망을 한층 강화시켰다. 이로써 급속한 성장과 발전이 이루어지는 것과 함께 엄청난 부작용이 뒤따르게 되었다. 소시민은 물론이고 지도자들까지 눈앞의 이익에 현혹되어 전체를 볼 수 있는 안목을 상실하게 되었다.

오늘날 한국인은 가난, 무식, 독재 등에서 벗어나 국민소득 1만불시대를 맞고 있다. 이제 한국인은 생활의 여유를 바탕으로 풍요로운 삶에 대한 꿈을 그릴 수 있게 되었다. 따라서 삶에 대한 열망 또한 그에 부합할 수 있는 형태로 변화시킬 필요가 있다. 그들에게 요구되는 것은 자율, 질서, 창의 등이 존중되는 가운데 인격을 통해 삶의 전체성을 실현하려는 선진국형 열망이다. 그래야 자율에 기초한 질서가 확립되고, 개성에 바탕한 창의가 계발되어 풍요롭고 아름다운 삶에 대한 꿈을 실현할 수 있다.

그런데 오늘날 한국인은 변화된 사회환경에 부합하지 않는 저속한 열망으로 말미암아 대단히 천박한 형태의 삶을 살아가고 있다. 기성세대는 빈곤의 해소에 급급하는 개발도상국형 열망에 집착하여 배부른 사람이 음식을 탐하는 것과 같은 천박한 모습을 보이고 있다. 그들은 출세주의, 지역주의, 입시교육 등을 통해서 자신들의 저속한 열망을 신세대에게 강제하고 있다. 그러나 신세대는 강한 결핍을 경험하지 않은 까닭에 기성대세대가 강요한다고 해서 그러한 열망을 자신의 것으로 받아들이지는 않는다. 신세대는 결핍의 극복을 열망하기보다는 모험적 재미를 열망한다. 그러나 기성세대가 모험적 재미의 가치를 이해하지 못하기 때문에 많은 청소년들이 자신의 삶에 부합할 수 있는 열망을 갖지 못하여 방황하고 있다.

4) 지식체계의 빈약함

개화기 이래로 신학문을 공부한 지식인들은 근대화에 필요한 지식체계를 구비하기 위해 서구의 근대적 지식체계를 도입하고 이식하는 데 많은 관심과 노력을 기울였다. 그들은 학문과 연구, 교육과 계몽을 통해 근대화에 필요한 지식체계를 구축하고 그것을 전파하여 국민들이 근대적 지식체계를 내면화하도록 이끌었다. 이것을 위해 그들은 국민들 사이에 서구문물에 대한 강한 열망을 불러일으키는 동시에 전통의 과감한 청산과 단절을 주장하였다.

지난 세기 동안 지식인들이 자립능력을 갖춘 근대적 학문체계를 수립하려고 노력해 왔지만, 아직 빈약한 상태를 벗어나지 못하고 있다. 이러한 지식체계의 빈약성은 근대적 세계관과 가치체계를 형성하고, 그것을 구체적 제도와 질서로 실현해 나가는 것을 어렵게 만들어 한국인이 천박한 모습으로 살아가는 주된 원인으로 작용하고 있다. 국민들이 1만불 소득에 걸맞은 여유로운 생활을 하고 싶어도 그러한 변화를 가능하게 할 정밀한 지식체계가 구비되어 있지 않기 때문에 실질적인 변화에 많은 어려움이 따른다. 일례로 모든 사람들이 자녀교육이 입시지옥의 형태로 이루어지기 때문에 심각한 문제라고 말하면서도, 그것에서 한치도 벗어나지 못하는 것은 해결에 필요한 정밀한 논리가 개발되어 있지 못하기 때문이다.

한국사회에서 지식체계의 빈약성을 논하기 위해서는 먼저 지식인들이 물려받은 조선시대 지식인의 전통을 이해할 필요가 있다. 지식인들이 공부한 지식의 내용은 대부분 서구의 것이었으나, 지식인으로서의 태도는 전통적인 것이 중심을 이루어 왔기 때문이다. 오늘날 사람들이 지식인의 전형을 생각할 때, 먼저 조선시대 선비를 떠올리는 것도 이런 이유이다.

조선왕조를 개국한 선비들은 고려말에 도입한 성리학을 이식·접목시키는 작업을 통해 유교사회의 형성이라는 혁명적 변화를 추구하였다.(이것은 개화기 이후 신지식인이 근대사회의 형성이라는 혁명적 변화를 추구해 온 과정과 비슷하다.) 그들은 천년 이상 지속되어 온 불교문화를 청산하고 법률, 의례, 관습, 규범 등을 유교화시키는 데 성공을 거두었다. 그들은 성리학적 지식체계를 매우 정밀한 수준으로까지 발전시켜 천인성명(天人性命)과 예악형정(禮樂刑政)에 관한 자립적 지식체계를 구비하였다. 그들은 이러한 지식체계에 대한 자부심이 대단하여, 종주국인 명나라와 청나라의 학문을 낮추어보는 일도 많았다. 마찬가지로 그들은 서구세력이 밀려왔을 때, 서구학문을 이적과 금수의 학문으로 취급하여 상대조차 하지 않으려 하였다.

조선시대에 선비가 되기 위해서는 기본적으로 정밀한 지식을 구비하여야 했다. 이것은 첫째, 그들이 외국어인 한문을 도구로 문자생활을 한 까닭에 그것에 능통하기 위해서 상상을 불허할 정도로 열심히 공부하였다. 오늘날 영어를 전공하는 사람들도 영어로 말하거나 작문하는 것이 쉽지 않은 것을 생각해 보면 선비들이 얼마나 열심히 공부했는지 알 수 있다. 둘째, 그들은 관료로 진출하기 위해서 과거에 합격할 필요가 있었기 때문에 치열한 경쟁에서 승리할 수 있는 공부를 하였다. 많은 선비들이 시험준비를 위해 침식에 필요한 시간 이외에는 계속 공부에 몰두하였다. 셋째, 그들은 성리학이라는 좁은 범위를 깊이 있게 집중적으로 공부하였다. 따라서 그들은 공부한 내용에 대해 매우 세세한 부분에까지 정밀한 논의를 전개하게 되었다.

그런데 조선시대 선비들은 지식과 공부에 대해 두 가지 태도를 갖고 있었다. 하나는 지식의 본질적 가치를 중시하는 것이었고, 다른 하나는 지식의 수단적 가치를 중시하는 것이었다. 그들은 지식의 본질적 가치에 기초하여 덕성을 기르는 공부를 학문공부, 수단적 가치에 기초하여 시험을 준비하는 공부를 과거공부라고 불렀다. 그들은 학문공부를 진정한 공부라고 생각했지만, 관료로 진출하는 것에 개인과 가문의 성쇠가 달려 있었기 때문에 과거공부에 치중하지 않을 수 없었다. 그러나 조선중기 이후 조정에서 학문적 능력이 뛰어난 유일(遺逸)이나 산림(山林)을 발탁하여 높은 관직을 제수하는 일이 빈번해지자 학문공부에 전념하는 경우도 많아졌다.

조선시대 성리학을 고도로 발전시킨 것은 학문공부에 치중한 학자들이었다. 퇴계 이황을 비롯하여 많은 선비들이 편지와 저서 등으로 학문논쟁을 전개하여 이기심성(理氣心性), 제도의례(制度儀禮), 역사전고(歷史典故) 등에 관한 수준 높은 지식체계를 구축하게 되었다. 선비들은 지위의 고하, 연령의 선후를 크게 따지지 않고 학문논쟁에 적극 참여하여 공부의 열기를 한층 고조시킨 결과, 조선중기 이후 문집의 많은 부분이 학문논쟁의 결과인 서간, 논문, 잡저 등으로 채워지게 되었다. 그들은 수준 높은 지식체계를 활용하여 임진왜란, 병자호란과 같은 국가적 위기를 무난히 극복하고, 조선왕조를 500년 이상 안정적으로 유지할 수 있었다.

조선시대의 선비들이 이룩한 높은 학문적 수준은 개화기에 서구의 지식을 받아들이는 과정에 잘 드러났다. 백암 박은식, 단재 신채호, 위암 장지연, 창강 김택영 등이 성리학을 공부한 선비였으나 새로운 학문에 관심을 갖자 곧 높은 수준의 식견에 도달하여 논설, 시평, 사론, 논문 등을 통해 근대적 민족국가의 건설에 필요한 민족의식, 국민적 의무, 근대교육의 실시, 풍습개량의 필요성 등을 일깨우는 데 선구적 구실을 하였다. 그들은 동양의 사상과 서양의 기술을 종합하는 방식, 즉 동도서기(東道西器)에 기초하여 전통의 계승과 새로운 것의 이식을 동시적으로 추구하는 '개화된 선비'로서 근대적 지식체계의 기초를 마련하였다.

조선왕조가 망하고 일본의 식민지가 되자 지식인들에게 학문의 자유가 허용되지 않았다. 민족이 처한 현실을 있는 그대로 논하는 것은 논의 자체가 금지되었고, 외부의 지식을 도입하고 이식하는 통로와 방법에도 많은 제약이 따랐다. 이 때문에 지식인들은 학문의 대상과 방법을 총독부의 눈치를 보아 가며 적당한 선에서 조정하지 않을 수 없었다. 따라서 그들은 업무와 연관한 수단적 지식이 아니면 실천이 담보되지 않은 공소(空疎)한 지식에 만족해야 했다. 이것은 근대적 지식체계를 정밀화하는 것에 대한 열망을 크게 감소시켜 학문의 계승과 발전을 어렵게 만들었다. 그 결과 지식인의 성격이 점차 엄격한 도학자의 모습에서 재기(才氣)

에 의존하는 문필쟁이로 변모하게 되었다.

해방 이후 남북분단과 6·25전쟁은 지식인들에게 지식에 대한 허무감을 강화시켰다. 냉전구도가 지속되는 가운데 논의가 가능한 지식과 그렇지 못한 지식이 구분되고, 논의의 수준에도 일정한 한계가 그어졌다. 이 때문에 편향되고 왜곡된 지식체계를 갖게 되어 지식탐구에 대한 열의가 크게 줄었다. 이와 더불어 지식인들은 서구의 지식체계에 압도당하여 자립적 지식체계를 수립하는 일에 자신감을 갖지 못했고, 이로 말미암아 모든 지식을 서구에서 가져와야 하는 것으로 생각하는 일이 많았다. 그런데 지식인들이 받아들인 서구의 지식조차 대부분 일본어로 번역되거나 번안된 경우여서 서구에 대한 이중적 콤플렉스를 형성하게 되었다. 그 결과 서구에 유학한 것은 물론이고 서구어로 된 원서를 읽는 것만으로도 대단한 지식인으로 행세할 수 있었다.

1970년대로 접어들어 경제성장의 결과로 국민들이 점차 자신감을 회복해 가는 것과 함께 국학을 중심으로 지식체계가 조금씩 정밀해지기 시작하였다. 학자들이 한국문학, 한국사, 한국철학을 중심으로 한국인의 삶을 역사적으로 정리해 나가는 동시에 한국사회의 특수성에 기초하여 현실문제를 한국적으로 해결해 보려는 일련의 시도를 시작하였다. 그러나 역사 연구는 지나치게 문헌고증에 치우쳐 자료 정리와 초보적 해석에 머물러 이론 개발의 단계로까지 나아가지 못하였고, 한국적인 문제해결은 한국사회에 대한 분석과 이해가 정밀하지 못하여 다분히 어용학과 같은 성격으로 기울어졌다.

1979년에 10·26사건이 발생한 이후 1980년대에 격렬한 정치적 소용돌이가 전개되는 가운데 지식인들이 현실에 뛰어들어 직접 문제해결에 앞장서는 '학술운동'이 전개되었다. 이때부터 지식이 운동의 논리와 투쟁의 구호로서 이해되기 시작하였다. 대학이 이러한 운동의 진원지 역할을 하게 되면서 강의실의 지식과 운동의 논리가 구분되기 시작하였고, 좌파적 성향을 띠는 사회분석이론이 풍미하게 되었다. 그러나 이러한 것은 군사

독재의 청산, 동구 사회주의국가의 몰락, 김영삼 문민정부의 출범을 계기로 점차 세력을 상실하게 되었다.

오늘날 한국사회에서 이학과 공학 분야는 국제적 학술지에 다수의 논문이 실리는 등 자못 활발한 연구가 이루어지고 있다. 그런데 이러한 연구의 대부분이 학문 기반을 국외에 두고 있어 심각한 문제가 되고 있다. 국내적 기반이 취약한 가운데 유학파가 교육과 연구를 주도하게 되었고, 그들이 유학을 통해 획득한 첨단 지식을 활용하여 논문을 작성하는 관계로 연구가 한시적이고 국부적인 성격을 띠게 된다. 그리고 이러한 것 또한 선진국에 비해 아직 빈약한 수준에 머물고 있다. 따라서 이들 분야에서도 시급히 국내적 학술기반을 마련하고, 그것에 기초하여 수준 높은 논문들이 대량으로 발표될 수 있어야 자립적 지식체계의 구축을 바라볼 수 있다.

반면에 인문학과 사회과학의 분야는 서구의 지식을 수입한다고 곧바로 활용할 수 있는 것이 아니기 때문에 이학이나 공학의 분야와는 사정이 다르다. 서구에서 수입한 방법론에 기초하여 이론적 논의를 중시하는 해외파와 역사적 사실을 구명하는 것에 중점을 둔 국내파가 학문적 우열을 다투어 왔다. 이처럼 그들이 우열 다툼을 지속하는 것은 방법론과 사실구명을 종합하여 새로운 이론을 창출하는 것으로 나아가지 못하기 때문이다. 그래도 이들 분야는 이학이나 공학보다 국내적 학술기반이 제법 마련되어 있기 때문에 관심과 노력만 집중한다면 자립적 지식체계의 구축이 한층 용이하다.

오늘날 한국사회에 대학이나 연구소, 교수나 학자가 적은 것이 아닌데도 지식체계의 빈약성이 극복되기 어려운 것은 지식인의 성격에 문제가 있기 때문이다. 첫째, 많은 지식인들이 자립적 지식체계의 구축에 대한 열망을 갖지 못하고 있다. 그들은 아직도 서구의 지식체계에 대한 의존을 당연한 것으로 받아들이면서, 도입한 지식을 수단적 필요성에 맞추어 활용하는 것에 관심을 집중하고 있다. 이 때문에 지식의 도입과 이식, 토착과 개발이 활발하게 이루어지지 못하여 학문 발전이 늦어지고 있다.

둘째, 지식인들이 지식의 계발에 필수적인 성찰과 비판에 대한 관심이 적다. 지식인은 성찰과 비판을 통해서 논의를 정밀하게 만들고, 시비와 선악을 분명하게 가린다. 그런데 그들은 지식의 기술적 이용과 수단적 합리화에 관심을 집중하기 때문에 엄격한 비판을 기피한다. 비판이 그러한 일에 장애로 작용할 수 있기 때문이다. 따라서 그들은 논리적 엄밀성을 따지는 것이 아니라 대충 엮어서 합리화한다. 일례로 그들은 지역적 차별에서 빚어진 불의(不義)의 문제를 '지역감정'이라는 감정의 차원에서 설명하고, 불공정한 법의 적용에서 발생한 불법(不法)의 문제를 '법감정'이라는 감정의 차원에서 설명한다.[2] 이렇게 되는 것은 그들이 문제를 논리적으로 밝히기보다 감정으로 돌려 얼버무리려는 의도를 갖고 있기 때문이다.

셋째, 지식인들이 지식을 연마하는 도구인 말과 글을 갈고 닦는 것에 대한 관심이 적다. 그들은 논지를 전개하면서 사용하는 말과 글이 매우 거친 까닭에 논문 가운데는 작문의 기본 원칙조차 지켜지지 않은 것들이 많다. 논문은 글자 그대로 논리적 체제로 씌어야 하는데도 앞뒤가 맞지 않게 씌어진 글들이 버젓이 논문으로 통용되고 있다. 이로 말미암아 교수를 임용하고 승진시킬 때, 대학논문집이나 기념논문집 등에 실린 논문을 아예 평가대상에서 제외하는 일들이 발생하게 된다. 논문집에 실린 논문을 논문으로 인정하지 않는 모순은 그만큼 엉터리로 씌어진 글들이

2) 한국의 지식인들은 차별에서 빚어진 지역갈등을 계속 '지역감정'이라는 용어로 표현하고 있다. 그들이 이렇게 하는 것은 부당한 차별을 정의에 기초하여 시비를 밝히기보다는 시비가 혼돈된 감정적 대립으로 얼버무리려 하기 때문이다. 이러한 것은 모 정당의 대통령후보가 아들의 병역 문제로 시비의 대상이 되자 동일한 방식으로 나타났다. 언론에서는 '국민들의 법감정에 비추어 볼 때 두 아들의 병역문제는 납득되지 않는 부분이 많다'는 식의 표현을 자주 사용하였는데, 이 것은 한국인이 법을 정의의 기준에서 이해하는 것이 아니라 감정의 차원에서 이해하는 것으로 호도하고 있다. 그들이 이렇게 하는 것은 감정의 차원에서 논의가 이루어져야 상황에 따라 이 렇게도 저렇게도 합리화하는 것이 가능하기 때문이다.

많기 때문이다.

5) 규범의 이중성과 무질서

규범은 한 사회에서 통용되는 생각과 행위의 기준으로 당시대 문화의 표준을 말한다. 따라서 규범이 혼란해진 사회는 사람들이 문화적 정체성을 확립하는 것이 불가능하여 심각한 정체성의 위기에 빠지게 된다. 그런데 오늘날 한국사회는 심각한 규범의 혼란과 이로 인한 정체성의 위기를 맞고 있다. 생활의 기초를 이루는 상식의 세계에서조차 시비, 사정, 선악이 도무지 구별되지 않기 때문에 그들은 무법천지와 같은 삶을 살아가고 있다.

한국사회에서 볼 수 있는 무질서는 단순히 국민들이 규범을 지키고 안 지키는 차원에서 발생하는 것이 아니라 규범체계 자체가 혼란되어 있기 때문이다. 그리고 이러한 혼란의 주된 원인은 규범의 이중성에 기인하고 있다. 규범이 신(新)과 구(舊), 동(東)과 서(西), 내(內)와 외(外) 등을 좇아서 이중화되어 있어, 규범의 적용이 상황에 따라 달라지는 까닭에 규범으로서 기능하기 어렵다. 이 때문에 파렴치한 범법자도 상황을 좌우할 수 있는 힘만 갖게 되면, 숭고한 희생양으로 둔갑하여 사람들의 존경을 이끌어 내는 상황이 쉽게 벌어질 수 있다. 이것은 권력남용이나 뇌물수수로 형사처벌을 받은 공직자들이 국회의원이나 관료가 되어 국민 위에 군림하는 것에서 잘 드러나 있다.

한국사회에서 규범의 이중성은 근본적으로 가치체계의 이중성에 기본하고 있다. 이러한 가치체계의 이중성은 생활의 기초가 되는 의식주에서부터 일상적 행위규범에까지 광범위하게 존재한다. 즉, 음식이 한식과 양식, 의복이 한복과 양복, 주택이 한옥과 양옥으로 이중화되어 있는 것은 물론이고, 관혼상제와 같은 일상적 의례가 전통식과 서양식으로 이중화되어 있고, 학문과 예술이 한의와 양의, 동양철학과 서양철학, 한국화와 서양화, 국악과 양악 등으로 이중화되어 있다. 이러한 가치체계의 이중성이 생활 속에서 규범의 이중성으로 나타나 많은 혼란을 빚어내게 된다.

한국사회에서 이중적 규범체계는 크게 두 가지로 나누어질 수 있다. 즉, 규범의 과도기적 이중성에서 비롯하는 것과 규범의 구조적 이중성에서 비롯하는 것이 있다. 먼저 규범의 과도기적 이중성은 의식주 생활과 세시풍속에서 한(韓)과 서(西), 동(東)과 서(西)가 공존하면서 빚어지는 것, 관혼상제와 같은 의례에서 결혼, 장례, 회갑 등에 구식과 신식이 공존하며 빚어지는 것, 일상적 질서에서 수직적 규범과 수평적 규범이 공존하며 빚어지는 것 등이 있다. 다음으로 규범의 구조적 이중성은 '우리'라는 집단이 갖는 사적 성격과 공적 성격의 이중성에서 사(私)와 공(公)의 논리가 공존하며 빚어지는 것이 있다.

오늘날 한국사회에서 이중적 규범체계가 빚어내는 중요한 문제점은 대개 다음의 네 가지로 요약해 볼 수 있다.

첫째, 이중적 규범체계는 사람들이 문제를 편의주의적 방식으로 해결할 수 있도록 만들어 정당성에 관한 관심을 감소시키고 있다. 이중적 규범체계는 상황에 따라 규범의 선택과 적용을 달리할 수 있기 때문에 규범의 선택과 적용이 이현령비현령식으로 이루어져 상황에 대한 합리화가 손쉽게 이루어진다. 따라서 사람들은 법과 규정이 갖는 정당성을 따지기보다는 행위를 어떻게 합리화할 것인가 하는 것에 관심을 집중한다. 이 때문에 법과 규범을 준수하는 것에 대한 긴장감이 약화되어 그것들이 제구실을 할 수 없게 된다.

둘째, 이중적 규범체계는 강자 중심의 사회환경을 만들어 억압과 보복을 강화시키고 있다. 규범이 이중화되어 있으면, 자신의 의사대로 규범을 선택할 수 있는 강자들에게 편리함을 가져다 주는 반면, 규범의 선택권을 갖지 못한 약자들에게는 불리함을 가져다 준다. 따라서 강자를 중심으로 한 힘의 논리가 약자를 억압하게 되고, 이로 인해 약자들은 기존의 규범에 저항하게 된다. 따라서 사람들은 억울하면 경찰서로 달려가는 것이 아니라 보복의 수단인 출세를 해야 한다고 생각한다. 이 때문에 강자들은 약자들의 도전을 방지하기 위해 더욱 억압을 가중시키고, 약자들은 이러한 강자들에 보복하기 위해 더욱 복수심을 강화시키는 악순환이 반복된다.

셋째, 이중적 규범체계는 한국인이 근대문화를 심화시키는 것을 방해하고 있다. 그들은 무엇이든지 대충 대충하는 차원에서 일을 처리하기 때문에 삶의 각 부문을 정밀하게 만드는 작업이 추진되기 어렵다. 이 때문에 그들이 보여주는 밖으로 드러난 형식적 근대화는 그럴 듯해 보이지만 내면은 전근대적 사고방식이 온존해 있는 초라한 모습을 보일 때가 많다. 그들은 이러한 것을 극복해 보려고 노력하지만 지식체계의 빈약함 때문에 어렵다. 지식체계의 빈약함과 규범체계의 혼란이 맞물려 악순환을 지속시키고 있다.

넷째, 이중적 규범체계는 사회통합을 방해하고 있다. 먼저 한국인은 가족적 차원에서 규범과 의례가 이중, 삼중화되어 있어 그것이 가족적 유대를 깨뜨리기 때문에 가족의 화합이 어려워지고 있다. 일례로 가족적 정체성의 구심점이라고 할 수 있는 조상에 대한 제사도 신앙의 차이로 형제 가운데 참석하는 사람과 그렇지 않는 사람이 구분되고, 참석하는 경우에도 제사의 의미를 종교적 차원으로 생각하는 사람, 단순히 추모의 차원으로 생각하는 사람, 어쩔 수 없이 체면 때문에 참석하는 사람 등으로 구분된다. 이 때문에 강한 가족적 유대가 도리어 가족문제를 확대 심화시키는 원인이 될 수도 있다.

다음으로 한국인은 가족의 범위를 벗어난 이웃이나 민족의 차원에서도 동일한 형태의 문제를 당면하고 있다. 그들은 규범의 이중성에 기초한 편의주의로 법과 질서가 무력화되기 때문에 자연히 지역주의, 파벌주의 등과 같은 패거리 방식으로 살아가게 된다. 그들은 이와 같은 방식에서 벗어나 전체적 통합을 시도해 보지만 패거리의 범위를 넘어서는 공동의 대의(大義)를 공유하고 있지 않기 때문에 실패하고 만다. 따라서 그들은 전체로서의 '우리'에 대한 강한 유대감을 갖고 있음에도 불구하고 그 속에 있는 '나'와 '너'는 극도의 분열스런 모습을 보이게 된다.

6) 천박성의 극복

한국인의 천박성이 심각히 문제되는 것은 그렇지 않은 방식으로 생각하고 행동해야 하는 사람들, 즉 지도적 위치에 있는 사람들조차 천박한 모습으로 살아가기 때문이다. 그들은 천박하지 않은 형태로 살아갈 수 있는 삶의 여유를 갖고 있기 때문에 그렇게 함으로써 국민들 또한 그렇게 살도록 모범을 보여주어야 할 책임이 있다. 그런데 그들이 도리어 뻔뻔스런 모습으로 천박한 삶을 앞장서 살아가기 때문에 심각한 문제가 되고 있다.

한국인이 천박성을 극복하는 것은 비판적 지식인, 특히 연구와 교육에 종사하는 학자들이 주도적 역할을 수행해야 한다. 현실적 이익을 좇는 정치가나 경제인들에게 그러한 것을 요구하는 것은 무리이기 때문이다. 정치가나 경제인들은 입으로는 바람직한 변화를 주장하지만, 실제는 국민들이 변화하는 속도에 맞추어 매우 느린 속도로 변화한다. 따라서 비판적 지식인들이 국가적 방향, 진로, 방법 등에 관한 높은 수준의 지식을 연구하여 국민적 변화를 선도해야 한다. 국민들의 전체적 의식수준이 향상되어야 천박성이 극복될 수 있다.

앞에서 논의한 내용들에 근거하여 한국인의 천박성을 극복할 수 있는 방안에 대해 생각해 보면 다음과 같다.

첫째, 성취동기의 측면에서 풍요로운 삶을 지향하는 선진국형 열망을 가질 필요가 있다. 이것은 경쟁의 전체적 틀 속에서도 인격에 기초한 여유, 협동, 창의 등을 함께 생각하는 조화로운 삶을 말한다. 그런데 한국인이 이러한 성취동기를 갖는 것은 단순히 그것이 좋다고 말한다고 이루어지지 않는다. 이것을 갖기 위해서는 그것을 가졌을 때와 그렇지 못했을 때 어떠한 이익과 손해가 발생하는지 분명한 손익계산이 제시되어야 한다. 그래야 어쩔 수 없어서라도 생각과 행동이 달라질 수 있기 때문이다. 따라서 오늘날 한국사회에서 인격, 여유, 창의, 조화, 협동 등이 경시됨으로써 빚어지는 인격 파괴, 창의 말살, 보복 성행, 파괴적 경쟁 등이 얼마나 심각한 손해를 초래하고 있는지 분명하게 설명되어야 한다. 일례로 학부모들이 자녀가 입시지옥 속에서 공부벌레로 키워지는 과정에 '정신이 나간 인간'으로 성장하고 있는 실상을 정확하게 이해한다면 어느 누구도 지금과 같은 형태의 교육을 용인하지 않을 것이다. 그들은 실상을 모르기 때문에 어쩔 수 없이 따라가고 있다.

둘째, 지식체계라는 측면에서 패거리에 의존하여 힘으로 밀어붙이는 방식에 대신하여 정밀한 지식과 기술을 높게 평가하는 사회 환경을 조성하여 자립적 지식체계가 구축될 수 있는 토대를 마련해야 한다. 왜냐하면 오늘날과 같은 고도산업사회에서 지식을 일방적으로 수입하고 있는 국가는 정신적 독립은 물론이고 물질적 독립도 불가능하다. 따라서 한국인이 민족의 독립과 번영을 원한다면 자립적 지식체계를 구축해 나가는 것이 필수적이다. 이것을 위해서는 국민적 자각에 기초하여 지식의 도입과 접목, 새로운 이론의 개발, 계승에 의한 축적이 활발하게 이루어져야 한다. 특히 지식체계 구축의 주역인 학자들은 열악한 연구 환경을 탓하기보다는 내실 있는 결과를 생산할 수 있는 연구 역량을 기르는 것에 혼신을 다해야 한다. 그런데 그들은 아직 그런 것에는 관심이 적다. 학자들은 입만 열면 한국사회를 문제덩어리 사회로 비아냥거리지만, 그것을 철저하게 분석하고 진단하여 해결의 방안을 제시하는 이들은 보기 어렵다.

셋째, 이중규범의 측면에서 한국인은 규범의 이중성을 청산하고, 변화된 사회환경에 부응할 수 있는 질서 있는 규범체계를 확립해야 한다. 왜냐하면 이중적 규범체계는 고도산업사회와는 전혀 어울리지 않게, '되는 일도 없고, 안 되는 일도 없는' 난장판과 같은 풍토를 만들어 엄청난 사회적 낭비를 발생시키기 때문이다. 지도자가 밤낮으로 거짓말을 밥먹듯이 하고, 어느 날 갑자기 백화점이 무너지고 다리가 끊어져 수백 명이 목숨을 잃고, 하루에도 수천, 수만 명이 벌금딱지를 떼이는 사회에서 행복한 삶을 사는 것은 불가능하다. 이러한 사회적 낭비를 줄이기 원한다면 규범이 확립되어야 한다. 그렇지 않으면 법과 규정이 구실을 하지 못하는 가운데, 힘을 가진 자의 억압과 힘을 갖지 못한 자의 반발에서 벌어지는 난장판이 계속될 것이다.

5. 21세기와 한국문화

오늘날 인간은 입자, 생명, 언어를 디자인할 수 있게 되면서 상상을 초월하는 방식으로 끊임없이 새로운 것들을 창조해 내고 있다. 그러나 인간은 무수하게 쏟아져 나오는 새로운 것들이 엮어져 불러올 전체적인 변화를 예측할 수 있는 능력을 갖고 있지 못하다. 항생제, 전자파, 환경호르몬, 배출가스, 농약, 산성비 등이 어떠한 결과를 불러올지 전혀 예측할 수 없는 상황에서, 더욱 많은 새로운 물질들이 홍수처럼 밀려오고 있으니, 인간은 마치 지뢰밭 속에서 광란의 축제를 벌이는 것과 같은 '위험사회'를 살아가고 있다.

인간이 문화를 어떻게 디자인하느냐에 따라 생존과 파멸이 엇갈릴 수 있다는 점에서, 분명 21세기는 '디자인의 세기(The Age of Design)'이다. 개인, 가족, 기업, 민족, 인류는 위험사회를 슬기롭게 헤쳐나갈 수 있는 새로운 문화를 디자인해야 한다. 이런 점에서 한국문화의 진로 또한 다시 생각하지 않을 수 없다.

한국인은 삶에 필요한 중요한 물자의 대부분을 상품의 수출입에 의존하고 있다. 석유, 가스, 철광석, 펄프는 100퍼센트, 곡물은 75퍼센트를 수입하여 살아가고 있다. 한국인은 세계시장에 우수한 상품을 수출하여 외화를 벌어들일 수 있어야 생존이 가능하고, 그렇지 못하면 당장 배고픔과 추위로 생존이 위협받는다. 만약 석유나 철광과 곡물을 사올 수 없는 상황이 된다면 아비규환이 아닐 수 없다. 이런 까닭으로 한국인은 세계시장에서 관심을 끌 수 있는 우수한 상품을 계속적으로 만들어 내야 하는 절박함을 안고 살아간다. 한국인은 창의력을 발휘하여 새롭고 멋진 것을 생각하고 만들 수 있어야 하며, 이것을 위해서는 고도로 세련된 문화의식이 뒷받침되어야 한다.

한국인은 20~30년 전만 하여도 대부분 왕조적 농업사회에서 형성된 순종 지향적 문화의식을 갖고 생활해 왔다. 그러나 근대화 과정을 거치면서 민주적 산업사회에 필요한 별종이나 잡종 지향적 문화의식 또한 형성해 나왔다. 그럼에도 아직도 한국인은 전통사회의 순종의식에 사로잡혀 혈연, 학연, 지연 등에 매달림으로써 혼란과 어려움을 겪고 있다. 한국인은 강력한 신종을 소망하면서도 별종, 잡종에 대해서 매우 부정적 생각을 갖고 있어, 별종을 따돌려 소외시켜 버리는가 하면, 잡종을 무시하여 자리를 잡지 못하게 만든다. 그 결과 한국인은 문화적 옹졸함에 빠져 우물안 개구리처럼 살아가는 일이 많다. 한국인은 서구의 근대문화를 수입하여 오늘날 한국문화를 형성해 나왔음에도, 근대화에 자신감을 갖게 되자 곧바로 서구의 근대문화를 우습게 보면서 전통문화의 고유성에 매달리는 모습을 보이고 있다. 또한 해외에 거주하는 동포들이 정당한 대우를 받아야 한다고 주장하면서도, 국내에 거주하는 외국인을 정당하게 대우하는 것에는 거의 관심을 보이지 않는다. 이와 함께 문화에 대한 관심을 확대하는 경우에도 기껏 동아시아문화에 머무는 일이 많다. 일본이 근대화 초기에 '아시아를 벗어나 유럽으로 들어간다[脫亞入歐]'고 주장하면서 서구의 근대문화에 대한 철저한 점검과 이해, 도입과 수용을 추구한 한 것과는 큰 차이가 있다.

한국문화를 이끌어 가는 중심은 지식인들이다. 그런데 한국의 지식인들은 크게 잡종 지향성이 강한 부류와 순종 지향성이 강한 부류로 구분할 수 있다. 대체로 실제적 문제해결과 관련하여 곧바로 검증이 가능한 분야에 종사하는 지식인들은 잡종 지향성이 강하다. 이들은 구체적으로 문제를 해결하지 못하면 학문 능력을 인정받지 못하기 때문에 잡종화를 통한 새로운 지식의 개발에 많은 관심을 갖는다. 또 능력의 차이에서 발생하는 경쟁의 결과를 당연하게 받아들인다. 그렇기 때문에 이러한 분야는 학문의 방법과 내용에 적지 않은 발전이 이루어져 왔다. 특히 과학-기술과 경제-경영 관련 분야의 학문이 이에 속한다. 반면에 실제적 문제해결과 관련이 적은 분야에 종사하는 지식인들은 순종 지향성이 강하다. 이들은 필요에 따라 재래의 순종을 들먹이거나 외래의 순종을 소개하여 손쉽게 학자의 지위를 유지할 수 있다고 생각하기 때문에 새로운 지식의 구성에는 관심을 가질 필요가 적다. 그리고 지식의 창조에 재미를 느끼지 못하기 때문에 새로운 개념이나 이론의 개발은 엄두도 내지 않는다. 이러한 지식인들은 대부분 학문의 방법과 내용에서 구태의연한 모습을 간직하고 있으며, 특히 인문과학과 사회과학에 종사하는 학자들 가운데 이러한 부류의 사람이 많다.

한국의 지식인 가운데도 인문학적 배경을 갖고 있는 이들이 더욱 강한 순종의식을 지니고 있다. 이에 따라 전통적 학문에 집착하는 사람은 전통적인 것을 순종적 방식으로 추구하려고 하고, 서구적 학문에 집착하는 사람은 서구적인 것을 순종적 방식으로 추구하려고 한다. 그들은 순종의 근거인 원전(原典), 원서(原書), 원어(原語), 원형(原型)에 집착하여 응용이나 창조를 가볍게 생각해 버린다. 이들은 응용을 가치가 덜한 것으로, 창조를 분수에 벗어난 가당치 않은 것으로 생각한다. 이에 따라 주자나 퇴계를 공부하는 사람은 조선시대 선비들처럼 주자나 퇴계의 말을 앵무새처럼 되풀이하고, 칸트나 하이데거를 공부하는 사람 또한 마찬가지이다. 이 때문에 문화에 대한 평가 또한 철저하게 순종의식에 바탕하여 이루어진다. 서구문화를 순종으로 생각하는 사람들은 전통문화를 하찮은 것으로 비난하고, 전통문화를 순종으로 생각하는 사람들은 서구문화를 하찮은 것으로 비난한다. 따라서 잡종화를 통한 문화의 발전은 기대하기 어렵다.

한국의 인문학자들은 오랫동안 순종에 매달려온 결과 학문적으로 큰 위기를 맞게 되었다. 그들은 순종적 방식으로 기존의 본보기를 맹목적으로 추종해 왔기 때문에 본보기가 급격하게 변화하는 문화변동에 적절히 대응할 수 없었다. 따라서 필요와 요구에 부응할 수 있는 새로운 본보기를 만들어 제시하기보다는 학연, 지연 등을 좇아 연줄의 패거리를 만들어 직업적 보호막과 정신적 위안소로 삼아왔다. 따라서 학과와 대학을 만드는 일에는 열중하면서, 왜 그러한 일이 벌어지는지 까닭을 묻는 일에는 무관심하였다. 이러한 결과 한국의 대학에서 영어영문학과에 재학하는 학생이 영국의 대학에서 영어영문학과에 재학하는 학생보다 많다는 비아냥이 생겨나게 되었고, 한 대학 안에 비슷한 내용을 가르치는 유사학과가 두서너 개씩 판을 벌이는 사태가 빚어졌다. 한국의 인문학자들은 왜 이러한 사태가 빚어지는지 그 이유를 엄밀히 따져보지 않고, 그저 인문학의 위기만을 반복해서 논하고 있다.

오늘날 세계는 지식과 기술의 혁신이 가속화되는 가운데 신종이 주도하는 시대이다. 따라서 신종을 향한 모험과 도전이 삶의 중심을 이루고 있다. 나날이 새로운 지식과 기술에 의해 삶의 모습이 바뀌어 가고 있음에도, 한국인 가운데는 아직도 많은 이들이 완고하게 순종에 매달리고 있어 국가적으로 심각한 문제가 되고 있다. 순종은 고지식한 까닭에 교과서를 좇아서 모방과 이식은 잘 하지만, 새로운 것을 만들어 내는 창의와 창조는 잘 하지 못한다. 따라서 순종을 고집하는 사람들은 교과서에 실려 있는 기존의 지식과 기술을 배워서 응용하는 것은 능숙하지만 지식과 기술의 혁신에는 뒤처지게 된다. 지식과 기술을 혁신하기 위해서는 창의와 창조가 가능한 별종이나 잡종적 방식에 따라 생각하고 행동할 수 있어야 한다.

오늘날 한국사회는 휴전선 남쪽과 북쪽이 모두 순종의식에 매달려 살아가고 있다. 즉, 남한과 북한에는 순종의식에 바탕을 둔 사대주의와 국수주의가 활개를 치고 있다.

남한사람들은 서구문화에 대한 사대주의가 주류를 이루면서 문화의 본보기를 모두 나라 밖에서 찾고 있으며, 무엇보다 미국을 문화의 이상으로 생각하여 모든 것을 미국적 기준에 맞추려고 한다. 하지만 그들은 잡종 지향적 방식이 중심을 이루고 있는 미국문화를 순종 지향적 방식으로 따라가려 하기 때문에 많은 혼란에 봉착하게 된다. 이로 말미암아 그들은 자유와 권리를 주장하지만 규범과 의무를 팽개치는 혼란한 모습을 보이는 동시에, 내부적으로는 국수주의의 축소형인 지역주의에 얽매여 살아가고 있다. 오늘날 남한사람들은 지역과 지역이 패거리를 지어서 싸움을 벌이는 당쟁시대를 재현하고 있다. 그들은 파당적 이익을 위해서 국가와 민족의 이익을 뒷전으로 팽개쳐 버린다. 이처럼 남한사람들은 사대주의와 국수주의가 뒤엉켜 현란한 무당춤을 펼치는 혼란한 모습으로 살아가고 있다.

한편 북한사람들은 동구공산권의 붕괴로 사대주의가 힘을 잃어가자, 문화의 본보기를 오로지 안에서만 구하는 '나홀로 식'의 국수주의에 의존하고 있다. 그들은 세계화가 급속하게 진행되는 상황 속에서도 '죽어도 우리 식으로'라는 극단적인 고립정책을 펴고 있다. 또한 북한사람들은 전능한 수령의 능력에 모든 것을 의존하여 살아가는 신화시대를 재현하고 있다. 그들에게 수령은 전능한 존재로서 인민을 지상낙원으로 이끄는 삶의 주체이다. 그들은 반만년 전의 단군왕검과 20세기의 수령동지를 동일한 차원에서 신격화하여 지상낙원인 '강성대국'을 만들어 가고 있다. 북한의 통치자들은 인민의 눈과 귀를 멀게 하여, '강성대국'으로 퇴행한 결과 수백만의 사람들이 배고픔과 추위로 고통받고 죽어가는 대가를 지불하고 있다.

이처럼 남한과 북한에서 순종의식이 판을 치는 것은 기득권층이 자신들의 이익을 지키기 위해서 변화를 거부하고 사태를 왜곡하기 때문이다. 그들은 기득권의 훼손을 두려워하여 국민들을 순종의식으로 묶어두어 대화와 타협, 관용과 절충을 요구하는 시대 요구에 역행하도록 만든다. 그들은 순종 지향의 대결국면을 조성하여 기득권을 지키는 보호막으로 삼아왔다. 남쪽과 북쪽을 전체적인 대결국면으로 이끌어 갈 뿐만 아니라, 남북한 내부에서 지역과 지역을 대결국면으로 이끌어 감으로써, 국민들에게 획일적인 줄서기를 강요한다. 이런 까닭에 문화의 다원화를 소리 높여 외치는 것 같지만, 실제로는 반대방향으로 나아간다. 국민들이 기득권층의 속성과 비리를 정확하게 이해하고, 더 이상 용납하지 않을 때, 그들은 어쩔 수 없이 변화를 시작하게 될 것이다. 그러므로 한국사회의 앞날은 국민들이 시대의 흐름을 정확히 읽어내어 강력한 신종이 주도하는 21세기를 이끌 수 있는 문화능력을 어떻게 배양하는가에 달려 있다.

찾아보기

퇴계 240

ㅍ

《팔만대장경》 247
패션(fashion) 77
페니키아 185
표음 62 ; ～문자 43, 56, 118, 185 ; ～
　체계 60
표의 62 ; ～문자 43, 60
표준적 본보기 140
프롤레타리아혁명 18
플라톤(Platon) 79, 179, 187, 204 ; ～
　철학 55
피렌체 80
피사 80
피조물 15
피타고라스(Pythagoras) 187 ; ～학파 179

ㅎ

하나님 15
학문공부 276
학문자치체 158
학문적 순수성 258
학업집단 217
학연 287
학통(學統) 232
한국문화 168
한문(漢文) 163
한왕조 196
한자문화권 118
한학(漢學) 163
합리주의(合理主義) 56, 242
합체(合體 : assemblage) 152, 160
해방 72

해탈(解脫 : nirvana) 163
핵문화 84
행도(行道) 165
행업(行業, karma) 163
향교 231
허균 259
허자(虛字) 42
헤라클레이토스(Herakleitos) 185
현상(現象, phenomenon) 26, 184 ; ～
　세계 30, 37
혈연 287 ; ～집단 215
혈통(血統) 258
형상(形象) 184, 188, 189
형식논리 56
형식적 조작 182
형식적 합리성 206, 208
형이상학 55 ; ～적 기초 96
혜강 240
호포제 234
호환성 239
혼혈민족 129
화두 93
화랑도 256
환경오염 86, 93
활물적 존재 149
황인종 129
황화유역 194
회개(悔改 : repentance) 156
후각 38
훈고(訓詁) 60
흑인종 129
희사(喜捨 : Zakh) 157, 163
힌두교 161 ; ～문화권 150
힌두어문화권 118